图书在版编目(CIP)数据

追忆圣玛利亚女校 / 徐永初，陈瑾瑜主编．
上海：同济大学出版社，2014.6
ISBN 978-7-5608-5508-0

Ⅰ．①追… Ⅱ．①徐… ②陈… Ⅲ．①圣玛利亚女校-校友-回忆录
Ⅳ．①G639.285.1

中国版本图书馆CIP数据核字(2014)第101016号

追忆圣玛利亚女校
出版策划　　萧霏霏(xff66@aliyun.com)
责任编辑　　陈立群(clq8384@126.com)
视觉策划　　育德文传
封面设计　　陈益平
电脑制作　　乔　荣
责任校对　　徐春莲

出　　版	同济大学出版社　www.tongjipress.com.cn	
发　　行	上海市四平路1239号　邮编　200092　电话021-65985622	
经　　销	全国各地新华书店	
印　　刷	上海锦良印刷厂	
成品规格	170mm×213mm　296面	
字　　数	312 000	
版　　次	2014年6月第1版　2014年6月第1次印刷	
书　　号	ISBN 978-7-5608-5508-0	
定　　价	58.00元	

追忆圣玛利亚女校

上海市第三女子中学组编

徐永初 陈瑾瑜 主编

同济大学出版社

本书编辑委员会

主　任：俞慧耕

副主任：何亚男、陆　武、徐　智（加）、朱亚新（美）、张瑞云（京）、夏甘霖（沪）

主　编

徐永初、陈瑾瑜

委　员

张祥保、程芍华、沈郁灵、孙瑷璐、林秀英、陈素琴、程锦倩、张霞琴、陈美廉
石美莲、徐　智、汝　洁、朱亚新、郭　琳、张瑞云、沈漪芬、朱文倩、饶洁华
夏甘霖、刘　莺、王裕弘、徐永初、陈瑾瑜

本书出版由圣玛利亚女校1945届校友刘锦銮资助

序 言（一）

圣玛利亚女校是上海著名的女子教会学校，自 1881 年建校到 1952 年与中西女中合并成立上海市第三女子中学，历时 71 年。虽然已过去大半个世纪，当年受教于圣玛利亚女校的学生对母校的爱还是那么强烈！她们用饱含深情的语言回忆母校生活的点点滴滴，回忆老师的谆谆教导，为我们还原了当年圣玛利亚女校的教育方式、教学特色。那是一种充满了爱的教育，是为学生终身发展着想的教育，值得今天的教育工作者思考，对当下的教育改革也有借鉴意义。

圣玛利亚女校是中国近现代女子中等教育的缩影，是我们研究中国女子教育的一个范本。《圣玛利亚女校》系列图书为我们提供了大量第一手的资料。那些出自百岁老人的口述回忆，八九十岁耄耋老人亲笔撰写的文字，是不可多得的教育史的史料。

我对圣玛利亚女校和上海市第三女子中学的了解始于对其学生的了解。我读小学时在家附近有好几所女中——俾文女中、清心女中、晓明女中……女中的学生一般都有校服，这是我很羡慕的。那时我听大人说有一所圣玛利亚女校，但不是一般人家的女孩能去的。我读中学时，学校送我到市少年宫话剧队学演儿童剧，队里有几个很出挑的女孩是从市三女中来的，在她们面前我有点自卑，因为她们性情活泼，举止大方，而且悟性很高，那时我就知道市三女中不一般。我读大学时，结识了来自市三女中的伙伴，她很优秀，尤其音乐素养特高，发音方法和音色似乎很专业。喔，市三的女孩就是不一样！大学毕业后，我在一所不起眼的学校任教，但我很仰慕名校的风采，市三对我来说是那么遥远，尤其是德高望重的女校长薛正所领导的，更令我神往……直到我踏上市教育局的工作岗位，有机会向吕型伟等前辈学习并与一任又一任校长打交道，在我脑海中朦胧的市三才逐渐清晰起来。原来市三有着圣玛利亚女校和中西女中两所著名女子教会学校的优良教学传统。

吕老所以主张把市三恢复为女校，是因为教育是千姿百态的，教育应按人的身心发展规律施教。中国几千年的文明史有着巾帼不让须眉的传承，研究女性成才的规律更是时代赋予的使命与一代代教育工作者的责任。

市三一任又一任校长以责任、智慧、辛劳、幸福耕耘着都市的一片绿洲，培养独立、能干、关爱、优雅的女孩是她们共同的追求。课程的精心设置，多元的学习选择，优雅进取氛围的营造和文化熏陶，施展才华空间的拓展，让女孩寻找适合于自己成长的空气、水分和土壤。多少年了，许多女孩已经成为作家、医生、科学家、外交官、艺术家、校长、部长、模范标兵……漫长岁月中，圣玛利亚女校"公诚勤敏"的校训也潜移默化地在市三学生的身上烙下了印记。

随着岁月的流淌，本书字字句句记载的是珍贵的历史，是从圣玛利亚女校到市三女中的变迁；是教育史，是一代代教育工作者献身事业的丰碑，是一代代学女成才后报效祖国的丰碑；是回忆录，是女孩成长的甜蜜回忆，是她们放飞梦想的足迹，是对祖国繁荣昌盛的祝愿，是对后来学女殷切的期盼……

我真诚地祝愿圣玛利亚的老校友们身体健康，祝愿市三女中的未来更加辉煌灿烂。

夏秀蓉
2014.2
（原上海市教委副主任）

序 言（二）

我担任市三女中校长已有十余年，对市三的"现在"可说如数家珍。又因近来刚完成新一轮学校发展"五年规划"，对市三的"明天"更满怀憧憬。然而市三作为一所百年老校，又是现今国内女生教育的一张特色名片，它经过多少风雨几度春秋，若提及市三的"昨天"，总有诚惶诚恐之感，难以尽述。许久以来，总期盼能将市三女中"昨天"的历史编撰完整，所幸此次集众校友的努力，将女校曾经的点滴印刻入《圣玛利亚女校》系列图书，使得那些美好细节得以在时间的洗礼下留存。

市三前身是中西女中和圣玛利亚女校。因为今天的市三建在原中西女中校址上，故对它了解还多一些。走在市三校园，面对每一幢有故事的楼，我都不禁浮想联翩，仿佛看见一群群豆蔻少女走出教室，在大草坪上嬉笑玩耍享受阳光；仿佛听见一幢幢楼的窗口传出琅琅读书声和银铃般的笑声，静谧的校园顿时生机勃勃、活力无限……市三校园之所以在我们心中可以活起来，很大程度上得益于《百年女中》这本书，这是由中西、圣玛利亚、市三女中老校友写的回忆录。当曾经的人和老建筑合二为一时，自然就会有许多经典故事。

圣玛利亚女校原址白利南路（1943年改名长宁路）1187号，1952年与中西女中合并，整体迁入江苏路155号原中西女中校址。之后在原校址上办起上海纺织专科学校，后又成为东华大学长宁校区……因种种原因我们对它的了解自然不如中西女中那样多。

圣玛利亚校园精致如花园，思孙堂周围的景色也别有风味。1941届邢凤宝在《怀老圣校》一文中这样描绘思孙堂南面的景观："思孙堂前两株蔷薇花，在暮春时节开得十分灿烂,花团团四垂,在对面健身房走廊上望过来,很像两组庞大的花球,加以浓香馥郁,甜甜的由空气四面传送开来……"

思孙堂底层有一间阳光屋,被称为"Sun Parlor"。1937届张爱玲高二时有篇英文撰写的"Sun Parlor"登载在1936年的校刊《凤藻》上,生动描绘了阳光室留给她的印象:"一个温暖、明亮的房间,永远充满了阳光。房间中央,有一长长的黑桌子,许多椅子围绕着它,那是为学生读书准备的。在阳光室的一个进口处,有一只木盒子放在书架上。这是属于《凤藻》编辑部的,每个女孩都有权力投稿。箱子是锁着的,我们总是梦想着怎样才能打开这个神秘的盒子,看到里面的秘密……"

多么美好的建筑,多么美好的回忆。我们不仅要把这几幢楼保留下来,更要把这几幢楼的故事保留下来。文物,文物,有了文字的记录,物才更与人相亲。如今这套合众人之力完成的《圣玛利亚女校》系列图书使体育室、音乐室、膳堂、思卜堂、思丁堂、教堂和钟楼……顿时都活了起来。

那个依然矗立在建筑围墙外的尖尖塔顶,必是教堂了。1952届李葵回忆:高中三年,她要负责学校教堂里的布置事项,每天清晨负责更换教堂圣坛上的鲜花,各宗教节期间得换上象征性的不同颜色的饰带等。

思卜堂是圣玛利亚女校的宿舍。"在平时,学生是不允许在课间回宿舍的,宿舍楼十分安静,井井有条。但是每到了下午4点下课后,两幢宿舍楼里必定要喧嚣卸顶一番。姑娘们要赶在活动时间的铃声响起前各自换好运动服以及做好一些其他的事情……当铃声一响,所有的姑娘们冲出房间到体育室集合,有的人边走边翻衣领,边系鞋带,甚至有的人面包还咬在嘴里。宿舍,霎时间又恢复了安静。"

……

这只是"校园"一章给我的美好享受。其他还有"社团"、"教育与教学"等大量的校友回忆文章,描述了圣玛利亚的校园之美、师生之情,令我爱不释手,回味不尽。

在校友们笔下,校园的每栋建筑、每个角落都是美的,即使不甚美的地方,都被细腻精致的文字营造描绘得很美。学生的情感也是美的,对每个细节不厌其烦的描写,里面是女生对学校一草一木的情感,对一人一事的感恩。圣玛利亚女校无疑是一所好的学校,曾培养了大量杰出女性人才;它更是一所美的学校,美于景、美于人、美于情。

如今有很多"好"的学校，现代的建筑、最新的设备、不错的升学率，但又好又美的学校并不多。"美"不仅是外观，不仅是校园精美的环境设计，更是内涵，更是情感。有了因材施教、兼容并包的好教育，有了关心学生、乐于授业的好老师，有了浓浓的人文精神，不美的学校也"美"了。"美"的学校，不是靠刻意打造、渲染而成，不是由有关部门考核出来，甚至和家长们的一时"口碑"也无关，而是能对学生一生发展有巨大影响，是学生毕业后依然存在强烈归属感，是几十年后，学生们还梦牵魂绕，愿意用手中之笔记录往昔岁月，使它更加丰满多姿的一方精神家园。《圣玛利亚女校》系列图书的诞生证明了圣玛利亚女中正是这般"美"的存在。

该系列图书分三册，分别为校史、追忆和毕业生故事。感谢校友们的辛勤付出。很多校友已是耄耋之年，有的又远在海外，要完成该系列图书，无论组稿还是写稿都不易。为写此系列图书，她们热情洋溢，花季在笔尖再次绽放，字里行间青春芬芳。还要感谢正值花季的市三女孩，她们用心静静倾听，苦心迂思回虑，力求让撰写的校友故事尽善尽美。那清新雅致、情深意切的语句更让当年的故事重放光彩，让人遐想悠然。

中西女中和圣玛利亚女校，是上海近代女校的双璧，也是市三人的骄傲。《圣玛利亚女校》系列图书和《百年女中》，是对这两所学校的最好纪念，也是对女中学校文化的传承。这些书，是学校教师的必读，获以办学借鉴；是女校女生的必读，获以成长启迪；也是大家的读物，获以女校魅力的体会。

现市三校园中，原中西女中的两幢老教学楼刚刚"修旧如旧"，圣玛利亚女校的标志建筑也终于保留了下来。市三的目标就是传承两校文化，再现两校神韵。

我相信无论是昨天、今天还是明天，市三都一直会是一所又"好"又"美"的学校，独树一帜，无可替代。

徐永初

（2014年2月12日）

目 录

回 忆 ·· 15
我的母亲——"梵皇渡孃孃" ························· 16
近百年前的回忆 ······································· 18
圣玛利亚女校的陈家四姐妹 ························· 20
深深怀念我们黄色围墙中的母校 ··················· 26
圣玛利亚对我一生的影响 ··························· 31
中国生殖医学的奠基人——葛秦生 ················ 33
百岁校友忆八十年前学校生活 ······················ 35
忆姐姐郭秀梅 ··· 40
一所贵族化、西化、封建色彩交织的教会学校 ··· 43
我永远怀念的时光 ···································· 48
我漫长的人生始于圣玛利亚女校 ··················· 54
甜蜜的回忆 ·· 61
母校的培育 恩师的教诲 ····························· 63
欧氏家族与圣玛利亚女校 ··························· 70
学海无涯 ··· 72
圣玛利亚趣闻二三 ···································· 83
两件小事对我一生的影响 ··························· 85

圣玛利亚女校的音乐活动 ·················· 88
忆母校 ······························· 91
根和源 ······························· 93
怀念圣玛利亚女校 ······················ 96
忆母校生活点滴 ························ 99
母亲和我与圣玛利亚女校 ················ 103
快乐的回忆 ··························· 109
圣玛利亚女校就读六年记 ················ 111
回忆圣玛利亚女校的假小子 ·············· 124
我在圣玛利亚女校的两年半 ·············· 128
圣玛利亚女校，我心中的丰碑 ············ 137
我们这一群 ··························· 144
一九四四年的记忆 ····················· 146
校园·舞台 ··························· 150
念兹在兹永不忘汝，圣玛利亚女校 ········ 154
回忆我八十年的人生历程 ················ 166
我的绰号叫"老虎头" ·················· 172
最美好的时光 ························· 174
我们的胖胖——京剧大师李世济 ·········· 178
圣玛利亚女校的姐妹班 ·················· 180
圣玛利亚并校第一届毕业生 ·············· 186
青春的回忆 ··························· 191
一张照片的故事 ······················· 204
回忆圣玛利亚女中团支部 ················ 207
对母校的热爱永存心间 ·················· 212
怀念圣玛利亚女中和父亲石兰生 ·········· 214
回忆在脑海深处 ······················· 217

圣玛利亚初中三年对我的影响 222
难忘金色少年时 224

师 恩 235
孔凯利老师 236
冯锡良老师 239
父亲与张爱玲的师生情谊 242
母亲刁杨调芳和圣玛利亚琴科 248
爱地老师的来信 252
忆恩师 Deaconess Evelyn M. Ashcroft 255
忆父亲洪德应牧师 258
忆郭秀梅校长 261
祖孙三代与圣玛利亚女校的缘分 266
汪庆保老师 272
圣玛利亚女中，我人生的起点 274
汝乃华老师 277
陆羽老师 278
郑慧君老师 279
永恒的旋律——忆何义法老师 281
葛学球老师 285
怀念英语老师朱珍美及洪德应校长 286
忆母亲丁宝理老师 288
读后感（代后记） 291

回 忆

我的母亲——"梵皇渡孃孃"

鲁 平[①]

1893年,我的母亲杨进美(杨美宝)诞生于上海县城(今城隍庙一带)一个大家庭里。外祖父是当地的一个士绅,和我外祖母生了8个子女,2男6女。外祖父思想十分封建,家规很严,但我母亲从小就对之采取了抗拒的态度。家里规定只有男的可以念书,

母亲杨美宝英文名Mable Yang(左),和外祖母和两个舅舅

但她不顾她父亲的反对，毅然独自离家上了圣玛利亚女中，毕业后继续留校教书，成了家中唯一上过学的女孩。母亲是圣玛利亚书院1913届毕业生，以后又在圣玛利亚书院教过英语。后来她的侄儿们都以她学校所在地称呼她"梵皇渡孃孃"。家里规定女孩必须缠脚，但几次给她缠了，她都自己放了，从而在她众多姊妹中，唯有她保持了解放脚。辛亥革命后，她带头剪了辫子。第一次世界大战后我父亲从美国留学回来，在上海遇到了我母亲，两人一见钟情，决定要结婚，但遭到我外祖父坚决反对，理由是：婚姻必须根据父母之命，媒妁之言，自由恋爱是大逆不道；其次，我父亲是外地人（父亲原籍四川），外地人在上海没有根基，不可靠。如我母亲执意要和我父亲结婚，则要和我母亲断绝父女关系，永不来往。但我母亲坚决反

母亲杨美宝(右，圣玛利亚1913届)和她的两位同事

对这种封建的婚姻制度，不顾家人反对，在没有家人参加下和我父亲举行了简单的婚礼。就这样，我和我的姐姐、妹妹生下来后就没有见过我们的外祖父母。试想：在民国初期，一个女孩能有这样的勇气来和封建制度作斗争，难能可贵。所以我为我拥有这样一位母亲感到骄傲，她的精神也感染了我，使我走上了革命的道路。

谢谢您，亲爱的妈妈！

---

① (鲁平，原国务院港澳办主任，圣约翰大学农学院1947届，北京圣约翰校友会会长。)

近百年前的回忆

1919 届肄业 唐赛云[1]

我生于 1904 年,今年 103 岁了。在我十一二岁时,被父母送入圣玛利亚学堂住读,那时我三姐唐赛芳(1899～1919)十六七岁,已在该校上中学。我有姐姐为伴,也就不害怕了。我在圣玛利亚就读的时间只有两三年时间,之后由于家里原因,我母亲带着我从上海来到天津父亲身边(父亲当时任津浦铁路局翻译科科长),我就和圣玛利亚告别了。

关于那段短暂的日子,我还有一些零星的记忆,但是由于时间久远,也许不尽准确了。那个年代的住读和现在的住读有点不同,就是学生不能每个周末回家,只能学期末才回家。学生进了学校,就像关禁闭似的,不能离校了。唯一的外部联系是请宿舍女清洁工为我们从校外代买一些酸梅之类的小食品。同宿舍有一位张姓同学,家人每天下午都送点心来,令同学们羡慕不已。

我校位于圣约翰学堂(男校)的大校园内,女生进进出出都必须走过大校园。女校有竹篱笆相隔,女生不能随意进大校园玩。我年纪虽小,却能发现竹篱笆边的秘密,就是常有女校一侧和大校园一侧的纸条传递,原来两侧的男女适龄学生已在交朋友了。但三姐不交男朋友。

三姐和我住在学校的新宿舍楼二层,一个房间住 6 个学生。每张床上方有一顶蚊帐。我记得那年代同学之间以"鬼"互相吓唬,害得这个学校里年龄最小的几个同学之一的我,晚上躲在蚊帐里不敢动,生怕鬼来了。房门外的过道里,一溜放着几个马桶,为晚上解手用,因为大家都不敢深更半夜独自去老远的厕所间。传说厕所间曾出现过一双小脚,更是骇人听闻。到清晨,女清洁工会从学生不许走的宿舍后楼梯下楼倒马桶。学校规定的日常活动时间表十分准时和严格。

早晨6点起床,快快漱洗后三姐和我互相帮忙梳辫子。回想起来,我所梳的肯定难看,毕竟年纪小,不太会梳。然后去饭堂吃早饭,只供应稀粥、炸黄豆和咸菜,没有干的,所以吃不饱的。8点准时上课。那时是美籍老师教英文,老师是叫 Miss Graves 的姐妹二人,学生简称之为大郭和小郭。所教内容我在家时奶奶(奶奶是在虹口礼拜堂学的英文)和大姐夫都教过我,已没什么新鲜感,因此我读得很没意思。中午12点吃午餐。下午再上课,不记得除英文外还有其他课程。4点下课后可

唐赛云在圣玛利亚女中

以玩一会儿。操场上有秋千可玩,但秋千上的铁环在刮风天气会叮铛作响,天黑以后同学说鬼来了,怪吓人的。6点吃晚餐,7点晚自习,我人矮坐在第一排,我可以看见老师坐在上面补袜子,没啥复习我有时会打瞌睡的。每个周日老师带我们去教堂做礼拜,有时唱歌,有时跳集体舞,这些我都乐意参加。每年的圣诞节前后,老师还组织学生玩游戏。

我当年的好同学有方月梅、黄慧娟、朱其廉、杨调芳等,可惜现在她们全已过世了。杨调芳和我是同房间的。由于他丈夫刁德仁和我丈夫杨宽麟都是圣约翰大学教授,我们俩成年后仍是常交往的好友。她是圣玛利亚音乐教师。她擅长做西点,和我的爱好相同,所以我们常在这方面交流经验。我在圣玛利亚的时间虽然相当短,回忆起来还是挺有趣的。

---

① 唐赛云即唐云,1904年生,著名结构工程师杨宽麟(1891~1971)夫人,本文写于2007年。

圣玛利亚女校的陈家四姐妹

张志敏[①]

在圣玛利亚女校

我的母亲和三个姨妈都是上海圣玛利亚女校的校友。玛丽亚（Maria）陈善祥（1932届）是大姐，其次是陶珞珊（Dorothy）陈善珊（1935届）、琼（Joan）陈善明（1935届）以及我的母亲葛萝利亚（Gloria）陈善琳（1938届）。

我的外婆把四个女儿都送到圣玛利亚女校读书是为了让这些女孩受到优良教育。在这方面，在考虑女子教育的时候，我外婆的思想大大超越了她那时代的思潮。

我常听母亲和姨妈们谈论圣玛利亚女校。母亲善琳喜欢打垒球和弹钢琴。她们有时与葡萄牙队比赛垒球，母亲认为葡萄牙队耐力和技巧俱佳。二姨善珊对唱歌、跳舞和社交活动感兴趣。三姨善明比二姨善珊小一岁，但与善珊在同一年级读书。她聪明机灵，但音乐并非其特长。大姨善祥始终像个大姐姐，无疑是四姐妹的领袖。

她们还谈论同班同学，经常提到的有葛秦生，她是三姨善明最要好的朋友，因为她们不但是圣玛利亚女校同班同学，而且还一起在北平协和医学院读书。1982年或1983年，我在加利福尼亚遇到过葛秦生，那时她来加州珀洛斯维第斯（Palos Verdes）看望二姨善珊。大姨善祥最要好的朋友是盛建颐，有50多年友谊，上世纪80年代初是上海音乐学院资深音乐教育家（听说她儿子在芝加哥交响乐团拉中提琴）。林长怡是二姨善珊的同班同学，住在余庆路上，离我家很近。1981年我离开上海去美国前，她还教我英语会话。我母亲

[①] 作者为圣玛利亚1938届陈善琳的儿子，1981年赴美留学，现旅居美国。本文原文为英文，2013年4月初稿，5月修改。由圣玛利亚1952年初三夏甘霖翻译成中文。

1935年毕业，坐右1陈善明、右3陈善琳、站右4陈善珊、站右2陈善祥

还有一个圣玛利亚女校的朋友，晚年（1950至1960年代）离不开轮椅，母亲总要我称她为"祥维姨妈"。

圣玛利亚女校的教育较大地影响和培育了这些年轻女士的思维。大姨善祥和三姨善明两人通过参加学生活动培养了组织能力，这在其后的专业生涯中反映出来。具有安静个性的二姨善珊和母亲善琳则在音乐和运动方面不断忙碌着。

高等教育和职业生涯

大姨善祥毕业于沪江大学，后来就读纽约大学，毕业时获社会学硕士学位。她是上海基督教女青年会（Shanghai YWCA）的总干事。

二姨陈善珊从沪江大学毕业。她与上海的实业家罗思维先生结婚，1950年代离开中国大陆到香港，最终到了美国。

三姨善明毕业于燕京大学，后来就读哥伦比亚大学，毕业时获儿童心理学硕士学位，并且成为宋庆龄创办的中国福利会幼儿园的第一任园长。

1935年坐左1陈善祥、左2陈善明、后右8陈善珊、右11陈善琳

母亲善琳毕业于圣约翰大学,获经济学硕士学位,在杭州的基督教女青年会(Hangzhou YWCA)任会计。后来成为上海纺织厂幼儿园的园长。

三姨善明

在我的几位姨妈中,大姨善祥和三姨善明都和宋庆龄有着深厚友谊。

早在1935年,当三姨善明在燕京大学求学时,就参加了"一二·九"运动。她参加示威游行、时事座谈会和抗日救亡歌咏活动。1937年回沪过暑假时,因"七七"事变发生,她在上海借读于沪江大学。期间,参加了难民收容所的工作及上海学生团体举办的抗日募捐、义卖活动。1938年6月,到北平协和医学院护士学校读书。1941年毕业后,到上海中华医学会工作,第二年到上海女青年会托儿所任主任。1947年7月由女青年会推荐留学哥伦比亚大学,获儿童发展硕士学位。1950年9月,应宋庆龄邀请回国担任中

陈善明任上海中福会幼儿园园长　　　　　　　前右张志敏后陈善明

国福利会幼儿园园长。她发挥了一贯的热情,全身心投入工作,带领教职员工探索了一套较为成功的寄宿制幼儿园的工作经验,赢得了社会声誉。为了培养一支思想好、懂业务的师资队伍,她要求教师开动脑筋,自己动手制作简易或半成品式的教学玩具。她鼓励青年教师克服困难,带领大家参加各种有益的社交活动。对职工的生活困难,总是解囊相助。在她的关心培育下,幼儿园涌现出一批优秀的幼儿教育工作者。1960年中福会幼儿园被评为上海市文教系统先进集体,陈善明三姨还出席了上海市文教系统群英会。她还被选为上海市第一至第五届政协委员。宋庆龄曾对她热爱事业、以园为家的精神极为赞赏,多次在节假日邀请她到家中作客。

由于她没有孩子,待我就像亲生孩子一样,1961年至1962年,我就在她的幼儿园里度过了2年美好时光。

当善明阿姨担任园长时,我进入幼儿园中班,我在那里待了两年。以前我从未离家过夜,我记得善明阿姨把我将要睡的床指给我看,房间里还睡有其他男孩,善明阿姨还告诉我睡在这里很好。第一晚,她睡在她的办公室里,以确认我一切都正常。以后,我发现如果幼儿园里有什么未处理的事情或发生什么异常情况,她都会整夜留在办公室里。

我记得她带我回家的第一个星期六晚上,那时我快乐无比。在回家路上,她握住了我的手,我看着天空中的星星,不知道说些什么才好,因为我已经离家六天了。我是如此快乐,因为她告诉我立刻就要见到妈妈了,并且我们要在外面吃饭。实际上,她在幼儿园工作的那几年,幼儿园就是她的家。每天,我们举行黄昏集合(evening circle),老

1962年张志敏与陈善明

师通常会在我们上床前给我们讲故事。黄昏时，我通过教室的窗户经常看到善明阿姨与其他员工或教师一起散步或谈论。开始的一个月左右，黄昏集合结束后我们上床前，我经常可以拥抱一下善明阿姨。

善明阿姨总是利用她在圣玛利亚女校和哥伦比亚大学学到的方法，帮助我们在智力和文化方面得到磨练和发展。当她帮助我学习英文时，她翻译了苏斯博士的《戴高帽子的猫》（*Cat in the Hat*），并且与我讨论她将如何在幼儿园中讲解该课文。以后我知道苏斯博士是美国最受欢迎的童书作家，他的《戴高帽子的猫》在美国家喻户晓，它后来成了美国的儿童教材读本，书中仅用了236个字汇，就将一个百无聊赖的下午变得紧张刺激，用一只猫把孩子们带入各种各样搞怪的把戏中。美国邮务署曾选用"戴高帽子的猫"图案作为纪念邮票。善明阿姨选择这本书帮助我们学英文，可见她在儿童教育方面所下的功夫。

她知道我们最感兴趣的事件之一是与"三毛的爸爸"张乐平见面，看他如何奇迹般地画图。他是善明阿姨的朋友，她安排张乐平伯伯会见我们不止两次。这其实是对我们这些小孩的款待。饭后，他与我们一起围坐成一圈。他开始画三毛，我们是如此激动，但又如此安静，全神贯注于他的动作。过了一会儿，他开始了解我们的需求，这是非常有趣的，整个教室里爆发出讲话声和笑声，因为每个人都希望他能画出自己感兴趣的主题。我感兴趣的是孙悟空。为了帮助他了解我们的需求，善明阿姨也参加进来了。以后，张乐平伯伯画的图会留在走廊里的黑板上好久，我们任何时候走过就能看到。第二天在课堂上，我们都有了灵感，一边画一边讨论他是如何画出每一笔的，我们应该怎样才能最好地模仿他。

体育活动也是我在幼儿园时留下快乐记忆的内容。我记得在操场上奔跑、踢足球和荡秋千。我们最喜爱的活动之一是踢足球。善明阿姨总是发现一些做得最好的孩子作为榜样来激励我们。她经常要求小球员把球踢到空中高处，使我们无比激动，并且尝试也这样踢球。她鼓励我们小朋友之间竞赛，看谁踢得最高。她自己还经常与我们一起打乒乓球，使我们对运动更感兴趣，并且启发我们具有竞争意识，争取获奖。

大姨善祥

大姨妈陈善祥是上海基督教女青年会（Shanghai YWCA）总干事，上海市基督教三自爱国运动委员会常委。在数十年工作生涯中，她一直从事社会福利事业，早已把自己的人生与公益事业紧紧联系在一起。她总是用自己的爱心，默默关心、帮助他人。

1985年上海市老年基金会成立，她担任了基金会理事，她牵挂着城市中需要帮助的老人，为老年人福利事业不断奔忙着。老年基金会有一项助养贫困老人的活动，为收入低于最低生活保障线的老人提供每年600元补助。陈善祥积极参与此项工作，并在1996年捐款助养了两位家住长宁区的贫困老人。她获悉老年基金会奉贤办事处开展助养生活贫困的农村老干部的消息，又决定助养两位老干部。由于年事已高，活动不便，陈善祥便托人将一年的助养费1000元交到了基金会。

除了老年基金会开展的活动，陈善祥还积极参加其他慈善活动，如为希望工程捐款，向母校沪江大学同学会的社会福利事业捐款等。5年中，她累计向各类慈善事业捐款近万元。她的爱心得到了人们的尊敬，1998年，长宁区向她颁发了"老有所为精英奖"荣誉证书。

在她九十多年的人生历程中，为福利事业呕心沥血了几十年。学生时代，她在沪江大学从事团契活动，服务社会公益；抗战时期，她在重庆开办劳工夜校，义务为劳工教授文化知识，得到了周恩来、邓颖超、陶行知等的赞扬与支持；20世纪40年代在纽约大学留学筹组民盟纽约支部、建国后在基督教三自爱国运动委员会工作，也从事着慈善活动。

她是上海市妇联第一至五届常务委员，第七至九届执行委员及第五次全国妇女代表大会代表。她的热情和善心为姐妹们树立了良好榜样，四姐妹以大姐为榜样，同样都具有善心和爱心，在各自工作岗位上服务社会，服务人类。

深深怀念我们黄色围墙中的母校

1935 届 孔宝定

我是圣玛利亚女中 1935 届的毕业生，现已是个耄耋老人，但对亲爱的母校的精心栽培却念念不忘。

我生于 1914 年，五岁丧母，由祖母抚养。初中上的是宁波竹洲女中，校长杨贻成对我的评价是文武双全，功课优秀，体育不错，曾是宁波市田径赛冠军。

15 岁祖母仙逝，我无依无靠。多亏姑父蒋抑卮和华仙姑妈来宁波奔丧，我向两位泣诉即将失学，而我从小有个大学梦。姑父母看了我的成绩单和作业本，说他家在上海华山路范园 644 号办了所私塾，可以带我去学习。这样我到了上海，暑假中他们的孩子全考上了学校，我也去考学，邻居女儿介绍考圣玛利亚女中。

1931 年，满怀着一个大学梦的我从家乡宁波投奔上海。一个刚结束市立中学高中一年级生，虽是校长表扬的高材生，投考圣玛利亚女中却被录取在英文班初三年级，虽然中文班在高二班上，毕业与否得按英文班来决定，当时我心里十分懊丧。一开学走进教室，洋老师在讲什么，同学们在回答什么，我却一点也听不懂，像坐飞机耳边嗡，莫名其妙，目瞪口呆，这才使我着了慌。原来老家的市立中学学的是哑巴英语，读讲听写一律免谈。真后悔投奔来了上海呢！

校长傅德女士（Miss Fullerton）亲自执教，教的是莎士比亚原著，不但讲解精辟，还要我们背诵莎翁的精彩内容中的片段。教学方法灵活生动，引人入胜。其他老师也都谆谆善导，耐心讲解，平易可亲。物理、化学、历史、地理各课中老师耐心启发提问，学生用心回答，课堂气氛极为活跃。同学们的英语口语十分流畅。我则不知所措，天天含泪上课，翻破字典，还难以完全领会各科内容，痛苦万状。但老们师谆谆善教，同学们热心相助，才逐渐把我一步步引向正规的航道，让我有了信心，快步追赶上去。

1935年《凤藻》上的孔宝定毕业照

学校学风正派，同学们都乐于帮助我这个没有水平的插班生。她们没有轻视和讥笑我，她们受学校良好的教育，有助人为乐的精神。使我心理未失平衡，埋头苦赶，日夜攻读，甚至于宿舍熄灯后还借助洗脸房微弱灯光，在那里偷偷恶补功课。幸亏学校管得严，一个月才放假一天可以回家。这样星期天除做礼拜祈祷外，独自关在储藏室苦读。这样捱过二年，中文班毕业了，全心全意扑在英文班上，才使我一步步跨进了英语的真实殿堂。真要感谢母校的老师和同班同学帮助我四年苦练中打好英语的踏实基础，使我终身难以忘怀。

圣玛利亚女中，人称它为贵族女中，所谓"贵族"也不过是校园宽大，设备较为完善而已。它有暖气，有较大的一间间浴室，还有一座医疗小楼……有些学生是上海滩有名望家庭的女儿。学生宿舍的清洁卫生工作有人代劳，学生只要专心一意学习攻读即可。其实我们心中它只不过是一所一般性的较洋派的普通女中而已。

我们班上的英语老师中有一位 Miss Coles (孔凯利) 上课方式和其他中学的老师不同，其他数理化和历史地理老师也都采用美国式的教学方法。教科书全是美国十二年级的原版课本，所以全校学生的英语基础都相当扎实。这就是我们母校的教学特色。教师认真，学生刻苦，我一直铭记在心。

当时外界有人以为学校把我们这批青春少女紧闭在黄色围墙里，让我们这批姑娘两耳不闻窗外事，一心只读洋书本。这是一种误解，学校订有中英文报纸和杂志，报纸放在名叫 Sun Parlour 大教室的桌上，供全校学生阅读，杂志放满图书馆一角，谁都可以去浏览。外文书籍布满整个图书馆架子，学生住在校内，均可自由借阅。还有许多课外活动。我们学生知识丰富，视野也很广阔呢！

中文班有许多有学问的老师指导我们认真学习中国文学、中国历史、地理。对中文作文也要求相当严格。

文娱活动也是极其丰富的。经常有歌咏练习。体育馆舞台上经常有文娱晚会、歌咏、跳交谊舞、朗诵英文小诗等。大家欢乐相聚，这盛会令人难忘呢！

记得我们班还请来裁缝师傅为全班同学量身制衣。每人两件旗袍，一件白色刻花纱的，一件镂空淡蓝色纱的。全班同学喜洋洋穿上新衣，整整齐齐排列在 Sun Parlour 大窗前有三级台阶的平台上，为全校同学纵情高唱，这被称为 Step Singing。歌儿除校歌外，全选自美国一本 One Hundred and One 的歌本。最使我念念不忘的是 Gold Gate，我退休后定居美国纽约市，有一次我们去美国西部游览，游船驶过金门大桥。我们都是耋耋老人，情不自禁唱起了 SanFrancisco, Open Your Golden Gate, Let……，船上美国旅客一个个和我们同唱，让我们欢乐之中又回忆起在母校欢乐的岁月。

圣玛利亚德智体教育齐头并进。学生全部住校，一个月才放假一次，可以回家看望亲人。

孔宝定夫妇年轻时，在成都

严格规定每晚夜自修集中在二大教室之中，使我们集中精力温课和预习，从不放松。下午放学，全校教室和宿舍以及图书馆等都关上了门，谁也不准入内，让所有学生在外边活动。我们有时去健身房锻炼，或去后边广场上运动，有时在大草坪上嬉耍。记得春天金花菜开出小白花，我们采集起来，做成花环戴在头上，跳舞唱歌，其乐无穷。每天做祷告，星期日读圣经，学校对学生道德教育是相当重视的。

我们按学校的传统，每个毕业班要出一本厚厚的校刊，称为《凤藻》(Phoenix)。全班同学都去拉广告，筹资金，各显神通。那时王月琴（医生，仍在上海）是英文总编 (editor-in-chief)，我则是中文总编。我们请全校同学踊跃投稿，支持这本《凤藻》的问世。

1935年的《凤藻》里有我们毕业班每个同学单独的照片，有集体活动照，内容丰富多彩。抗战期间颠沛流亡，使我丢失了这一珍藏，真是可惜。但母校培养我们独立办事的能力，令人难忘。

临近毕业我受老师指导，写了两篇作文，一篇中文的，一篇英文的。这样母校就把我送进了南京金陵女子大学，让我实现了久盼的大学梦。这是母校对我的恩赐，使我终生难忘。

母校对我的栽培对我一生影响很大。首先是我在大学里靠着扎实的英语基础，能迅速查找参考书，用英文写论文，获老师好评。抗战期间逃难到了四川，借读华西大学，受到英语文学课老师的赞扬，认为上海、南京的大学生英语水平较高，发音优美，口语流畅，还被选去演出英文话剧。后来各大学内迁到华西大学，当时抗日战争正是打得紧张激烈的阶段，地方上想派几名大学生出国去宣传抗战，想从华侨那儿捐募一点外汇，帮助国家抗日，于是举办了一个"成都八大学英语演讲比赛"，我们金陵女大校长吴贻芳博士指派我去参加。人家七个大学派的全是清一色英语系的大男生，唯独我一人是主修社会学的一个小女生。校长对我的信任，使我不禁又感激我的中学圣玛利亚女校对我的栽培。虽然演讲会办成了，但是地方政府却拿不出外汇供大学生们出国去宣传抗战，谁也无法出去，但通过这一比赛，让我更怀念母校。

这样一座优秀的中学，使我这个原先英语哑巴的学生打好了第一外语的基础，使我这个旧时代的家庭妇女（解放初已近四十岁），四个孩子的母亲，竟有勇气去学习第二外语——俄语。后来被分配进了华东师范大学的外语系（现称华师大的外语学院），去教公共理科俄语（并曾脱产参加编写公共理科俄语课本）。就这样在华东师大先教俄语，后教英语三十几年。我这个当时全班最差的学生也能成为有用之人，母校功不可没。

我退休后定居在美国纽约市十五六年，因"九一一"事件回国，现住在北京。在纽约时因空闲无聊，曾为北美《世界日报》写过六十几篇小品文。我一直用笔名包亭，但有一篇写我敬爱的吴贻芳博士，用了真名，我们班同学沈丽五（92岁，哈佛大学退休，曾在金陵女大教过英文，对校长也很熟悉）见了此文，她去信报馆要我的地址和电话，和我联系上了。通过她我和卢景兰（94岁，在美国加州）、张淑贞（在美国新泽西州）以及葛秦生联系、通信。事隔七十年，老同学相聚，特别的开心。我们一起回忆母校，

孔宝定参加校友聚会

回忆老师和同学们，回忆我们珍贵的中学生活和趣事。

我乐观对待生活。每天看报看书，写点读书感和回忆录，和亲友通信交谈。天天下楼散步，走一千步，做自编的全身按摩和小体操，饮食清淡。知足常乐，自得其乐，助人为乐。

我的一生曲折多难，有苦有甜，我的一生是平淡的，并无什么贡献，尽力抚育四个子女，我努力了，对社会做点事，感谢圣玛利亚为我的一生打下了基础。

我另有个名字孔广定。家父保守，不让女孩用皇帝所赐孔子后裔排行榜取名，直到曲阜修《孔子世家谱》时，还了男女平等，按孔子七十代后裔广字辈给了我孔广定名。我和丈夫名录入《孔子世家谱》第16097页。祖父开通，姑妈按孔子六十九代后裔继字辈名孔继莼，她和丈夫蒋抑卮在日本仙台和鲁迅、许寿裳有合影，登载在《老照片》上。

我班郭秀梅曾任教南大，为不公开的地下党员，1951年到1952年任圣玛利亚校长，可惜已驾鹤西去。龚普生和龚维航（后名龚澎）都是高年级同学，她俩都任过学生会会长。张爱玲那时是P1和P2（即小学五、六年级，附在我们中学里面）学生，人瘦得很，想不到成了作家。圣玛利亚培养出一大批优秀人才。

是敬爱的母校为我们打开了大学之门，让我们一个个走入高等学府，再获进一步深造，怎能不让我们魂牵梦萦时刻怀念我们亲爱的母校呢？

（此文为孔宝定写于2006年的《深深怀念我们黄色围墙中的母校》和《难以忘怀的母校恩情》两文的综合。2010年孔宝定又对文章进行了补充。2006年和圣玛利亚北京校友联系上后，积极参加校友活动，2011年7月去世。）

圣玛利亚对我一生的影响

1935 届 葛秦生

1935 年我在圣玛利亚毕业时,学校问每个人的志愿,我说要为人类造福。母亲在教会学校学过医,我立志当一名医生,为人们解除痛苦。就在上海医学院学了六年医(包括到北京、天津学习),1944 年到北平中央医院工作。在林巧稚帮助下,我打下了扎实基础,后转到协和医院妇产科,2005 年才从工作岗位上退下来。1954 年开始我专门研究内分泌,是内分泌的奠基人之一,我国在此领域的医疗和研究水平在国际上算得上是先进的。

回顾我六十多年的工作,我的成绩和圣玛利亚的学习紧密相连,是圣玛利亚给我打下了做人和学业的基础。体会最深的是教会我怎样正确的思维和对知识灵活运用的方法。

我 1917 年出生,1928 年在上海培成中学已经读到初中二。母亲说一定要把我送到最好的学校学习,就送我进了圣玛利亚。圣玛利亚英语要求很高,大部分课程用英语讲授,教师大多是外国人,只在下午的中文课用汉语讲。我只能退到 P2 从预备班读起。圣玛利亚的学费很高,一个学期要一百大洋(包括食宿)。

七年的中学生活我一直住校,当时全体学生都是住校的。我一踏进这个美丽的校园,就爱上了这所学校,很快习惯了住校的集体生活。学校的管理很严格,做什么事情都有一定的规矩。但生活是丰富多彩的,还有各种文娱体育活动。

当时的校长是 Miss Fullerton。她对我们很严厉,但是很爱护我们。我很用功,想多念书,她不同意,说是小女孩要多玩玩,鼓励我参加各种活动。她的妹妹 Doctor Fullerton 在广仁医院当医

2006 年写此文时的葛秦生

1935年《凤藻》上葛秦生

生，我母亲在广仁医院她手下工作过，认识这两姐妹。她俩来到中国，为我国的文教医学做贡献。其他外籍教师和她俩一样，默默地在圣玛利亚工作着。他们的学生永远怀念他们。

我们一个班20多名学生，大家朝夕相处，亲如姐妹。我同班同学孔宝定近年搬来北京，她已92岁，我俩一直联系。

我参加了钢琴课。毕业时拿到三个文凭（英文文凭、中文文凭和钢琴文凭）。大部分同学只有英文和中文两个文凭，全班有三人拿到钢琴文凭。那时学校有一栋琴楼，里面有十多个琴室。开始我学风琴，后来学钢琴。Miss 何教我钢琴。Miss Mitchell 是高年级钢琴课的总管教师。52 届校友刁蓓华的妈妈 Miss 杨当年也是钢琴老师。中学给我打下了钢琴基础，以后不管怎么忙，我都要弹弹钢琴，直到"文化大革命"毁了我的钢琴，就停止了弹琴。

我最喜欢生物化学课，特别喜欢做生化试验。这培养我以后爱好医学，严格地进行医学试验，影响很大，很有用处。Miss Cooper 教化学课时启发我们灵活思考，她教的不是死东西，而是举一反三的思维方法。譬如她教 alcohol（酒精）时，问我们还有什么药品和 alcohol 有联系，我们回答 benzene（苯），她要我们想还有什么。她告诉我们不同的化学药品，化开以后有不同的效果。以后我到了协和，用这种方法去思维，人们称赞我有灵活工作的本领。

中学对我的训练很有好处。学生的学习和生活都很严格，要求每件事情都认真做好。生活有规律，办事有条理，对人有礼貌。我在这里学会了做人，也学会了做事。我感谢圣玛利亚，感谢老师们。我对母校深深的怀念，2002 年校庆时我找人陪同，专程回到圣玛利亚旧址，重新看到我们的教室和宿舍、饭厅和原来的教堂、校园的一草一木，都感到很亲切。使我回忆起我的中学生活，怀念我的老师和同学们。

听说台湾恢复了圣约翰大学，大家又在酝酿恢复圣玛利亚。我很希望圣玛利亚恢复，这样的学校对我们教育意义是很大的。今天圣玛利亚校友在组织整理校史，我觉得这项工作很有意义，把我们对母校和对老师同学的怀念记录下来，让圣玛利亚精神永放光彩！

（2006 年写）

中国生殖医学的奠基人——葛秦生

1952届 刁蓓华

圣玛利亚1935届的葛秦生是协和医院妇产科生殖内分泌与不育教授、协和的元老和专家。她是协和老外科主任曾宪九教授的夫人。

当1935年她在圣玛利亚中学毕业时，曾想报考圣约翰大学医学院。可惜当年不收女学生，她只好进国立上海第一医学院。1939年该校迁重庆时，允许她去北京协和医学院借读。从此开始了她献身协和、献身祖国医疗、科研和教学的漫长岁月。《人民日报》海外版2002年2月2日登载了一篇文章，题为《夕阳无限好，事业谱新篇》，全面介绍了葛秦生教授。现摘录如下：

葛大夫是我国生殖医学的开拓者和奠基人之一。从1944年起，她和林巧稚大夫一起工作了40年，不仅继承了林教授的医德医风，也圆满完成了1956年起林教授交给她专攻妇科生殖内分泌专业的嘱托。由于葛大夫的勤奋敬业精神和严谨的科学态度，这项新兴的事业得以在这个当时处于"处女地"的领域里得到长足进步和迅速发展。

早在1967年，她就早于国外十年，首先提出可减量口服避孕药。七十年代她又首先报导用中药诱导排卵，成功率达72.6%的新进展，并在国内推广应用。1973年中断的研究工作恢复以来，她系统地研究妇女自婴儿至老年一生的内分泌疾病的分类、诊断标准、鉴别诊断的特征与治疗方法。2002年来又开展了更年期与老年妇女症候群与疾病的研究；引进激素替代法指导绝经后骨质疏松的预防和治疗，并开展了心血管疾病与老年痴呆的研究，在国内发表了100多篇论文，因而荣获1986年卫生部女性生殖内分泌疾病、临床研究科技乙级成果、1996年性发育异常的临床与基础卫生部科技一等奖、1997年国家级科技成果三等奖。

  作为博士生导师，她培养了30多名博士生、硕士生及大量医学士、进修生，还通过各种渠道帮助30多名青年医生出国深造。她筹办并主编多家生殖医学杂志；并多次组织、主办全国性、国际性的讲座及讲习班，帮助全国各地的医生提高业务能力，使之与国际先进水平同步和接轨，促进世界范围的医学交流。

  从1985年起，她担任世界卫生组织不育指导委员会委员，并参与和开展不育的流行病调查与诊治，正式走上了国际医学舞台。1988年又受聘并担任国际妇内科内分泌学会执行委员。从1993年至今一直担任世界卫生组织人类生殖研究协作中心主任。十多年来，她多次应邀出访、工作、讲学，足迹遍天下。她还荣获1991年国际妇科内分泌学会发展生殖医学国际银盘奖，和1998年英国剑桥国际名人传记中心20世纪名人奖及1999年美国名人传记学院世界终身成就奖。为祖国赢得了荣誉。

  葛大夫最新的研究成果是：小剂量的激素替代疗法对绝经后的妇女有好处。不仅对骨质疏松，还对心血管和老年痴呆有效。大量的实验证实了这个论点。

  葛大夫不顾耄耋之年，周末基本上在办公室度过。有人说葛大夫没有什么爱好，工作就是她的爱好。其实早年在圣玛利亚上学时，她专修钢琴，毕业时还举行过独奏音乐会。

百岁校友忆八十年前学校生活

——1935 届吴慧舒和女儿张欢对话

编者按：

吴慧舒1914年2月25日生于江苏省常州市（父亲系江南著名收藏家、鉴赏家吴仲熙）。小学就读于武进师范附小，自幼喜爱数学屡获嘉奖。1928年随父母及胞姐迁居上海（六姐吴青霞系著名女画家）。初中在松江慕卫中学（教会学校）学习，1932年考入圣玛利亚女中，1935年高中毕业之后即担任苏州中学、苏州英华女中数学教师。由于日本入侵中国，1937年"八一三"后无法再去苏州，随后任上海新亚药厂英文打字员及家庭教师等职。1945年结婚后生育三男二女，在家相夫教子。1956年响应国家号召至安乐棉纺织厂厂校任数学教师，1966年因眼疾提早退休。她今年已经100岁了，至今头脑清楚，思路清晰。2013年6月份她的女儿张欢带回两张圣玛利亚女校1935届学生的合影照片，勾起了她的回忆。她和女儿讲述了八十年前的学校生活。

吴：(我是)1932年进去，到1935年毕业。上半天是外国人上课，下半天是中文老师。上半天学生都是很认真读书的，下半天有的人不好好听，实在是很好的文学史等，不听，在下面偷偷看书。我看书也不看的，但是有时脑筋……

张：开小差。

吴：对，开小差，想想也很可惜的。一个月回家一次。星期六上半天课后回家，星期一早上到校。礼拜六回家，一个月只有一次，回家玩了，礼拜一到校就没有精神，要打瞌睡。有的人开小差，有的人偷偷看书，有人把狐狸围巾围着趴在台子上睡觉。本来，教中文的老师随你们怎样的，江北人老师眼睛朝天只顾自己讲，你们打瞌睡好了。但是这个狐狸围巾同学扒在台子上睡觉。老师气死了，拍台子说，"你这个人岂有此理！"哈哈！

张：哈哈！那么一班有多少同学？

吴：22个人。22个人我都能背出来。

张：那么你说说看。名字讲讲看。

吴：一个叫钟慧蒔、马淑贞、谭蕙君、一个叫卢景兰、谭蕙君家里条件很好，可以学骑马。自己做马裤。还要写保证书，自己要负责的。

张：现在讲了4个。

吴：下面还有刘世英。

张：5个。

吴：甘贤贞。

张：6个。

吴：孔宝定，罗秀贞，葛秦生，沈丽五，张美丽，郭秀梅。12个？

张：是12个。

吴：下头是：陈善明，陈善珊，张萍，张淑贞，黄承懿，姚惠恩，阮郁珍，武月英，武是武定的武、文武的武，王月琴，吴慧舒。

张：22个了，记性好的！

吴：学堂里有个礼拜堂，平时每个礼拜要去做礼拜。有一只厚厚的垫子放在椅子上，做祷告时要跪在上面，垫子放在地上，就可以跪在上面。

张：吃饭是怎样的？

吴：一桌8个人，一般都吃得很少。每礼拜，家属可以送点心、吃的东西来，平时就吃不下饭了。吃饭时间是20分钟，大家坐在一起，吃好了不能就走开。自治会长管好的，吃20分钟，到时间，叮、叮、叮，一敲，就可以走了。我和阮郁珍没有家人送东西来，所以要吃两碗饭，我们慢慢地吃，吃好再走。

张：是用公筷吃的吗？一人两双筷子吗？

吴：用公筷，放在台子上，夹小菜。

圣玛利亚还有练习火警，叫 fire drill。我们在睡觉，电铃一揿（怎么样的声音已经不记得了），大家就起来，警铃响了，大家快点，到操场集合。每天下午，有一个小时，大家不准读书，随便你做什么，就是不好读书，要在操场上活动，有的人走走，有的人不知做什么。这一个钟头，我总是走走。

张：一个钟头自由活动，是吗？

吴：对！一个钟头自由活动，叫你们休息。

张：不好一直坐在教室里，要你们活动。

吴：我们还有班歌，我也忘记了。有班服，有两种，一种是白色的，有阔的缎子滚条。还有一种是蓝色的。

张：谁穿白的？谁穿蓝的？

吴：每个人都有两套。这是毕业班用的，平常人不用的。

房间是4个人一间，每人有一只写字台，一只矮凳。这要自己带去的，学校不预备的。

张：屋里厢带得去的？

吴：对，屋里厢拿得去的。临时知道了，我寄爹单位的一只铁凳子拿去。写字台不知道他从那里买的，比别人的要小。

张：一只房间到另一只房间，不好随便进去的？

吴：只好等门口。我等门口，她跑到门口，在门口讲话。

张：不好跑到人家宿舍里去的？

吴：不好跑到里面去的。

张：学堂有规定的。

吴：是。

张：老师都好吗？除了你刚才说的"江北人"以外，老师呢？

吴：外国老师都有绰号的。

一个叫大头菜，人矮墩墩的，头大来，叫她大头菜。还有一个老师身上都是一点一点的，叫她芝麻香蕉。还有一个教数学的，鼻子特别大，叫她大鼻子。

张：男老师还是女老师？

吴：都是女老师。教英文的都是女老师，有一个老师人蛮好的。她叫 Miss Copper，人老好的。教数学，学生不懂问伊，哪个人问就告诉那个人，等一会又有人问，老师讲

2013年100岁时的吴慧舒　　　　　　　　　1935年时的吴慧舒

的时候应该叫大家听好，但是没有要大家一起听，一个人问就讲一遍，已经讲了三遍了。不好叫大家一起听呀！英文就是大头菜教。今年这个班级大头菜教，明年换老师，不是一个老师一直教到底的。有一个老师每次上课后，要大家写出当天的重点。另外，中文还有一个左老师，要叫人家写意见，我觉得没有什么意见。有的人写她不好，写了意见，结果好了，饭碗头没有了。学生写意见，老师饭碗头没有了？学校里要看的，看看对她有意见，就不要了。

我们的校长大约有70岁了，汗毛长来！

张：校长是女的？

吴：也是女的。老太太。皮肤很皱。她说，毕业班我自己来教，因为要毕业出去了，我不教的话，人也都不认得了。实在她的记性也不大好，每个学生有一张卡，每叫过一个学生，该学生的卡就放到后面去，这样可以分开叫。年纪大了忘记了，昨天叫过，今天又叫了。

再讲呀！学校医务室有个小房子。是小洋房，谁有不舒服，就可以到这个房子里去，去住在那里的。有一次，我喉咙觉得有些痛。护士是外国人，她看一看后也吃不准，怕是生白喉，因为那时医学还不发达，所以有些怕，叫我住在那里，用棉花签沾了喉咙的分泌物去化验。化验就要住两天在那里，我就住在那里。人又没有什么不舒服，住在那里很惬意的。小菜有几种可以点，住在那里很开心，后来化验出来一点也没有什么。那么就到教室去了。

张：学校里还有唱歌课？体育课、唱歌课都有吗？

吴：唱歌课一个星期上几次，我忘记了，我是唱诗班。要挑的，要试喉咙。试了喉咙挑进去成唱诗班。现在喉咙不对了，现在喉咙坏了。圣诞节有唱诗班唱《平安夜》（讲时唱了几句），像天使在唱歌，很好听的。

张：有几只歌会唱的？学校里教的歌！

吴：一支歌我记得的，要笑眯眯（唱了这个英文歌）。把烦恼的东西都扎起来，忧愁有什么用，忧愁是没有用处的，要笑、笑、笑，Smile, Smile, Smile。毕业时，在两个很大的教室（每次上夜自习时的东、西两个教室，有踏步上去）毕业班在三级踏步上面，唱班歌，唱好之后，毕业班人就走了。循环到各处：吃饭间、宿舍，和每个地方再会、再会。毕业的一天。毕业班人去循环，和各处告别。（唱 Good Bye Dodson Hall；Good Bye Dinning Hall；Good Bye Dormitory 等）。

张：唱得真好！

注：武月英在毕业生名单里没有出现，可能是没有毕业就走了。

忆姐姐郭秀梅

郭重梅

姐郭秀梅（1916～1995）有一段让人心酸的襁褓史：她生母（蔡汝金1883～1917）在她才十个月时因病去世；我爸（郭承恩1884～1946，圣约翰大学1903届）忙于护送灵柩返沪（郭氏祖坟在万国公墓）。幸好父亲同事吴任之先生的夫人热心照料。所以1951年姐姐回国后，我母亲（周石南，1895～1974）陪她去拜望年事已高的吴老太太，以谢当年照料之恩。

姐姐从小有主见，母亲生我三哥前，姐姐才3岁，把两只新产核桃藏好，说要给我母亲肚里宝宝吃！三哥（郭慕孙，1920～2012）出生、长牙，大人就将这两只核桃剥了弄碎给他吃。

姐姐对弟弟非常信任，她甲状腺开过两次刀，第二次出院时，非我四哥（郭敬孙1922～2001）接她不行，她要四哥抱她一下。凡姐姐来沪四哥要去看她，总说：舍不得你来！但四哥还是由嫂嫂（葛允三，1923～）陪伴乘电车去她下榻处。

"郭秀梅，生了个妹妹！"这是八十多年前流传在 SMH 的一个故事：我妈快生我了，姐姐要去住读，临离家她关照家人：生了弟弟或妹妹，一定要打电话到学校。当时请倪葆春院长的夫人王淑贞大夫来家接生出一个10.5磅的我。

我生于1932年，大了点，就等哥姐回来与我玩，他们来了朋友我会跟。因此我叫得出若干他们朋友的名字。我家门牌号369，初一至高三在445号南屏女中读书。1951年考上约大，赶去由系主任黄作燊先生面试；首先感到远！姐姐1952年任 SMH 校长后叫我住她家，我兜中山公园外面，沿铁路走去，远来。某日，光训哥（我的姐夫，约大

1954年年初一在胶州路家中合影,左起郭秀梅、郭重梅、大嫂张纯荪、四嫂葛允三、中坐母亲周石南抱侄女郭乙明

1962年暑假游北京香山,前左起母亲周石南、三嫂桂慧君,后左起郭重梅、郭秀梅

1937届)与我吃了早饭走到中山公园前门,他去乘电车,我还得穿公园!住了八夜,还是回家去,每晨与邻居章明坐三轮车,兜曹家渡到校门!

1951年夏,姐姐三口回国,我们吃了早夜饭去西站迎接。之所以西站下车,因丁家老家在白利南路即长宁路,在西站旁边。次日白天,姐姐三口回娘家,相约我去路上候,先陪他们去万国殡仪馆爸爸骨灰存放处。姐姐见了照片就伤心地哭,他们出国后半年爸爸逝世。

1953年我在同济学习上有困难,要爬屋顶、下工地,团委及吴教务长找我谈话,转校读文科,家中唯姐姐支持我,不为过去两年半可惜,要为今后几十年工作着想。

1962年夏,我们去北京游香山,光训哥和三哥带着四个孩子爬山,三嫂(桂慧君1919~)陪我母亲慢步,姐姐和我变成第三组,她边走边抓住机会教我英文,这种路叫zigzag(之字形路)。再说我左肘残疾病根是她传我的,当年她患肺结核病,从北京返沪养病时,爸爸不准我去她床边,我却来得要去,结果传染到,还好只是肺上有钙化点,病灶发于左肘，红肿、痛、局部发热。后由约大老医生高恩养（圣约翰大学 1914 届医学博士）治愈。

1963 年秋姐姐来沪治心绞痛，住中山医院。我陪妈去探望她，当时妈快近七十，又缠过小脚；姐姐谦意地说：你先走长廊再登万寿山！姐姐说话就是这么风趣！刚生产电子手表时，要看时间只有钟点及分钟，即无指针的。姐姐讲：我不喜欢这种没面孔的表！

"文革"初我们各家受冲击，三哥因公出差，在南京下车去看姐姐。来沪后难过地说：姐姐与他街上见到水果，三哥习惯秤一小筐，姐姐说，买一只、二只！但是在物资匮乏的那个年代，姐姐还寄黄豆粉给我冲来吃。我知道南京奇冷，把自己丝棉背心寄她。

1971 年春节，大哥与我一同去南京探望姐姐，床不够，光训哥向单位借了带回，同时买到两斤油豆腐，南京人叫果子，好像很高兴了。

1974 年母亲病危，四哥与我分别到北京，两天后母亲病故；姐姐来信：你们两人中总要有一人到南京停一下！四哥飞回上海；我乘火车，车停时，光训哥已手捧十只热包子在站台上候我！他们准备我住客房，我不肯，光训哥再把床上用品搬到他们卧室对面起居间沙发上。

姐姐是个不肯停着不干事的人，即使躺着养病，还两手不停地结毛线，后来买了各种颜色的塑料线，她手巧，将线编成各种可爱的动物。至于她业务上的成就，她的许多作品及培养的大量学生以及学生所取得的成就已足以证明。

1986 年姐姐七十，大哥（郭星孙 1907～1989、约大 1929 届）带了我和女儿（吴吉 1974～）同车在莫愁路过了姐姐大生日。姐姐虚岁三十是爸爸带我走到衡山路 53 号吃的寿面。姐姐很能做菜，出国前，她做了色拉送来，正逢夏天，坐在三轮车上，撑了阳伞不遮自己却不让太阳晒了色拉！1993 年初冬她开青年会年会，我去看她，与她同进午餐，喂了她几口碧绿的青菜，下午她还有活动。不料此乃咱俩诀别！1995 年 9 月，我大病初愈，没精力无体力赴宁送姐姐一程。已成终身遗憾。

一所贵族化、西化、封建色彩交织的教会学校

1938届 凌励立[①]

我有一位很不寻常的母亲，因我的父亲在外地任军医，薪俸很低，故母亲得靠她产科的收入来供养三个子女上学。虽然家境很清寒，而且我已经在美国浸信会办的崇德女中念初中，但她一定要送我去一所更好的女子中学念书，是谓"望女成凤"。当时上海最有名气的两所贵族化教会女中是圣玛利亚书院和中西女中，要进去还得有点门路。母亲很能干，通过老同学的丈夫在圣约翰大学任校医的关系，把我送进了圣玛利亚女中。

圣玛利亚对外不招生，也好像没有正式的入学考试，但按它的惯例，新生要先降级（也许就是这类学校显显名牌的下马威吧），有的甚至要降三级，主要理由是新生英文水平不够圣玛利亚标准。也许是看了我过去的成绩单，给予我降一级的宽待。我一进去就赌气要显显自己的本事，于是我拿到全初中用中文教授课程的总分第一名，在初中毕业典礼上得了一块刻着"两江总督"的金牌。后来念到高二时也把那块刻着我中文名字的英文课程总分第一的金牌拿了下来，使同学们羡慕不已，另眼相看。但使我感到非常遗憾的是，母亲没来参加我两次得金牌的盛会，也没来参加我初、高中的毕业典礼。她操劳终年，耗尽心血，在我的心灵深处，永远有着她的一座丰碑。

圣校是所贵族化的学校，每月回家一次，校门口停满了私家汽车，有雇用的司机来

[①] 凌励立：1945年上海圣约翰大学医学院七年制毕业，获理学士、医学博士学位及毕业生第一名奖。毕业后曾任妇产科医师及约大医学院病理科讲师。1952年院系调整进入第二医学院病理解剖教研室，曾任主任、教授，工作达四十年。1983～1985年在美国纽约关节病医院骨科研究所研究骨科病理。曾任上海中西、圣玛利亚、第三女中同学会副会长，顾问。1993年在加拿大定居。1997年患重症后，竟实现了毕生酷爱的文学写作梦，本篇文章摘自她写的《自传》第四章。

1938届凌励立毕业照

抗战胜利后部分1938届同学重返长宁路校址

接送打扮入时而洋派的少女。每星期周末，漂亮的贵太太（妈咪），大包小包的零食往会客室里拎，为娇女补充学校食堂简单的伙食。别看那些苗条的少女好像和一般女学生一样，天真活泼，嬉嬉哈哈，但有些人还很有背景。当然，也有很多和我一样的没背景的清寒人家的女孩子。

那时学校开设家政课，教授一些做太太应该掌握的技能，我当然不主修这些课。在我们普通班也有些课程教摆设家具、插花、搭配衣着颜色、吃西餐的规矩及日常和人交际的礼貌等。我很不喜欢这门课，因为我家不来这一套，特别是有几次老师提问，我曾被同学们哄笑得莫名其妙。有一次，老师问我"toast"是什么意思，我想可以是烤面包片或是祝酒干杯的意思吧。我已记不得当时是怎么说的了，反正引起同学们哄堂大笑。我想，不论回答哪一个意思，都可以是对的，但是她们也许根本就瞧不起我，想我家里不烤面包的，当然更没见过举起酒杯干杯的场面了。有一次。老师问全班同学，谁的妈妈工作请举手。同学们没有一个举手，而我很高兴，把手高高举起，说："做产科"。那老师马上说："Oh, midwife！"口气里有那么一丝丝贬意，同学们哄笑了。我那时还不懂得，做产科的，可以是"obstetrician"，也可以是"midwife"，前者是产科医生，后者是助产士。当然，上课时对话全用英语，我想同学们也许并不懂得这两个词的区别，引起哄笑的原因是，她们的母亲没有一个是职业妇女，而全是呆在家里做太太的，我心里暗暗地想，我才看不起"housewife"（家庭妇女）呢！我的妈妈最了不起，我最佩服敬爱我的妈妈了。在这样的环境中,我好像成了个丑小鸭,心里十分不平。我怀念曾就读的崇德女中,我讨厌圣校这贵族化的一套。

圣校有个怪怪的风气:有些外国老师(全是女的)特别受某些学生崇拜和喜爱,甚至爱得入了迷,她们常同出同进。最明显的是模仿那个老师的书写体,可到非常逼真的程度。教英语的 Coles 小姐在我班里就有五位这样的狂慕者,别人戏称她们为"五条小裤子"(Coles 的谐音)。我也崇拜一位教理科的 Cooper 小姐,仿效她的书法到了活龙活现的程度,但我在课外根本不敢接近她。有钱的学生,在假日成群结伴旅游名胜古迹,回校又是喜谈趣事又是抢看照片。我觉得这一切远远越过我的生活范畴,我融不进这条主流。随着我有了自己的兴趣、追求,有了自己的很多好朋友,我不再孤单,贵族化的阴影随之被我甩在一边。

西化是很自然的事。20世纪初,课目日臻完善,成立了英文、中文和音乐部。英文部是主要的教学部门,数理化、历史地理、宗教、家政、体育等全用英文课本,由美国教师教授。中文部是最不受重视的,老师人数极少,全是男教师,教的课程除国文外,只有中国地理、历史,还有一个特别的课程"党义"。我念高一时,中文部来了一位新的教务主任汪宏声先生,他讲授国文很受学生欢迎,同学们的中文水平明显提高。在他的指导下,每年在毕业班主办、主编的年刊《凤藻》上,可以看到一些不错的中文作品。我这时对中文写作非常有兴趣,比我高一级的张爱玲在年刊里写了一篇以《牛》为题的小品文,把我吸引住了,觉得很有深度,文笔非常美。我原以为自己是最不讲究梳妆打扮的女孩,但发现她更不修边幅,表情总是怯生生的,说话总是低低的,有点躲躲闪闪的样子。我很喜欢她那漂亮的语言表达,她对人世的洞察力是那么深刻,使我这个自命文章写得好的人对她可是五体投地。也曾为圣校出了这位天才和享有盛名的小说家感到骄傲。在圣校的四年里,我看了许多英文的世界名著,喜欢上英语老师的写作课,老师对"即兴作文"的批改、讲评,使我受益匪浅。

学校的音乐部也是一个很重要的部门,钢琴教师的力量很强,也有很多琴房。因学琴的费用很贵,所以富裕人家的女儿学琴的较多。另外圣公会神职人员的女儿,琴费全免。我虽然热爱钢琴,但对学琴,连想也没有想过。不过,有时很早起来,轻手轻脚到琴房去拨弄拨弄琴键,用一只手指弹弹,自己也没劲。

在全盘西化的洋学堂里，还真带有封建色彩。不论学生在校外还是在家里如何洋派，但在学校里必须循规蹈矩，少说笑，走路要有走相。有时跳蹦被洋老师看见了，不是报以白眼，就是挨几句骂，说太不 lady like。记得有一次，我和爱笑的佩兰没有原因地笑，越笑越想笑，笑得人直发抖。正好上课老师是最古板的 Graves 小姐，她骂我们是 silly，要我们立即停止 giggles（傻笑）。有时上课她看不顺眼，就带着蔑视的态度，在黑板上画个 copy cat，让人下不了台。平时不准我们穿短筒袜子，露出小腿；上体育课穿的黑色齐膝的灯笼裤不可以穿进教室，不可接近男学生。记得有一次在约大开音乐会，我们圣校的学生早早排队直赴音乐会会场，集体坐在前排，当时没有一个同学有胆量回过头去看男同学，哪怕是自己的兄弟、熟人，散会时也没人打招呼。可是，这天晚上可热闹了！宿舍里像是一锅沸腾的粥，人人抢着说白天的趣事，诸如某男高音的音色美，某某人是谁的表哥，某某人长得多帅！其实这些从美国来的老师，明知美国年轻人有多开放，但以传教士的身份来圣校上课的她们，却保留着文明古国的封建色彩，老气横秋，甚至终身不婚。

圣校注重体育，每天下午四时，课堂和宿舍全部关门，学生必须参加体育活动。很多怕体育的小姐们，只好在走廊里一伙一群的"跑路"，也就是来回闲荡。我最爱体育，总是在健身房或后操场打篮球、排球或垒球（女子 base ball）。我喜欢满场奔跑，喜欢远距离投篮。全校夜自修八时结束，我往往还会去健身房打球，到九时才恋恋不舍回宿舍睡觉。说实话，我对打球的兴趣比功课还大呢！我做过学校体育会的书记，清早起床后要用英语口令领早操，要协助会长安排全校的课外体育活动。记得有一年五月，上海各女中的球赛在圣校举行，我用手写了一封封英文邀请信发给其他女中，忙得团团转，后来我也接任会长工作。

毕竟，我是来圣校读书的，母亲对我寄予厚望。我的好胜心十分强，是个完美主义者，样样要争第一。有些课我是特别喜欢，如中国文学史、英语及数学课程中的几何。我上课总是坐在第一排，眼睛盯着老师，面部表情，特别是眼睛，时时会对老师讲的作出反应，心无二用，所以老师很喜欢我。我接受知识较快，理解能力强，善于抓住重点，因此每逢测验、考试，我答卷不长，击中要害，常常第一个交卷。

圣校是美国圣公会办的教会学校，圣校的宗教活动规定得很严格：有晨祷、晚祷，每星期日要做礼拜，不论信不信基督教，学生全体要参加，只有每月放假的那个星期日例外。我虽然不习惯圣公会的崇拜仪式，但每次还是参加。教会里有许多活动，我最喜欢的是参加唱诗班，喜欢唱赞美诗歌，那优美动听的曲调和歌词，深深地感动我那时虔诚向着救主耶稣的心。我11岁信主，71年来，信仰始终不渝。

1938届凌励立

作为教会学校，圣校的有些活动我倒是非常喜欢，其中特别是圣诞节。校规规定，平时学生不能去其他宿舍串门，更不能去同学们的房间。圣诞节前一天，就门户开放了。大家像碰上了特赦，各处奔走，互相拜访，到处是叽叽喳喳像小麻雀飞出窝一样的欢笑。这真是曾经失去过自由的人，才知道自由的可贵，大家都穿上了花俏的花花绿绿的新旗袍，连我这平时不喜欢打扮的人，也穿上妈妈特别为我准备的带浅绿团花的苹果绿绸子的衬绒旗袍。吃过晚饭，就在礼拜堂由学生演出耶稣降生的化装歌咏剧。我扮演过来自朝圣的三博士之一，虽然只是配角，也好像挺光荣的。演出后就是圣诞夜的高潮，大家提着灯笼在校园里游行。那圣诞时节，天已相当冷，每次穿着薄薄新旗袍，在寒风里一遍又一遍地高唱圣诞歌曲。这游行到半夜才尽兴而散。次日就放假可以回家了。

告别圣校前，校长Mackinnon小姐把我叫到她的办公室，介绍我去找"美国大学妇女会"的书记，她们给了我四百元奖学金。这笔在当年很可观的奖学金，解决了我就读圣约翰大学学医的部分学费。毕业典礼在贝当路美童公学举行，是我的叔父来参加的，母亲没空。每念及此，我心里总有一种无法忘却的悲哀和遗憾。

我的青少年时期是在圣校度过的，毕业时我18岁。我似乎是匆匆忙忙地告别了圣校，又快步踏进战乱中的圣约翰大学。随着时局的变化，我翻开了人生的新一页。

我永远怀念的时光

1938届 张祥保

1933年我考入圣玛利亚女校,1938年升入圣约翰大学。毕业后在一家公司工作,我的任务是阅读用英语写的大本专业书,然后把内容压缩得很短,供经理们阅读参考。后来中西女中的外籍教师被日本侵略军关进了集中营,我便被邀去任专职英语教师。1946年转到北京大学西语系任教,1986年退休。

我能一生从事用英语的工作四十多年,得益于在圣玛利亚所受的教育。那里虽然每周的英语课只有三小时,英语学习贯穿在各种活动之中。有一部分课是外籍传教士用英语教的,如世界史、世界地理、数学、生物、化学、物理、体育、唱歌,等等。布告版上的通知是英语写的。校医院的医务人员有只会说英语的。另外,图书馆里有很多英语小说,每个学生有一张借书卡,每借一本书都留有记录。同学们往往彼此比较谁读的多;知道有哪些好书,便相互推荐。

圣玛利亚住校的生活很有规律,劳逸结合,心情愉快。学生每四周回家一次度周末。平时生活在桃花源似的校园里,和外界隔离,学校在学习方面,为人方面,健康方面都有安排。同学之间很平等,没有贫富、亲疏之分。有些从外地来学习的学生,穿的是土布衣衫、手制布鞋。富家女儿,除有财力多交学费可加学钢琴,或者穿了马裤、马靴随同外籍老师出校门去骑马锻炼之外,平时穿着也很朴素,显不出贫富之分。教徒与非教徒的待遇也没有太大的区别,只是唱诗班成员一

1938年张祥保毕业照

律是教徒。周日大礼拜时大家都出席，读圣经、唱赞美诗，听牧师布道。每年在圣诞节和复活节两次大礼拜时举行洗礼仪式，一两个学生受洗，各认两位传教士为教母。在学生中教徒的比例很小，学校对非教徒学生从没有听说过有动员施压入教的事。

学校老师对学生的态度并不因学生成绩的优劣而有所不同。我也不记得有哪位在大众面前公开表扬或批评某学生。拿我自己的经历为例，非公开的批评、表扬不会引起情绪、心理上的大波动。

2013年张瑞云和张祥保（右）讨论校史

我入学不久，英语老师在发还我的作业本上写着"See me after class."课后我去见她，她说我错误地把 th 音发成 s 音，嘱我改正。我暗中努力练习，以免她再叫我去说我发音不准确。同学们谁也不知道我曾有过的缺点。

还有一位作文老师，上课时总要读几篇学生的作文加以评论，但她从不说是哪些学生写的。她有一次读了我的作文，表扬了一番。我很受鼓舞，但一想如果下次我的作文成了坏的典型，那该多么糟糕。好在老师不公开是谁的作文，我只要自己努力写好作文就是了。这样也就不觉得有什么压力了。也就是说老师不公开作者姓名是照顾学生可能有的情绪。

学校对学生的德育要求则很严，有一位老前辈圣玛利亚毕业生（如果仍健在，已一百多岁）曾对我讲过一个鲜为人知的故事，多少是对我一个警告，以免我在无意中犯大错。她和她妹妹在圣玛利亚读书时，有一次在 4 月 1 日愚人节那天，她妹妹对在教室里等打铃上课的老师说，校长叫她下楼去见她。老师以为是真的，下楼去见校长。这件事使她妹妹遭到严厉的批评。

圣玛利亚的外籍教师主要是国外圣公会派来的女传教师。她们住在校园内东北角一座房子里。中国男教师住在校园外西侧一座宿舍楼。中国女老师有的住在学生宿舍底层两端的房间。Fullerton 校长也曾住在同样的一间端头房间。学校共有一排三座学生宿舍楼，中间的那座大家叫它"小囡楼"，是学生住的，那里也住着女老师。

1937年在科学楼前,邹锦年、张祥保、邹颐年、李其慧

"小囡楼"楼下一层是大饭厅。我们一日三餐都在此进餐。每张方桌坐8个人,先是唱诗班唱赞美诗,感谢上帝恩赐我们每天的饭食,然后坐下来用餐。

我们很愿意在菜碗里发现苍蝇,食堂工友会赶快取走,唯恐校方发现了受处分,再换上一碗炒鸡蛋。如果早知道同桌某人因故不会来进餐,我们往往会邀外籍老师来补缺,让她享受一顿中国餐。

清早打铃起床,早起来的人常会去洗脸间,乘还有热水的时候,把好友的脸盆也放满了热水,这类互爱的精神无处不见。梳洗完之后就外出做早操,打球,等等。早饭后去教堂,每人有固定的位置,教师坐在长椅靠边的位置,便于点名。大家唱赞美诗,读几段圣经,背一篇祷文,大意是:愿天国早日来到人间。求上帝指导我们免受诱惑,带领我们远离邪恶,宽恕我们不端的行为。同样,我们也必须宽恕伤害我们的人,等等。之后,各自去教室上课。

张爱玲早我一年毕业。当时在我们班,我们和她一起上 Miss Walker 的数学课,英文等其他课程她在37届上。圣玛利亚按照程度,有的学生不同的课程在不同班级上课。每个年级分几个组,分别在上午或下午上外籍教师的课,在另外半天上中国老师的课,如国文、中国史地、公民,等等。四点到五点是 play hour 玩的时候,教室和宿舍楼的大门都上了锁,学生非在室外活动不可,体操、打球、散步都可以,就是不准坐着读书写字。8点到9点是晚自习,学生集中在两个大教室里,有老师坐在讲台上监督,室中是鸦雀无声。

1937年在教学楼前,左2起张祥保、李其慧、邹颐年　　1937年在科学楼前,身后为储存零食的吃食间,邹颐年、李其慧、董梅贞、张祥保

　　科学馆一楼有一间吃食间,四面墙边的木架子上放满了统一的长方形火油箱,每只箱子写上名字,存放学生家里带来或者送来的零食,吃食间中间放一张大桌。每天10点和16点,上下午课间休息时,各有一次由工友打开"吃食间"门上的锁,让学生进去吃点心。这是同学们最开心的时刻,大家进屋搬出自己的火油箱,放在桌上,取出自己的食品,站着品尝,或者拿到室外细嚼。家人在周末可来校探望,送来日用品和不易腐烂变质的饼干之类的食物。东西必须在门房间进行检查后才能带进大教室楼里交给等候在走廊里的学生。食品不许带进宿舍,要放在吃食间。淘气的学生总是有的,有一次就有人在饼干罐下层掏出大虾,大加欣赏,引来了旁边同学的微笑。学校在宿舍里给每个学生提供一张床和一个放衣着的小柜。学生可以从家里带来一张书桌和椅子。还有一把小椅子,坐在上面,正好能扒在床上读书、写字。

　　学生宿舍是打乱班级安排的,而且禁止学生串门(圣诞节前夜是唯一的例外)。室内总是很安静,人们不是休息便是学习。如果谁有话找朋友说,就得到别的房间去敲门,招呼她出来在走廊里轻声地说活。就这样,我们口边经常挂着"对不起"三个字:"对不起,某某在吗?(我们只呼名,不带姓)""对不起,打扰了,能否出来一下对你说句话。""对不起"还在很多很多别的场合用得着。例如,两人相遇于狭路,都会相让并后缩,并说声"对不起"(挡你的路了)。如果人多拥挤碰了人,就说"对不起"(碰了你),被碰的人也说"对不起"(挡你道了)。对不熟的人,因为大家都是在校的同学,所以近距离相遇时总会微笑打个招呼。如果想占个空位子,也会问旁边的人,"有人吗?我能坐吗?"托人带信

1937年草地上做游戏，左6张祥保

1937~1938年大陆商场，后排左1张秀爱、右1张祥保；前排左1谢恩爱、左4董梅真

或东西时是不封口的，这表示相信对方不会拆看。代带东西的人则当面封住，表示不会拆看。我们不打听私事，不翻看别人的东西。常常有多少年的老同学，在毕业后，才发现是外省一位大官的女儿，或者是从小失去母亲的孤儿。这种种并非有某种规章制度明文规定，大家应该遵守，而是代代相传养成的习惯。

学生中有各种组织。如清心会主管教徒们办主日学校。教徒在星期日组织邻近农村的穷家子弟来读书。国光会举行捐献活动，支援抗日。还有自治会、体育会等。

同学做捐献时，是不允许问家里要钱的，必须自己花力气去挣。用自己的时间和劳力糊纸盒，缝小玩意儿，用自己劳动所得来帮助别人。

老校长 Miss Fullerton（傅德）办事特别认真。检查卫生时，手指要摸到暖气片缝里看有无灰土。每晚工友查夜要巡逻校园，校园的大树上装了专用钟，工友走过时拧一下，就可以记录下何时查过夜，第二天校长要去检查。我在校时，Miss Fullerton 退休回国了，接替她的是年轻些的 Miss MacKinnon（金希妣）。

中国老师郑慧君在行政办公室负责打上课铃等事务，在学校教务处工作了几十年，为学生解答各种各样的问题。

上课时，老师鼓励大家参加堂上活动。如在 Miss Graves（郭璐珊）的世界史课上，她不断地提问，有同学举手答问，她便在面前本子里学生名字旁边打钩，鼓励学生参与。教世界地理的 Miss Cooper（顾怀琳）从不拒绝学生提的任何问题。学生会拿了外国邮票来问她是哪国出的，她会耐着性子给讲解，鼓励学生提高解决问题的分析能力。

我在校时，每过一两年组织一次有圣玛利亚、圣约翰中学和圣约翰大学非英文专业学生参加的英文考试，目的为测试学校英文教学水平。考试只记学校，不记年级和姓名。考试结果用图表公布，图表横向是三个学校随机抽取的各三名学生，竖向是成绩。三个学校用三种颜色，每个学生在图上是一个点。我见过几次公布考试结果的图表，见到大致圣玛利亚的点总在上面，圣玛利亚的成绩在三所学校中最好。1938年我被保送到圣约翰大学经济系，根据我在圣玛利亚的成绩，免修大学一年级英文课。

校友龚维航在燕京大学学习后回上海母校工作，教我们班历史课，她给我们讲北京学生运动的情况。不久她便离去，到抗日大后方去了。男老师中有一位汪宏声先生，教我们国文，他不仅讲有关《四库全书》、《二十四史》等经典著作的知识，也还谈到当时的一些书刊。这两位老师开阔了我们的眼界。

1937年，西郊圣玛利亚女校和近邻的圣约翰大学被日本侵略军占领。我们焦虑地过了一个长长的暑假，终于能在上海最热闹的南京路百货公司（大陆商场）的仓库里又可以上课。尽管最后一年我们不能和前辈一样在毕业班专用的房间里学习，抬头便看见四周装饰着的本班级色（class color）、级花（class flower），本班的座右铭（class motto），哼哼着级歌（class song），我们还能在一起学习，完成我们在圣玛利亚最后一年的功课。而且，特别能引以自豪的，我们还在最艰难的条件下，如前面班级一样，出版了我们年级的校刊《凤藻》，留下了我们在圣玛利亚学习的那段历史。

我们曾经在学校大教室楼南侧台阶上一次一次和毕业班同学对歌，保证我们会像她们一样地爱护校风，并倾听着毕业班向我们保证她们会在外面社会上发扬母校的精神。我们班没有机会在学校楼前的台阶上唱告别歌，但我们会和所有的毕业生一样在实际生活中发扬母校的精神。我一辈子从事英语教育工作，1942年到中西女中教英文，1946年到北京大学西语系教专业英语，直到退休，编写了三套大学专业英语教材，我的英语是在圣玛利亚奠基的。

这篇回忆是2006年写的，2013年补充，是1952届张瑞云同学帮助我写的。她曾多次提意见，帮我修改。她发扬着当年在学校时早起床的同学为别人在脸盆里存放热水的那种助人为乐的精神。

在七十年后的今天，回想在圣玛利亚的岁月，应该庆幸自己留有这么一段美好的回忆。

我漫长的人生始于圣玛利亚女校

1939届 程芍华

我们39届

我是在1931年秋季考入圣玛利亚女校,被排在初中一年级的中文班、预科1年级(P.1)的英语班就读。(当时考圣校的初一班,英语大都被压低一、二年级)。我们班共有70位同学、都是虚岁11~13岁的,分三个小组上课,大家都很认真学习。但是每年有人因故转学。到1939年我们高中毕业时只剩39位同学,是圣校创办以来毕业生最多的一年。

换教室

我们学校不如一般学校按班级定教室。我们的中文班在指定教室上课,每门课要换只教室。例:英语在101室、数学在203室、化学要在Science Hall,等等。

第一堂英语课

我们第一天上第一节英语课就闹了个笑话。英语是外国老师Miss Brady,我们一班人只听懂Good Morning和Good bye,老师要我们做什么,很少同学听懂。一下课我们几个小女孩放声大哭。一楼办公室的女先生也听到了。Miss袁使几位先生前来问后,安慰我们:"不用急的,你们只要好好学习,好好听,多翻翻字典,一、两个月就会听懂的。"同班同学常在一起预习,一个多月后我们不再哭了。

向往Senior Room

Sun Parlor二楼朝南的一间教室是高三女生专用的Senior Room。她们自修课不用去自修室,都在那房间里。我们这几个小学生天天看到高三大姐姐多神气。人都长得很高大（32届里身高的有龚普生、戴克范、李月卿等），服装很漂亮，又常穿高跟皮鞋。我们希望要认真读书，快些到高三亦可以用 Senior Room。我们很不幸。1937年"八一三"事变、日军占领圣校，我们只能借读在南京东路大陆商场，上半天课，还有半天是约大、沪江、东吴等几所大学上课。

住读生活

当时我们全部住读，每月回家一次，必须有家人来接。在学校包饭，一日三餐，同学间常嫌这嫌那，现在想起来厨房是很为难的。

1939年程芍华毕业照

每天早操后铃一响，我们进食堂用早餐。餐前由唱诗班唱谢饭歌，我们才可坐下吃饭。每桌有四碟粥菜，一大锅白米粥，还有两大木桶饭泡粥。粥菜两碟素，一碟是酱瓜、酱萝卜等，另一碟是油汆黄豆、油汆花生或豆板轮换。两碟荤菜总是现炒的；炒蛋、炒肉丝等。这四碟粥菜现在想想实是不差，同学只吃一小碗饭泡粥，吃些荤的和一些花生、豆板。她们吃食间里有自备面包、白脱等。做早礼拜前有几分钟、十点钟还有十分钟可去吃一些。每天的早餐，外地同学是不如此浪费的。午餐12点、晚餐6点钟，铃声一响，同学都在自己桌前站好，按例唱诗班唱完谢饭歌后用餐。饭菜是两荤两素一大碗汤。荤菜一碗总是榨菜或咸菜炒肉丝或是小块鱼等，另一碗常有红烧肉或河鱼。素菜常有炒素及时蔬。但同学嫌菜肴不好，中饭吃得很少，有时要服务员"妈妈"添菜，先生要来查食堂，"妈妈"等先生查过后把一碗菜送上，要大家快些分在饭碗底，或把桌上的菜快些分掉，这样桌上还是四碗菜。这添菜是很紧张的，被先生查到，同学们要到 Miss 袁处吃"大菜"的。

偷吃炒面、麻油鸡、油爆虾

圣校不许家里送菜和熟食给我们。每星期六、日下午家里送东西来，带来的东西不能直接给我们，先送到门房间，再送到包裹间让郑慧君先生查过我们才可拿走。端午节只许带四只肉或豆沙粽子，八月十五日鲜肉月饼四只，怕我们吃冷的发胃病。每逢自己生日，要家里送炒面，外加麻油鸡、油爆虾等。我们去拿，回锅子的过程真很"伟大"。食品一包，"妈妈"（保姆）对门房间里男工人讲是要带给曹家渡亲戚的。男工人来宿舍向我们通报。有的同学预先把碗筷带到后草场小山上等我和另一位同学到 Sun Parlor 会

1998年程芎华80岁生日

客室前一个小弄口去领取一包食品。然后我们两人飞快奔跑到小山上。大家先把炒面分完,再分油爆虾和麻油鸡。如此我们要 500 码的时速飞奔。现在我稍微跑得快些要心肌痛,服用保心丸。

荷花缸里吃汤面

星期六我们总有好吃的食物送来。星期日上午"妈妈"会来问我们要不要在下午吃汤面等,我们同房间四人和其他要好同学一起买一锅。怎么吃呢?这就有劳"妈妈"一早就去抢一间浴室,把衣服挂在门上,此间已有人了。三点多钟,烧好点心,放在"荷花缸"(浴缸)里,再到楼上来叫我们,我们下去要站在"荷花缸"里,要轻声分食,"妈妈"站在门外,倘若老师来查浴间,她会发暗号,我们闷声站在缸里,否则被叫出来,第二天又要到 Miss 袁那里吃"大菜"。

期中考试和大考时下午有点心

我们也有欢喜学校的时候,每次期中考试和大考,下午四点半打铃,请我们到食堂去吃点心、炒面、汤面、馄饨,我们都很喜欢。不过四点半吃点心,五点半吃晚饭有时就吃不下了。

X'mas 开 Party

一年中我们最喜欢的是圣诞夜。12 月 24 日下午放假,我们几个好朋友忙于准备晚礼拜后开 Party。下午家中送来奶油蛋糕、小菜、点心、巧克力等。晚饭满桌好菜,有鸡、有鸭、还有鱼、虾等,我们没有狼吞虎咽,因晚饭后要做全体师生最的爱圣诞礼拜。有同学扮演耶稣基督诞生的故事,并有独唱、大合唱等。这一天我们可穿最漂亮的旗袍,还可穿各样大衣。做好礼拜,就到宿舍开 Party。这天晚上可以十点半熄灯。我们可邀请好朋友到房间里一起玩。我们总邀请惠麟、安文等几位南京、无锡的同学。十点半熄灯后,十一时唱诗班手提吊灯到每幢宿舍外唱 X'mas Carol,优美的歌声至今我还有些回忆。我们知道唱诗班要来,都不入睡,站在楼上阳台上,和唱诗班一起高唱,并将一包包糖果丢给她们。12 月 25 日上午做好大礼拜,我们可能回家一星期,复活节时亦是做好大礼拜放假一星期。

"妈妈"处的花生米真的放在马桶里?

我刚进圣校头两年，很守校规，从没有向"妈妈"买花生米等。过了二三年，自己已长大，向老同学讨教，她们的花生米、五香豆哪里买的？我们一进校门，一个月内不许出去，家人是不会带花生和五香豆的。我知道后先想试试花生的味道怎样？"妈妈"给一包，我给她两角钱。吃吃不错就常向"妈妈"买花生。只是花生的衣不能丢在地上，一定要扫清。老师知道我们在宿舍里吃花生，因此常在自治会上要会长再劝告我们不要去买，说她们没地方放，都放在马桶很不卫生。我们不听，仍一直向"妈妈"买的。我们1931年进学校，厕所里还没有抽水马桶，都是白瓷的马桶，那时"妈妈"一天要洗两次。晚上，楼上楼下都要放洗清洁的马桶，免得我们半夜下楼。1932年暑假期间全部改装抽水马桶。除了每晚要把白瓷马桶放在宿舍里，难道多出来的马桶被装花生米、五香豆了吗？

郑慧君先生要我做小囡楼"宅长"

我一进学校就住在小囡楼（都是预科一、二年级学生，亦有初中生）住了两年，我想初一调到 Twing Hall 或 Pott Hall 去。谁知一开学，男工人告诉我还住在小囡楼。我就跑到办公室找 Miss 郑慧君，她告诉我，我已是小囡楼的"宅长"。怎么办？只好答应。住在1号，同房间两个广东人：邹振芬和潘慧筠，另一个是上海人姚庭薇（已故世）。我虽是"宅长"，常带年纪小一些的同学玩到九点半，初二时还在小囡楼，当了两年"宅长"，我一生就当了两年"官"。现在回想，进校头两年，只知道哭，我的脚被蚊子咬，烂了就哭。放帐子要站在椅子上把帐子翻上去，没站稳，跌下来，跌得屁股痛，哭了几天。当了"宅长"想哭不行，就不哭了。

Miss 郑送礼给我

Miss 郑是1932年毕业，留校，在办公室工作，星期六、日要到 Science Hall 下面一间教室检查家里送来的包裹。Miss 郑为人和气，在小囡楼当舍监，常在冬天的晚上来看我们这些小孩被头是否盖好。她有许多亲戚及好朋友。每年初三和高三毕业生中她有许多朋友。在放暑假前，她常去南京路采购小礼物，有时跑二、三次呢！我初三、高三毕业时都收到她的小礼物，一次是几条花手帕；一次是一把小摺扇。她退休在家时，我们常去看望她。

其他先生在学生结业时亦有送礼物的。有入基督教受洗时认的 God Mother 送的礼物，尤其外国先生送的礼物很贵重的。

九一八事变

当时我们住读生,初进学校,除了每星期商务印书馆来开小店,我常买一、两枝花铅笔和花橡皮,月假带回家送弟妹,我每月的月规钱只一元钱。1931年九一八事变后,圣玛利亚的国光会开大会做时事报告,号召全校师生响应号召,要求大家捐献救国。当时是国光会会长龚普生、龚维航(龚澎)等演讲后,我把一元钱捐献。我身边没有钱,就写信给母亲,星期六送食品来时带钱给我。

不准跑房间串门

圣校的校规很多,不准学生跑房间,只能立在同学房间门口谈话或一起读书,一只脚亦不许踏进房门。倘你一只脚刚踏进去,被先生看见,就会给你一张 Warning(警告),到 Miss 袁那里吃"大菜"(训话)。同学只能在一楼和同学谈话,不能跑到二楼,亦不能上"小囡楼"(食堂的楼上,预科生的专用宿舍)。

不准在卧室里吃东西

学校有两间房间里放了许多箱子,里面放我们的食物,每天开放几次。卧室里不许吃东西。我们刚进学校时很守规矩的。日子一长,就常带些话梅、橄榄等到宿舍里,一边读书,一边吃。曾有些同学带小皮箱,每天晚上拿到房间里,早上藏到箱子间的楼梯夹缝里,不知怎么被舍监看到,这些小箱子全部收到 Miss 袁办公室,"大菜单子"送来,都到 Miss 袁处吃"中国大菜"。

养蚕宝宝

不知那一年,有许多同学宿舍里养蚕宝宝。盒子放进箱子间,有的长得很大了。蚕宝宝吃的桑叶都是在夜自修后用电筒照了到校园里去摘桑叶。养的同学很多。不知怎么被先生知道了。一个晚上,男工人花园师傅把所有的桑树全部砍了。蚕宝宝没有粮食都饿死了,她们把死蚕都倒到运动场的沙坑里。我们不知道。上体育课,外国老师要我们跳沙坑,有知道里面有死蚕不肯跳下去,老师并不知道死蚕,一个个把我们推下去,真令人恶心。

化学考卷题目丢失了

我班初二时化学科是 Miss Barnaby 教的。她书讲得很清楚,她也是我们高三时的 Adiviser。但在初二下学期大考前,上一届(38届)同学给我们老师已经用过好几年的大考题。我们收到大考题真是高兴。只读这些题目。谁知大考那天，收到考卷，大家哭笑不得，题目完全不同。听说是老题目已被丢失了，才出了新题目。幸亏我们平时亦读书的，否则真要不及格了。

拉朋友

我们刚进圣校时同班同学都只有虚岁 11～13 岁。进这样大的学校，心中又怕又好奇。特别是在 Play Hour 时，教室和宿舍的门都上锁，不许读书，只许打球、游戏，或几个同学一起跳跳、唱唱。我们这些小孩不知怎么办？常站在操场上看热闹。有时老同学来问我们，你们看她们，你喜欢那一位？有时会讲了那一个。谁知第二天，她们几个把你讲的那位同学拉过来和你拉在一起，她们拍手叫好"朋友"拉成了，并要你们两人去跑步，她们在后面拍手叫、唱。我们班的 Joyce 和 35 届的甘贤贞就被拉成朋友。我和 32 届的姚秀娟，姚秀娟讲我好白好玩，就被她们拉了，她毕业后一直没联系，直到解放后，她妹妹安娟常和我们在一起，她姐姐给我通话，一星期几次电话，一句话讲几遍，我只能听，秀娟 94 岁时安娟要我去看她。她故世后，我去参加追思礼拜的。有的朋友真是终生的好朋友。

Step Singing

每年毕业典礼前，全校师生要在思孙堂前唱歌。高三学生站在中间，作为主体，其他班级按次站在旁边。唱的歌多半是有关别离的，也有歌颂母校，展望未来的歌，悠扬的旋律曾引出多少伤感的泪水。可惜，我们 39 届没有 Step Singing 等活动，只能静静的离别老师和同学。实在很遗憾。

我们的毕业典礼

在 1939 年毕业前我们原想同学相聚时间不多了，我们准备在校园内多拍些照片留个纪念。不料 1937 年"八一三"事变，全校只能在大陆商场上半天课。我们的毕业礼拜在江西中路三一礼拜堂举行。我们穿着白色的长旗袍，脚踩白色的皮鞋，走进教堂。当时，江西中路两面站满了围观的人，过路人都停下来看，他们从来没有看见过这种礼节，这种场面。我们的毕业典礼则是在衡山路国际礼拜堂对面的美童公学举行的，我们的父母、姊妹早已坐在礼堂里。我们都是穿着白色旗袍，白皮鞋，非常谨慎。我们的心情真很激动。首先想到这天是我们高中毕业，就要踏上新的征程。虽然我们没有在学校里举行毕业典礼,但这两次重要典礼还是很隆重的,这也是我终身难忘的时刻。

39届的友谊

1939年我们高三毕业时有39人,学校对我们很重视,39年有39个毕业生,尤其我们班有很多优秀尖子,得中、英文双奖的有好几位:李梅卿、虞丽莲、严文汉等。我们住读6年,大陆商场上课2年,八年间同住同读,情谊较深。现在国内外只有10人,都已88岁开外,仍在通音信。如叶景秀在加拿大,她是海内外关系的联系人,她每月至少有一、两次电话给上海同学,不只打给同班的徐云娥和我,还要打给顾淑琪、谢恩美、张蕙芬和蔡小谢等。她把在美国的刘荃、盛钟庆、台湾周惠珠等消息近况告诉我们,又把我们的情况传给她们。她在加拿大跌了好几跤,每年要回沪探亲,为此我们39届毕业68年还能保持亲密友谊。

高二分文、理科

我们到高二时分文、理科,分班上课。我怕化学、物理和大代数等,选了文科,学习英文打字和速记。我们很认真。解放前我进德孚洋行清理处工作任英文打字员。解放后我原以为我要失业了,谁知我读过英语和英文打字,在单位里只有我一个人打字是正宗的。因为会打字曾出差到北京参加亚洲和太平洋和平会议,一到北京要我们天天练习打字,其中,只有外贸系统三位女同志和我打字是正宗的。我有同学在翻译处,她对我的组长介绍我从小学英语,又学英文打字等。组长常留我下来改大会代表的英文稿(改语法和怎样拼法),我常早班连中班,或中班连下班。会后要我留在北京,我因父母年老,弟妹都不在上海工作,不能调北京的。倘那时调北京,不知目前怎么样了。

解放后虽在化轻公司工作,刚有进口物资订货等,我经常帮外运公司去打Invoice、收款单,又去捷克展览会等去翻译资料及打字,我自己公司常见不到我,常借出去帮别的单位打字。只因那时会打字的人较少。我总觉得倘我不进圣校,没有英语基础和会打字,就不会有我这些工作经历了。

圣玛利亚校友们在2004年召开了一次大聚会,到会校友十分的热情、非常激动。今年快要召开第四次联谊会。我今年虽已88岁,希望年轻的校友热心参加工作,特别对圣校的校友会,多提些宝贵意见和参加校友会工作。(写于2007年4月18日)

(1919年生,上海中西、圣玛利亚、市三女中同学会理事,2014年1月14日仙逝)

甜蜜的回忆

1940届 程慕兰

说到母校圣玛利亚，真是感慨万千。每逢和校友相聚，总是有说不尽的美好回忆。现在仅择一、二，以阐述母校老师的博爱伟大。

我刚进校时，觉得样样都新鲜。对同学们的热情指导，惟命是从。她们特别指出舍监是严肃得很的灰老师，见到要注意礼貌。于是次日清晨在食堂前见老师在站岗，便上前深深地行个礼，称呼一声"灰老师早"。抬头只见老师似笑非笑地点点头。进了食堂，见那两位指导我的同窗在大笑。她们才介绍章德苑老师本姓章，"灰"是因为她的特殊肤色而起的绰号。我当时只感到侥幸，没有给章老师责怪。我常见章老师打网球，很佩服。因为她的脚是缠过的。这对于我以后热衷于球类运动——篮球、排球、垒球、乒乓等有着很大的影响。章老师教过我们班地理，细心、耐心，我更羡慕她的博学多能。当年我真的是太天真了，从未想到并没有"灰"这个姓，谅她早知道她的绰号，明白我这新生是给愚弄了。

另一事是在高三选科时，校长金希姒（F.D.Mackinnon）找我谈为什么我选商科，是不是不准备进大学。我向她解释，我们姐妹兄弟六人，我最大，父亲仅是位银行职员，供不起我上大学，希望学会了速记和打字，毕业后找份工作贴补家庭开支。她明白了，没说什么。行过毕业典礼，她又找我，问我可曾找过工作。我告以报了名上商科学校，除了速记和打字，还学档案管理和公文书写。她问了学费需多少，立即提议给我助学金。于是我就每个月去领取支票。当时的感激之情是我这支秃笔难以描绘的。在商科学校才上了六个月的课，袁葆群教导主任传话招我，陪我去见圣约翰大学教导主任 Games Pott

1940届旅美校友程慕兰(右1)和程芍华(左2)、石美莲(右2)等回母校

(卜舫济校长的儿子卜其吉)。谈话结果我被录用当他的秘书。这样1941年1月我开始了工作。这正是表现母校老师们对青年无微不至的培养和关怀。真是没齿难忘!

在约大期间,我又享受了职员免费选科,全工半读地拿到了学位,为1945年圣约翰大学英文系文学士。我觉得我是幸运的,我深信没有母校,我不会有今天!我该多么热爱母校和感激她啊!

母校的培育 恩师的教诲

1945 届 应曼蓉

我的祖父应子云（1880～1969）是通和洋行的买办，圣约翰大学的怀施堂和格致室（科学馆）为通和洋行早期设计。1921年，祖父耗时3年、投入10万两银子，建成了凤阳路338号"应氏花园"，我家在这里生活了33年，现在被誉为寻找老上海记忆的最佳观赏点。我父亲曾在圣约翰大学就读；大哥应道富1943年从圣约翰大学经济系毕业，1944年从研究生院毕业，获工商管理学硕士；二哥应道宸1945年毕业于圣约翰大学土木工程学院，获理学士学位；大弟应道宏1948年入圣约翰大学英文系，1952年转到复旦大学从那儿毕业；妹妹曼莘就读于圣玛利亚女校。

我生于1928年，1939年从觉民小学保送入圣玛利亚女校，1945年毕业。这六年，是母校在圣约翰大学斐蔚堂办学的六年。当年学校正处在艰难时期，校址被日本侵略者占用，学校刚从大陆商场搬到斐蔚堂，缺少实验设备，没有健身房、宿舍、食堂，外国教师只剩下 Miss Graves 一位，而日伪当局还要强迫学生上日文课。这种情况下，国文老师要求学生时刻牢记"国家兴亡，匹夫有责"，我们努力读书是为了救中国。学校依然坚持了圣玛利亚传统，除国文、本国地理、本国史以外，各科教师坚持用英语进行教学，我们仍然受到了良好的中学教育。

初中的英语老师，给我帮助最大的是潘纫秋老师（Loretta Pan），她1940年以全班第一成绩毕业于金陵女子文理学院外文系，随即应聘在金陵大学教英语。1941年潘老师应聘到圣玛利亚女校任教，教我们初三的语法与作文课。同年12月 Miss Graves 被关进集中营，于是潘老师接手了她的阅读课，到我们进高一时潘老师成为我们班英语主课的教员。

1942年应曼蓉初中毕业

1945年(左起)应曼蓉 刘天眷 刘锦鋆 高中毕业在 圣约翰交谊楼前

潘纫秋老师语法的教法与前两年的老师完全不同,她给我们揭示,语法是一种客观存在,任何语言都有它本身遣词造句的规律。那不是什么智者的一家之言,凭主观设计出来让人们遵循的规则,而是一个民族千百年来为交流思想逐渐形成的一种语言习惯,是约定俗成的东西。我们学习语言,就要尊重说该语言的民族几千年来长期形成的习惯。

中国人习惯于用汉语思维,所以中国人学习英语时,对于动词、名词、形容词还有副词等各种词形变化及汉语根本没有的冠词之类感到很难学会。潘老师常常举出一些有趣的例子,说明同一概念在英语和汉语里的表达竟有如此大的差异,使我们印象深刻,也增加了学习兴趣。同学们都认为潘老师把英语语法教活了,经过潘老师初三一年的语法与作文教学,同学们的作文中语法错误减少了,练习作文的劲头也大多了。

潘老师让我们读英美短篇小说,并要求每人创作一篇短篇小说,题目自选。同学们积极性很高,潘老师称赞大家都写得不错,说最好的一篇是我的 *The Lost Necklace*,就让我在班上朗读,对我是极大的鼓励。

潘老师指导同班张仪贞和我利用暑假读狄更斯的 David Copperfield 全部。她告诉我，根据研究和统计，狄更斯作品所用词汇高达七万，最常用的不超过两万，读通他的一部大作，就可以较容易地读通他其他的作品。从高一到高二第一学期，我用课余时间把阅览室二十多部狄更斯作品读完，豁然开朗，是潘老师给了我开启英国文学宝库的钥匙。

1949年8月1日颐和园 前排左1吴湜右1匡介人 中左1应曼蓉左3周善延左4北上大队领队，后排左2起居坤道 温业湛 郭思勉

潘老师叮嘱我，要重视英语 idioms（成语，习语，惯用语）的运用，叫我备个本子记录 idioms，看大师怎么用。她说，英语的每个 idiom，是一颗珍珠，一个宝贝，是英语中最可爱最珍贵的部分，从中可以逐渐学出语感来。她要我带着最高热忱把它们找出来并记下例句，借以扩大自己能运用的词语范围。

我高中的英语老师，印象最深的还有桂质良老师，教我们莎士比亚戏剧。她在最后这学年，让我们写关于戏剧的论文。为此，我查阅了很多参考资料，使我对莎翁时代的英国戏剧有了初步了解，于是写了《莎士比亚戏剧与京剧的比较研究》。写完后才意识到，当时我无论对莎翁戏剧还是京剧，哪方面也没深入研究，根本提不出任何有价值的看法或论据，选题大而无当，非自己力所能及。当然作为一种尝试和实验，对学习还是大有裨益。

我在课外，还看了些现代的西方戏剧，如易卜生的 A Doll's House（玩偶之家）和 The Pillars of Society（社会支柱）。我就尝试自己写剧本，构思了一个故事情节，和同班刘锦銮、刘天眷一起设计了一个三幕剧 Christmas Comes to Rosewood Castle（圣诞节降临到红木古堡），我写了这出戏的第一、二幕，刘锦銮写了第三幕，她还为全剧配了音乐。

此剧得到了桂质良老师和全校同学支持，46届郭志媛还把她最漂亮的一件塔夫绸晚礼服借给我们做戏装。1944年圣诞前夜，我们在圣约翰大学交谊室舞台上演出，刘天眷演男主角，我演女主角，邵曼琳演特别有趣的一个女配角，这出戏演出很成功，轰动了约大。这次尝试，一定程度上呈现了圣玛利亚学生的英语水平和创作才能。

我对桂质良老师的印象是：戴一副黑边圆形镜片的深度近视眼镜，穿一袭黑色或深赭石色带有隐条的呢子旗袍，直统统的没有一点"腰身"，一双半旧不新，但擦得锃亮的黑皮鞋，全身朴实无华，唯有一枚耀眼的胸针——一枚金光闪闪的金钥匙，佩戴在大襟右角，显示着主人的不同凡响，这是她在 Johns Hopkins 大学读书时，因成绩优异而得到的 Phi Beta Kappa 金钥匙奖。

桂质良老师在课堂上要求学生极严，在课外更重视锻炼学生讲英语的能力，她利用宿舍为学生创造了一个温馨的英语环境，对来访学生唯一的要求是从进门一刻起只许讲英语。我们平时交往都用英语对话，使我们在日常生活中习惯英语。

在生活中，桂质良老师又像我的慈母，她常让我去她家，也曾几次来我家。她是虔诚的基督教徒，却和身为佛教徒的我母亲交谈投机，亲如姐妹。当年我们学校的食堂没有了，我和妹妹曼莘自己带饭，我俩大部分时间只带了菜泡饭。桂老师看我午饭简单，要是她家做了好吃的，如藕块排骨汤，就塞张纸条给我，让我中午去吃饭。她家并不宽裕，丈夫去世后，要独自一人抚养两个女儿。她还关心我的生活细节，发现我用卫生纸方向不好，叮嘱我并告诉我母亲，女孩用纸应该自前往后。她对我说："You are a goddaughter of mine."（你是我的教女）。而我，也发自内心的叫她 Mammy。

在圣玛利亚的六年，我得过两个重要奖项：1941年夏初二时获全校初中英语第一名；1944年夏高二时获全校高中英语第一名。由于在日伪时期，不能宣传，没有公开颁奖。陆校长（陆朱兰贞女士）把我单独叫到办公室，发给我获奖证明信。她告诉我："学校建校六十多年来，同一个学生先在初二后在高二连得这两项英语大奖的共有三人，你是这第三个人，凭此信，可以成为美国历史悠久的大学精英组织 Phi Beta Kappa 的成员，并可得到该组织的金钥匙奖。前两个获奖人都到美国留学，并获得了金钥匙奖，她们都很有成就。"陆校长还叮嘱我，"对所有人都要保密你获奖的事，因为日伪方面只允许设立鼓励学生学日语的奖项，而禁止我们设鼓励学生学英语或中国文学的奖，你一定要保密，

2000年潘纫秋在美国

2014年应曼蓉审改本稿 桌上她的出版物

证明信也不要给任何人看,如果泄露出去会给学校惹事,对你也不利。"我遵照指示对此事严格保密。随后,桂质良老师到我家,没有说出我得奖的事,但对我父亲说,无论如何要送曼蓉到美国留学。为此,父亲在抗战胜利后攒了五千美元打算送我出国。1948年,在蒋经国"打老虎运动"中,都被迫换成了一钱不值的金圆券,留学也泡汤了。"文革"中下放农村,当时想从此一辈子要当农民了,证明信还有什么用,又怕惹事,就毁了这封信。

我从1945年到1949年1月,在圣约翰大学英国文学系读书,并参加了地下党外围组织和游行等爱国学生运动。1946年沈崇事件发生,地下党成员让我翻译由上海青联、上海学联署名声讨美军暴行的檄文。此前我没做过翻译,按照译文"信、达、雅"的要求,我逐句译出。译完一读,根本不顺口,更无法发表。我就带着满腔义愤连夜重写一篇声讨檄文的英文稿,几天后在 China Press(《大陆报》)刊登,署名已改为全国青联和全国学联。

1949年5月27日上海解放,我于6月初由军管会文管会高教处派出参加接管工作。6月22日填写登记表成为高教处干部,同日被派到中央外事学校上海招生处做招生工作,分管英文考试,住在百老汇大厦(现名上海大厦)。也就是从这一天开始直到离休,我把自己的毕生精力贡献给了新中国的英语教育事业。中央外事学校是根据周恩来同志的指示,为新中国的外交事业专门培养外语人才而创办的,要广招英语水平高的学生以适应外交工作需要。七月下旬我参加了华东局组织的北上大队赴北平,我是下了决心参加革命的,当时父亲极力反对,不许家人为我送行,只有我侄子侄女的保姆毕曼英敢于违

曦之教育基金管理团队（右起农大林涵、应曼蓉、董蔚君、邵儒珍、邵莉楣、农大王彦）

反主人规定，送我到上海火车站。

　　北上大队到北平，半数到西郊的劳动大学，半数到中央外事学校所在地东交民巷御河桥——早先的日军兵营，暂住了一星期后，就到华北人民革命大学二部，学习政治理论和政策八个月，在这里我于1950年2月入党。1950年4月回到已改名的中央外事学校——北京外国语学校（北京外国语大学前身），校址也已从御河桥的前日军兵营迁到西郊的原袁世凯屯兵处，校长是浦化人（圣约翰大学1915年神学系毕业，文学士），从此开始了我的教师生涯。

　　1972～1978年我参加我国第一本《汉英词典》的编写工作，担任领衔编委、词典组副组长，组长，一度兼党支部书记，1981年又参加《汉英词典》修订版工作，担任副主编，该书在1995年由北京外语教学与研究出版社正式出版。1987年评为编审(教授级)。1993～1995年，在修订《汉英词典》期间，利用晚上10点后时间，从事《柯鲁克夫妇在中国》一书的组织、翻译和审定工作，2000年又参加了该书再版工作。

潘纫秋老师1960年到哥伦比亚大学亚洲语言文化系任高级讲师，教汉语和中国文化，历时27年，她研究透了汉语语法和英语语法的特点，教汉语也非常成功，《世界周刊》有文章介绍其事迹。潘老师告诉我，《汉英词典》在美国常用不衰，已成为会英语的人学习汉语的工具书，这本词典对她的教学和学生的学习十分实用，她要求学生人手一册。她现已九十七岁，住纽约，我一直和她联系。10月1日是她的生日，每年我打电话给她致生日问候。她现在耳朵不好，但是一听到我的声音，还是高兴地滔滔不绝地谈她的情况。

许多圣玛利亚校友，老了还要做公益，为大众。为了实施校友刘锦銮和她丈夫欧阳启为中国农业大学捐赠的曦之教育基金，1996年刘锦銮聘任我丈夫宁均维（北京外国语大学离休干部）和我及50届邵儒珍为曦之教育基金北京地区负责人，作为她和她丈夫的全权代表，我们成为曦之奖学金在中国农大的管理团队。2003年和2005年，50届邵莉楣和48届董蔚君相继加入我们团队。2008年宁均维病逝后，这个团队成了清一色的圣玛利亚"80后"的老人队。每年我们负责奖学金的审定、复查和颁奖等工作。其中最繁琐的工作是每次审定学校提供的获奖人材料，要花费几天功夫，认真阅读材料，反复讨论，才能决定每年的获奖名单。每年我们还邀请获奖应届毕业生参加欢送会座谈会，让他们感受曦之大家庭的亲切和温暖。这些同学本科毕业后，绝大多数都保送或考入硕士研究生或硕博连读研究生，还有的出国深造。十七年来累计受助学生1350人次，刘锦銮夫妇共资助了486万人民币。我们从六十多岁做到了八十多岁，团队原来是我负责，2013年开始由邵儒珍负责。现在我八十六了，看到这些学生的成长进步，我们衷心感到欣慰。圣玛利亚校友的爱国报国、团结友爱、热心公益的精神将传承下去！也将在年轻学子身上继承！

张瑞云（1952届校友）、宁维明（应曼蓉之子，北京外国语大学中文学院教师）协助整理

2014年4月

欧氏家族与圣玛利亚女校

1946 届 欧惠群

我的名字叫 Aida Hom，在学校我叫欧惠群。在广东，"Ou"的发音为"AU"。

我毕业于圣玛利亚女校 1946 届和圣约翰大学（1949 年冬）。在圣约翰大学，我是最后一名欧家的人。对于 20 世纪的圣约翰大学和圣玛利亚女校来说，欧氏家族有一个特别的连带关系：欧家所有的男性都随着 1918 年毕业于圣约翰大学的我的父亲欧伟国（David AU）而毕业于圣约翰大学。然后我的叔叔们，欧佩德 Daniel AU（AU Ping Kwong，1942 年生物系理学士）和欧生国（Sung Kuo AU，1942 经济系文学士）；我的哥哥欧灵强（Lin coln AU，1944 年经济系文学士），欧德强（Duncan AU，1949 政治文学

大姑妈欧威国1931年毕业照

三姑妈欧家国1936年毕业照

"The only greatness is unselfish love. .... There is a great difference between trying to please and giving pleasure."

台湾圣约翰科技大学的欧伟国厅　　　　在台湾圣约翰科技大学校史中心展厅里关于父亲欧伟国的介绍

士)。所有我的姑妈都毕业于圣玛利亚女校,我的大姑妈欧威国(Eunice Lam),毕业于1931届,二姑妈欧超国(Sarh Ma)1934届肄业,和三姑妈欧家国(Diana Kwan),毕业于1936届,她现在97岁,住在加拿大Edmonton, AB。作为欧氏家族中我这一代仅有的一名女孩,我也毕业于圣玛利亚女校。我为我们从中学和大学接受到的优秀教育而自豪。

虽然我的姑妈们只有高中毕业,但是她们能写出今天许多美国大学毕业生都写不出的完美的英文。

我的父亲、叔叔和兄弟们全都成为成功的商人。我的父亲任职圣约翰大学和圣玛利亚女校董事长多年,有一段时间,他还是香港中文大学(Chung Chi)的临时校长。我的父亲为中国男女青年的教育奉献了一生,在台湾圣约翰科技大学有一所礼堂以他的名字命名。

(原文为英文,由1952年初三夏甘霖翻译)

学海无涯

1947 届 吴其慧

1941 年秋的一天，正是学校开学的日子，我穿过兆丰公园，来到圣玛利亚女校报到，从此开始了中学生活。与我同时入学的还有好几位小学同班同学。我们都是慕名而来，家长都希望自己的女儿在这所有名的"贵族"学校里接受良好的教育，而圣玛利亚是以严谨的教学，严格的纪律闻名，尤其为人称道的是其颇具特色的英语教学。

忆抗战后期的圣玛利亚女校

进入校园，首先映入眼帘的是绿草如茵的草坪，还有闻名远东的大樟树，塔顶尖尖的教堂……真是环境优雅，风景如画。但这些都属于圣约翰大学，圣玛利亚女中的校舍已于 1937 年"八一三"时毁于日军炮火。此时已是抗战中，上海已沦为"孤岛"。女校借约大新建的斐蔚堂办学，取消了住读，学生全部走读。当时的师生员工共约 200 余人，日常活动，包括教学、自习、休息，全在这栋楼里；图书馆、实验室和食堂也设在内。

斐蔚堂是一座新式两层教学楼，与约大其他建筑不同，采光相当好，临近大学图书馆，不远处就是教堂。学生们每天上午两节课后，列队前往教堂做礼拜、祈祷、唱诗、读经，共约 20 分钟；每周五请牧师来讲道。

1941 年 12 月，由于日军偷袭珍珠港，爆发了太平洋战争。上海的日军随即占领了租界，气焰嚣张，不可一世。我们相对平静的求学生活受到了干扰。在上学途中，不时会碰到日军拦阻检查。一次，我和同班同学冯华珍在公交车上，行到半途，车突然停了下来，上来了两个日本军人。华珍轻声对我说：快把英文书藏好。她迅即将书藏到座位底下，我则将放在膝上的书本用衣袖遮住，心里十分紧张，不知道会发生什么事。车厢里大家屏住呼吸，鸦雀无声。日本兵巡视了整个车厢，扫了我们一眼，最后用刺刀指着，带走了两名乘客。此情此景令我难以忘怀，每思及此，总有一种说不出的悲愤。

不久，外籍教师纷纷离校，有的回国，有的进了集中营。直到1945年日本投降后，她们才陆续回校。

1943年学校迫于日伪压力，不得不开设日语课。这引起普遍反感，但又不得不学。期末考试时，冯华珍5分钟就交了考卷，走出课室，监考老师连忙唤住她，要她再想想，她头也不回地走了。后来才知道，她只在中译日那道题的中文"山"字旁，写了英文 yama（英文中日语"山"字的音译）一词，其余全是空白。大家都很佩服她敢于抗争的勇气。校方随即接受了学生的意见，换了日语教师。

1947年吴其慧

从那时起，可能是由于物价飞涨，学校经费困难等原因，学校大食堂不办了。很多同学不得不从家里带饭，中午请厨房热一热再吃。于是我们每天上学，除了手捧书本外，又多了一个饭盒。这对一些距离较远的学生来说，更为不便。曾有一个同学，一手捧书，一手提饭盒，在拥挤的人群中抢上车时，被尚未停稳的无轨电车后轮撞倒，她当时痛得脸色煞白，泪流满面。幸亏没有伤着骨头，在家卧床休息一段时间后才来上课。

到了1945年，时局越发紧张。由于父亲再次遭受日人迫害，不得不举家远走他乡避祸。我父亲吴耀祺是中国第一位海关关税专家，学生时代曾参加"五四"运动，是位爱国知识分子。他学贯中西，知识渊博，为人正直清廉，一生勤奋好学，手不释卷。卢沟桥事变前，他在天津海关工作时，曾因故遭受狙击，枪手朝他开了6枪。幸大难不死，以后调到上海工作。我家避难远走后不久，幸好8月15日日本侵略者投降了。我立即回沪，有幸考回原班级。这次回校补考的共有20多人，其中不少是因前不久日本关东军南下，家长担心女孩子的安全而退学的。由于战乱，这些年师生流动性都很大，随时有离校的。我的妹妹吴其敏虽然在学校就读仅两年半，她通过努力自学，后来在徐州从事中学英语

吴其慧在上海普希金铜像前　　　　　　　本文作者吴其慧

教学，工作中参考了圣玛利亚灵活的教学方法，教学很有特色，深受学生爱戴，家长推崇，广受好评。

直到1946年夏，学校才迁回原址上课。此前我们曾前去参观过，一进校门只见一副衰败景象，印象最深的是教堂屋顶被炮火掀去一角，管风琴也有部分裸露在外。所幸的是，回迁后大家发现置身于修整一新的校舍里，教堂也恢复了昔日的庄严肃穆。

育人依旧

虽然抗战时期办学遭遇种种困难，外籍教师都离开了，但学校仍坚持英语教学，力求保持原有水平，不使下降。除国文、本国史、本国地理外，其他课程全用英语讲解，包括数、理、化、生物、圣经，等等。这样，既扩大了词汇量，又训练了听力。以后我在大学里听课，记笔记，毫不费力，工作后也感到受益匪浅。

学校教学重点是英文课,根据程度循序渐进,逐步将经典著作介绍给学生。6年内我班级(47届)读完 Hei di (《海蒂》), King of the Golden River (《金河王》)(初一); Juan and Juanita (《胡安与胡安妮特》), A Dog of Flanders (《贫儿苦狗记》)(初二); Rebecca of Sunnybrook Farm (《太阳溪农场的丽贝卡》), Treasure Island (《金银岛》)(初三); Silas Marner (《织工马南传》), Les Miserables (《悲惨世界》)(节本)(高一); Ivanhoe (《撒克逊劫后英雄略》), A Tale of Two Cities (《双城记》)(高二); Madame Curie (《居里夫人传》), Queen Victoria (《维多利亚女王传》)(节选), Hamlet (《汉姆莱特》), Merchant of Venice (《威尼斯商人》) 和 Selected Short Stories (短篇小说选)(高三)。除了高三的课由美国老师 Deaconess Ashcroft 执教外,其他课都是中国老师任教,既有经验丰富的老教师,还有好几位学校新聘的年轻教师。年轻老师的课更为生动,充满活力。初二时英语老师赵惠瑛曾将我班级带到草坪上上课,也曾将我们分为几个小组,自编自演 Juan and Juanita 的片段,让我们学习编写短剧,练习口语。初一上 Nature Study(自然)课时,她也曾带我们到户外,边讲授边示范怎样种花,还将自带的花籽分给大家带回家试种。我们在她面前不感到拘束,都很喜欢她。记得赵老师曾去南京游览,带回来一大包南京特产小花生,在课室里分给每个同学,大家都很高兴。同学们还曾在节日自发地分成好几拨去她家献花致敬,师生关系十分融洽。

6年的英文学习将我逐步引入一个广阔的世界文学宝库。在初一读 Heidi 时,我感到有一定困难,因为生词多,尤其是课后老师留下二三页甚至四五页的预习,时常来不及准备。以后逐渐适应了这种教学方法,也学会了查字典,第二个学期就不觉困难了。Heidi 这个天真烂漫小姑娘的形象一直陪伴着我。2007年我在德国慕尼黑机场,看到一家商店的货架上,有农村装束的小娃娃,我断定是 Heidi。得到售货员的肯定答复后,我高兴地挑选了一个留作纪念。

读高三时,Deaconess 已然回校执教。她扩大了读物范围,为我们选择了传记、戏剧、短篇小说等等作为教材。有时上课要同学朗读莎士比亚的剧作并即兴表演,有时她离开书本,向我们介绍美国的女权运动,或者谈论世界形势,不时还提问,同学答对与否都没关系,不会受到呵责,有时引来哄堂大笑,课室气氛宽松、自由。

1947年愚人节那天,全班同学一致同意和 Deaconess 开个玩笑。每人都在空白试卷

 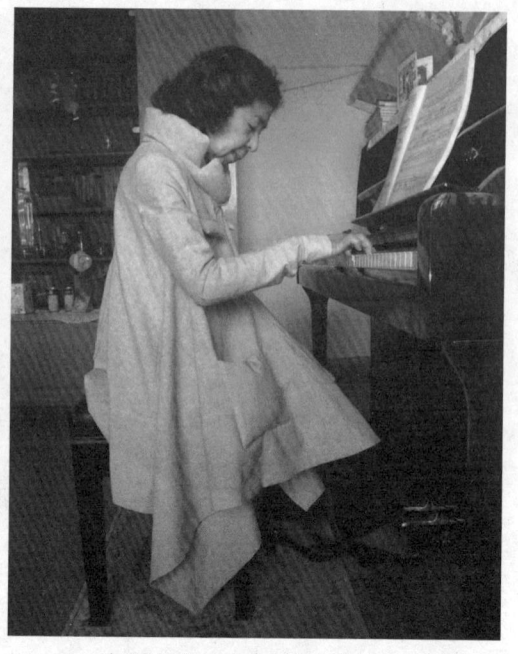

吴其慧和她收养的波斯猫　　　　　　　钢琴仍是吴其慧的业余爱好

纸上写上"All Fool's Day,You are a fool（愚人节，你是个愚人）"，作为前次课留下的课外作业交上去。当上课铃响后，她跨进教室，发现了桌上的一叠试卷，有些惊诧，轻声说：我记得没有给你们quiz（测验）啊？！当她打开两份"考卷"后，不禁笑了起来，和颜悦色地说："今天是愚人节，不过你们写得不对，不是You are a fool, 应该写作 You have been fooled（你被愚弄了）。"同学们都会心地笑了。

从初中开始，学生就尝试英语写作。除老师出题作文外，还要求写短篇故事，题目自定。有时同学看错了题，写得文不对题，老师并不责备，照样批改，还在试卷上将题目改得符合内容。高中时增设了写作和修辞课，让我们熟悉各种写作形式和体裁。

记得有一次 Miss Cooper 在校园里叫住我，对我说：你的文法已过关，以后多注重修辞，提高写作水平。我听了很受鼓舞，也增强了信心。我特别喜欢precis（摘要）和写sequel（续作）。前者要求将一篇长文压缩成精炼短文，觉得很难，但很有用；后者则可以充分发挥自己的想象力。没想到，日后我从事新闻工作，几十年来一直用英文写稿、编译。中学时代学到的诸多写作形式、广泛的词汇、扎实的文法基础，以及课上和课外获得的各种知识，使我终生受益，工作时能得心应手，较快掌握业务。

圣玛利亚的教学虽以英语为主，却并不忽视国文课。从初二起，每个班级都由薛无竞、闵绍樾两位先生轮流执教，所选课文都是古文经典。同学们先后读了《论语》《孟子》、先秦哲人和唐宋八大家的名篇、脍炙人口的唐诗、宋词、元曲以及明清之际的著名篇章、曾国藩家书，等等，只是未曾涉及现当代作家作品。许多名作，尤其是诗词，大家都会背诵，如《长恨歌》、《琵琶行》、南唐二主词、《圆圆曲》等。

每逢寒暑假，国文老师都要求同学自选一本小说，读后写出读书心得，作为假期作业。日常作文常有批注，以鼓励为主，往往将佳作向大家推荐。高三时薛先生曾命题"群像"，不少同学写了描绘本班同学的作文，据此薛先生写了一首七言诗，以一句或两句诗生动勾画出一个同学的形象。此诗在全校广为传诵，至今同学们提起，仍津津乐道，仿佛回到了当年。

多位老师的讲解各有特色，令人久久难忘。

陆朱兰贞校长的动植物学课细致而有条理，我很感兴趣。从她的讲义中，我学到了如何科学地整理、归纳、分类、建立有用的资料。而且，这成了我终生的爱好。

Dr. 桂质良上《双城记》时，不但要同学朗读、翻译，考问内容和故事情节，还要问狄更斯的某个篇章为何要用那样的标题，其用意为何？启发学生作深度思考。

冯锡良老师讲的世界史概括而扼要，尤其是关于古希腊、罗马的神话传说，他娓娓道来，同学们都听得入了迷。以后我才慢慢地领悟到：这些神话故事同圣经典故，对西方文学、艺术、音乐、戏剧等领域产生了多大影响，也是我们学习、探讨这些博大精深领域不可或缺的基础知识，虽是启蒙，却使我终生受益。

高三时开设的时事课，采取了非常新颖、自由的形式。由冯、闵两位老师同时上课，向同学们介绍和评论国家大事、世界形势。一位老师用英文，另一位用中文。有时双方辩论，有时则相互补充，同学们也可提问、插话或表达自己的意见，课堂气氛十分活跃。

总起来说，圣玛利亚的教学方式比较自由开放，多启发学生思考，不拘泥于死记硬背，课堂气氛生动活泼，师生关系亲切随和。

课余活动丰富多彩

早先的圣玛利亚是以德智体并重知名的,但是自太平洋战争爆发后,从1942到1946年春季,学校因没有操场,又不能动用约大的体育设施,未设体育课。正青春年少的同学们不甘寂寞,自己组织起来开展体育活动。我班级与48届一些同学,成立了一个松散的垒球队,置办了垒球、球棒和手套等物,利用课余时间,在草坪上练习投球、接球、传球。大家玩得很起劲,也熟悉了垒球规则。

学校迁回原校址后,才恢复体育课。体育老师高静华似乎是要给我们补课,篮球、排球、垒球齐头并进,还让我们练习翻跟斗,又专门教我们跳踢蹀舞。大家很喜欢这门新课,纷纷找出一双旧皮鞋,请鞋匠在鞋底的鞋尖和后掌处,钉上跳舞用的小铁片。上舞蹈课时,大家换上体操服和舞鞋。同学们还在课余时间,也在家里,练习舞蹈基本步伐,好不热闹。

外籍教师返校后,为高班同学开设了交谊舞课,部分住校同学还有机会学习宫廷舞蹈。老师上课时,偶尔也简单地讲一些西方待人接物的礼节,希望把我们这些来自各色家庭的学生,都培育成懂礼貌、有教养的人。可能这也是学校被视作"贵族"学校的一个原因吧。

在日伪占领后期,随着时局动荡,尽管有时风声鹤唳,人心惶惶,但校园里还是相对平静,文娱活动依然很活跃。每当春夏之交,各班级齐集斐蔚堂前,举行 Step Singing(阶梯歌咏),唱各自的 class song(级歌),还相互点歌应和,气氛热烈友好。

一年一度的圣诞节庆祝活动,更是同学们翘首以待。1943 和 1944 年圣诞,同学们人人动手,用彩色皱纹纸布置教室,自制各种小挂件装饰圣诞树,使平日大家熟悉的教室一变而呈现花团锦簇、火树银花的节日景象。各班级还相互参观评比,笑语欢声一片。

每年的圣诞礼拜,按照传统,都要以 pageant(行进演出)形式,表演耶稣基督降生的故事。1946 年适逢学校回迁,那年的圣诞演出,由我班级的张明晖扮演天使,石美莲扮演圣母玛利亚,又是在修饰一新的教堂里举行,堪称完美。薛先生曾有诗为证,至今还有些同学铭记在心。

还有其他配合宗教节日的活动,如复活节礼拜后,同学们都分散到草坪上,去寻找老师们藏在草丛中或树根旁的彩蛋。不论谁找到一枚,大家都会欢呼雀跃,兴奋不已。

学校还举办过化妆演出，届时有的同学化装成西方女郎，有的扮成古装仕女，或演出一个简短的小节目，或者仅仅亮一亮相。但是大家都很认真地准备，兴高采烈地参加。

毕业班则往往排演一部大戏，向全校演出。我曾经看到过的有席勒的《阴谋与爱情》（43届）、田汉的《南归》（44届）、Gilbert and Sullivan 的轻歌剧 *H.M.S.Pinafore*（《皇家舰队》（45届）及我班级演的田汉的《名优之死》（47届）。这个戏有些特殊要求，演员必须会唱京剧，会拉胡琴，可我们都不会。戏是闵先生排的，于是他毛遂自荐，演出时在后台引吭高歌；至于琴师则用绷带吊住左臂出场，台词改为：因左臂摔伤了，不能操琴。演出时只听得台下一片笑声，看来观众也能体谅我们的苦衷。

此外，学校还安排一些活动，让同学走出校门，接触实际。Deaconess 曾带领我班级参观一个小纺织厂和一个孤儿院。在进入一个车间前，Deaconess 将她披在身后的黑纱挪到胸前，对我们说：靠近机器时，必须把可能被机器卷进去的东西收好，以免发生危险。这句话我记了一辈子。

1946年学校回迁前，我班级曾举办一次联欢会，邀请 Dr. 桂参加。那天同学们都穿上天蓝色的级服，胸前佩戴花束，自己动手做冰淇淋和沙拉，还准备了一些小点心。座谈结束后，师生同往大樟树前合影留念。这是离开约园前的最后一次合影，也算是告别吧。类似的联欢活动，在最后一学年还举行过两次，每次都有外籍老师参加。她们也和我们一样忙前忙后，一齐动手。

这一年我班级的课外活动确实纷繁多样，但是大家并不因为即将面临毕业考试而感到很大压力，也未妨碍同学们平日闲暇时谈论对一些外国原版电影的观感，如《傲慢与偏见》、《居里夫人》等等。往往是结合原著讨论，各抒己见，畅所欲言。这时大家已经在课内外读了一些经典著作，也有流行小说如《飘》之类。

毕业考试后一天，我从教务室拿到考试成绩通知。原来是一张对折成2寸见方的藕荷色小纸片，上面用青莲色铅笔画了一朵兰花（orchid），一端写着"Congratulations（祝贺你）！"多么温馨！真是别出心裁。我将这张小纸片保存了很久，可惜后来几经搬迁丢失了。

接着举行了隆重的毕业典礼。按照传统，同学们穿上白旗袍、白皮鞋，胸前佩戴花束，随着 *Coronation March*（《加冕进行曲》）乐曲的节奏，列队缓步走向舞台，领取毕业文凭。

6年的苦读终于结成了正果。两个月后，绝大多数同学又重新在约园相聚，我也再次踏上兆丰公园的小路，继续走了4年。

学无止境

从圣玛利亚转入约大英文系是很自然的事，47届同学约有三分之一攻读英文系，也有几位选择了教育系。后来我班同学辛勤耕耘以育人为己任者不下10人，都在各自岗位上做出了不可磨灭的贡献。

英文系一年级的课都是基础课，二年级开始学习专业课，三年内读了小说、诗歌、戏剧、散文、文学史、莎士比亚、文学评论等课。特别吸引我的是莎士比亚、小说、戏剧和文学评论。

除了小说课指定的托尔斯泰、福楼拜、菲尔丁等长篇巨著外，我还阅读了狄更斯、拜伦、雨果、大仲马等大文豪的著作，以及现当代一些作家如海明威等人的作品。在戏剧课上，我读完了Mr.Willey推荐的10个剧本，他要求学生十选一，作为课外指定读物。我还参加了Mr.Willey在英国文化委员会（British Council）开办的戏剧朗读课，因此有机会观看上海一些外籍人士组成的Amateur Dramatic Club（业余戏剧俱乐部）演出的英文话剧。曾看过萧伯纳、Noel Coward（诺埃尔·考厄德）等人的剧作，使我大开眼界。莎士比亚则是我利用每天早晨乘公交车的半个小时读完的。

从参加新闻工作伊始，我就发现这是一项要求极高的工作，每天面对的是大千世界形形色色的人和事，尤其困难的是要使外国人了解新中国，我庆幸的是有机会使用英文。

从丝毫不懂对外报道，到能熟练采写、编译、改发稿、定稿，到最后担任新华社大型综合性对外英文刊物 *New China Quarterly*（《新中国季刊》）副总编，又是一个漫长而艰苦的学习过程。《季刊》是图文并茂的刊物，印刷精美，在国外发行，每期约10万字，发行量虽不大，内容和文字却备受好评。

我是从基层的校对工作做起的，最初只要有空就抱着《大英百科全书》，翻阅有关炼钢、采煤、纺织、炼油、修电站、筑铁路等我一无所知的专业知识，熟悉工业生产流程，积累资料和词汇。到1964年，我作为工业编辑，和其他农业、文教编辑共同编了一本中英对照《经济文化词汇》，因其有助于英语新闻写作，在单位内部和一些高校广泛应用。

改革开放后,又是一番新景象。面对利用外资等新改革措施,我又是一窍不通。不得不赶紧请有关专家讲课,教授金融、投资、外贸等方面常识。

在此期间,我应邀翻译了《历代仕女画选集》,并担任《现代英汉综合大辞典》主要编委,还被中国社会科学院研究生院聘为硕士生导师。

退休后,我同新华社摄影部和中国图片社合作,翻译出版了一系列大型名人画册,有李嘉诚、程思远、王光英等人,还有纪念澳门回归5周年等画册。其中,《李嘉诚》画册由其本人设计,封面为浅蓝色,边镶兰花装饰,颇为雅致。李曾数次声称,此书为他最满意的传记之一。2002年中国翻译工作者协会授予我"资深翻译家"称号。

虽然多年来工作一直都很繁重,我从未放弃对文学艺术的爱好。退休后,一方面从翻译工作中找寻乐趣,另外也有了较多时间听音乐,看京剧、昆曲,欣赏歌剧和芭蕾等文艺演出,参加各种知识讲座,参观美术、考古、历史展览。我也曾去张家界、三亚、港澳和其他地方旅游、休闲。国外旅游则赴东南亚和欧洲,游历了包括俄罗斯、法、意、德、瑞士、梵蒂冈等地,见识了流传千古的名胜古迹,不由得叹服各个国家悠久的历史、文化,堪慰平生之愿。

当前,通过报刊、书籍、电脑、电视这些渠道,我得以保持对新生事物的敏感和兴趣,使知识常新。

2010年我为中央美术学院服装专业的徐蕊老师校阅了《象罔衣》一书,此书阐述了其得奖作品的设计构思,很有新意。然后她请我作为模特,试穿她设计的服装,拍了一系列照片。美术学院与英国 Sheffield Institute of Arts(舍菲尔德艺术学院)合作出版的 Designing Impact(《设计进行时》)一书上,载有我穿着她设计的象罔衣在家中弹钢琴的照片,这也是一种新乐趣。

回顾我的成长经历,就是一个学习的过程。我是一个普通的新闻工作者,说不上有多少成就,只不过尽了自己的力量,做了应该做的事,却获得不少荣誉。

我喜欢创新,喜欢思考,我相信学习永远是力量的源泉。几十年来,每当有人问我:你在哪里学的英文?我的回答总是:"在中国上海。"首先想到的是圣玛利亚,然后是圣约翰。

2013.6

附录：

1947 届李成仪收藏的薛无競先生为全班 24 名学生写的打油诗，由此也反映了当时民主、平等、和谐的师生关系。

戏赠一九四七级同学 24 人

薛无競

烟囱钩子戈以棕，上得球场直撞冲。能文善辩久无敌，美人鱼数潘宝琼。
飞来媚眼唐毓珍，一颦一笑直销魂。单枪匹马河东吼，猛张飞号冯华珍。
绮罗娇贵千金体，动人楚楚凌畹君。冷面热心好博学，数来无出谢雪贞。
赖学精，推李安，多愁多病恃春寒。论绩学，朱英南，亦文亦史青出蓝。
小说沉湎赵竹仙，圣母玉琢石美莲。更有本慎好身手，一曲传来舞蹁跹。
歌喉百转吴民鼎，三羊交欢震懦顽。奚家姊妹性殊绝，三姝佼佼我犹怜。
憨态可掬傅美利，老成持重李成仪。落落大方吴其慧，群雄逐逐林宽如。
剩有明辉歧黄女，热肠直通真吾徒。

圣玛利亚趣闻二三

1947届 石美莲

1881年6月,"文记"和"裨文"两女校在圣约翰书院的创办人美国圣公会施若瑟主教(Bishop Schereschwsky)的筹划下,合并成一所书院,名称为 St. Mary's Hall(圣玛利亚书院SMH),院址为圣约翰校园北部的黄房子。听父辈们讲:当时为了不让 St. John's 和 St. Mary's Hall 的男女学生接触,在黄房子与西门堂之间筑起一堵大墙。做礼拜时,圣约翰座堂(St. John's Procathedral)中也有挂帘把男女学生隔开,可是这些都融不开彼此兄妹般的情意。晚上,许多男同学隔墙大声唱"Good Night, Ladies"后再去就寝。《约大年刊》中有一幅照片,那是 SMH 在 1923 年迁到长宁路(前白利南路)新校址后拍的,照片上可以看到当年隔开两校的墙上挖了一个大洞,旁边写着"大墙打通了",真是有趣。

1992年春,我和 St. Mary's Hall39 届同学程芍华持市三女中介绍信去徐家汇藏书楼,看了整天的《凤藻》,那是 SMH 的年刊,我们是带了面包去的,两人一边啃,一边津津有味地阅读其中有趣的历史记载,《凤藻》有五大本。1919 年第一期《凤藻》中载着约大校长卜舫济(Dr. Pott)和 SMH 第一任校长黄素娥结婚的故事。这本《凤藻》的序言就是卜舫济写的。他俩的结合开了一个两校男女学生结为夫妻的先例。120 年以来,迄今已有数百对男女同学结为夫妇,其中女方有很多是 SMH 同学。

1937年秋抗战爆发,SMH 无法在原址开学,改到南京路大陆商场(后称慈淑大楼)上课,约大上课也改在那里,约大在上午,SMH 在下午,St. John's 和 St. Mary's 又走到一起了。约大校园内原有一座英名 Grayes Hall 的"斐蔚堂"以纪念前主教 Bishop

1947届石美莲教唱歌　　　　　　　1998年校友会活动时看录像,前排左1石美莲

Graves。1939年秋开学后,SMH便从大陆商场暂时搬到这里上课。

这里的环境好多了,院方拨出一场地给我们上"Nature Study"课的学生种花,我们把种出来的第一束花送给老师们,大家都很高兴。斐蔚堂前台阶上曾分级举行Step Singing歌唱,学生们边唱边绕着大楼走一圈,每过圣诞节,总是在座堂内做"圣诞圣剧"。每夏在座堂举行隆重的毕业礼拜,我记得第一首赞美诗是,"千古保障,将来希望",堂内管风琴弹奏显得庄严非凡。毕业典礼是在Social Hall中举行的,毕业生都打扮得像新娘似的,穿着白色旗袍、白色皮鞋,胸前佩戴着自己班上的级花,一个个走到台前位子上坐着等候拿文凭。

1946年秋,SMH又搬回长宁路原址。1952年,圣玛利亚女校与中西女中合并为"上海市第三女子中学"。

悠悠往事,历历在目。现在各地SMH校友仍可参加约大校友会,永恒的友谊是多么珍贵啊!

两件小事对我一生的影响

1948 届 顾美诚

我是从预科进入圣玛利亚女校的。与我同时入学的有韩罗以、蒋郇芳和程锦申。我们都是约大教职员工子女，住在校园里。约大教职员的女孩大多就读圣玛利亚，再就读圣约翰。那时约大校园里，图书馆东南的斐蔚堂就是圣玛利亚女校的校舍，对我们来讲很方便，我们经常约伴去上学。每天不论是早晨还是下午，不是你叫我，就是我叫你，大家高高兴兴去上学，我们四人从预科、中学到大学，同窗 12 年，结成深厚的友谊，延续至今。

我在圣玛利亚女校学习八年，给我各方面打下了良好基础。为我上大学及以后工作、处事、做人都很有帮助。

圣玛利亚的教学很有特色，一是重视双语教学，从预科起狠抓英语，到了中学阶段，除语文、历史、地理外，基本上用英语教学。二是很有创新。有两件事令我印象深刻。一是数学课上做的牌子。牌子是印在一块硬纸板上的四则计算题，每道题写答案的地方为一空洞，题板罩在白纸上，同学们计算出的答案写在空洞下的白纸上。牌子共分四档——7 级、14 级、21 级、28 级，先易后难。一开始做 7 级，要求在指定分钟内完成计算，结果达标就能升到 14 级，如果达不到，则退回 1 级，这样就得从 1 级开始，1 级 1 级上升，直至 7 级都合格后，才能跳升 14 级。14 级升 21 级、21 级升 28 级时亦以此类推，谁先达到最高级，即为计算能手。这样锻炼我们的计算速度和准确度，也培养了我们的细心、认真、讲究效率的学习速度。

另一件事是从小打好学英语口语基础。英语老师非常重视朗读和口语锻炼。每教完

左起程锦申、蒋郁芳、顾美诚、中西49届汪锡苓，1949年6月在中西校园

一篇课文后，让同学站到教室最后一排大声朗读，必须让全教室都能听清楚才算合格。为了锻炼讲话能力，老师还出一些题，写在小条子上。然后让每个同学到讲台上抽一个题，给一、二分钟准备时间，让你根据抽到的题目演讲。这些有效的学习方法，我觉得很有意思。我也常给我的孙辈们讲我们当年是怎么学习英语和数学的。

  这两件事是圣玛利亚多年积累的教学方法，让我记忆一生。她培养了我认真、细致、不怕困难，大胆创新的作风。

左起顾美诚、韩罗以在约大校园

我1948年圣玛利亚女校毕业，考入圣约翰大学经济系。1952年毕业来到北京，长期在北京矿务局（现称京煤集团公司）工作，从事煤炭企业计划和管理工作。由于煤炭生产专业性很强，当时我连有关图纸都看不懂，也不了解煤炭生产过程。我利用业余时间，自学了煤田地质与采煤学。煤矿生产井下作业条件艰苦，环境极差，时有冒顶、透水及瓦斯、煤尘爆炸等灾害。我不怕苦、不怕累，不畏艰险，经常深入第一线，下矿下井，了解掌握生产情况，较好地完成计划工作任务。记得有一件事，大约在1970年代后期，有一个阿尔巴尼亚代表团在矿务局参观座谈，接待时要用英语。由于我在中学英语基础较好，尽管毕业后近卅年从没用过英语，这次可派上用途了。同事们惊奇地说"你还能用英语对话呀！"我想这是母校教育的结果。

改革开放初期，为加强企业管理，矿务局新成立企管处，我任企管处处长，负责组织领导全局的企业整顿工作。建立健全各级、各部门经济责任制及企业有关管理制度，后又组织领导了全局的工业普查工作，取得了一定成绩，1984年被授予北京市劳动模范、北京市三八红旗手等荣誉称号。

2009年约大北京校友会缺会计，常务副会长俞慧耕说我是学经济的，让我干。可是我毕业后从事的工作是计划与管理，不懂会计。俗话说，五十不学艺，我是近八十了还学着干。2011年经管圣约翰大学世界校友联谊会的财务，精打细算，还有结余。我做的账目清楚，没有差错，花费了大量时间和精力，但是能为大家做点事，我很高兴。

圣玛利亚的传统和作风影响了我的学习和工作，我怀念母校，感恩母校。

（2008年初稿，2012年修改于北京）

圣玛利亚女校的音乐活动

1948 届 姚惠娟

忆 Step Singing

Step Singing 是圣玛利亚女校特有的一个传统活动,每年在学年结束时进行。远在 20 世纪 20 年代学校初具规模时,已有它的存在。在圣校学习的时日里,经历了多次 Step Singing 活动。顾名思义,它是歌唱的活动,是循序渐进的歌唱活动。

Step Singing 中选唱的歌曲可分为两部分,其一为历年相传不变的歌曲,如校歌,"THE WHITE AND BLUE"(校色),"CHEERS"等歌颂母校、热爱母校和宣扬母校传统的。其二则为应届毕业班为增加兴趣而选定的大家爱唱的流行歌曲。教学楼正门外的台阶及其周围的场地是举行 Step Singing 的场所。每年 4、5 月开始,全体学生在此地进行每周一次的排练和演唱。正式的仪式在举行毕业典礼前夕进行。

教学楼 Dodson Hall(1946 年前是约大的斐蔚堂)前的台阶和广场是举行 Step Singing 的场合。仪式进行时各班有固定的位置:正式仪式由毕业班主持。那天,各班学生都穿上自己引以为荣的或紫或绿、或蓝或粉的级服,站在指定位置上。主持仪式的高三班站在台阶正中,阶下左和右分别为高二班和高一班,初三班站在正对面,形成一个大长方形,其他四班依次站在前三班后面。

大家欢唱一阵歌曲后,仪式的核心时刻来到了。毕业班要临别托付,高二班要代表全体同学与毕业班交心告别。她们列队移到台阶中下方,与毕业班相对而立。对话以歌唱的形式进行。毕业班的歌词中充分流露对学校和同学的深情留恋,再三叮嘱爱护学校努力发扬学校优良传统。然后,毕业班班长捧来光彩夺目的盾形铜匾,匾上刻有拉丁文

"NON MINISTRARI SED MINISTRARE"（非以役人乃役于人）的字样，在歌声中把匾传授给高二班班长。接匾后，高二班长带领全班登上台阶与毕业班易位而站。她们在台阶上唱一曲代表在校生作答，承诺会自觉爱护学校，努力发扬传统，更祝福姐姐们再上一层楼（台阶），在社会上发扬母校精神，更好服务社会。曲调和词意都令人动情万分。（可惜现已失传，凭我的记忆，其中一首开头有"Now comes the hour to leave you"，最后有"Now comes the hour to leave you"，最后有"Wisdom and righteousness reign！"等字样），至此，礼成，全体高唱校歌和离别歌后散场。

回忆我在校的时日里，Step Singing 是很受欢迎的活动。年轻人都爱唱歌，在轻松愉快的歌声中接受教育岂不是乐事一桩。

忆琴科

圣校的琴科历史悠久。据前校长傅德女士在 1931 年的公报中称：1903 年，具有美、法、德多个音乐专科资历的梅锡祐女士（Ms Marion S. Mitchell）来校后就建立了琴科。在一段时间中，琴科与中文，英文同为学校的三个学科，但只是选修科。1906 年有了第一个毕业生顾珩贞。历年来，琴科不乏毕业生，如何义法，杨调芳，朱其廉等毕业后还加入了教师队伍。1938 年，日军侵入，学校被迫撤离校园。

1941 年学校在约大斐蔚堂恢复教学，琴科也作为选科一并恢复，由毕业于美国纽约朱利亚音专的 Mrs. 郭（朱其廉）主持．教师除郭朱其廉，

1980年程锦申、赵凤凤、江天筠、姚惠娟在北京相会

2011年圣玛利亚北京校友聚会（右1姚惠娟）

何义法和刁杨调芳外，1946年、1947年尚有上海音乐学院前身上海国立音专的教授李维宁和教师周美丽。学生中选修琴科的为数还不少。在琴科学习的学生每周一次由指定老师授课，每月要在全体琴科师生参加的琴会上汇报演奏，在每学期校方举办的音乐会上，约半数节目由琴科学生出演。学生们因此获得并积累了当众演奏的宝贵经验。琴科没有成文的考试，只有演奏能力的考查。要在琴科毕业，必须通过举办个人汇报演奏会。届时，有家长、来宾及全体师生参加，并有专家进行评定。我在校时就参加过王本慎、高求爱、杨之会、赵庆润等同学的汇报演奏会。

忆母校

1948 届 魏美瑾

不知不觉离开母校已六十五年，如今被邀写些关于母校的回忆，虽然时隔多年记忆已淡化，但提起笔来却又有些有趣的点滴冒上心头。我是 1944 年考入母校初三的，当时因我以前的学业是在我出生地的学校"天津耀华"完成的，那时北方学校比较重视国学培养，英文教学相对就较一般。进了圣玛利亚初三班，在英文课程上有点吃力，还好老师们都悉心教导，所以不久也就赶上了进度。记得那时上课是在圣约翰大学里一幢两层楼的楼房"斐蔚堂"里上课，课室很宽敞明亮，只是体育课无场地。在斐蔚堂的几年我们没有正式的体育课，这是我到校后第一感到遗憾的。其间引起同学兴趣的是英文老师 Miss Barnaby 带领在饭堂里推开桌椅，开起留声机的乡村舞（Square Dance），我们从全然陌生到能闻声起舞，一堂课跳下来也能臭汗淋漓。那时一般同学个子都不高，轮到与 Barnaby 成舞伴时都矮了一个头，不免屏气噤声。最记得的舞步口诀就是 Do-Se-Do。另外值得回忆的是每天都要步行约 15 分钟穿过兆丰公园，前门入后门出才能到校，即使骑脚踏车也只能推车过园。几个同学三三两两边走边谈，也是一大乐事。

到了上高二，我们有幸回到白利南路的母校，宽敞的校园，齐全的设备，好似灰姑娘进入了皇家大院。那年我开始了住宿生活。记得是四名学生（或八人，已不复记忆）住一间，高班生与低班同学配搭着住在一起，吃饭是八人用一方桌，菜肴是三菜或四菜一汤，白饭尽吃。午餐与晚餐都差不多，饭前都要祷告谢饭。早餐好像是稀饭馒头配咸菜花生，不记得有牛奶面包供应。吃了不久就犯了思家的情绪，只等星期六上完半天课才准回家。要紧是一大袋待洗的衣服，也急着补补枯干的肠胃。谈到星期六的放学回

魏美瑾与江天筠扮演的马戏团怪人

家,有些高班的早熟同学居然有男朋友在校门口恭候,使我们一般晚熟的分子看在眼里又羡又嫉。所谓回家的周末也只有星期六半天在家睡一晚,第二天星期日傍晚六点之前就要返校。最记得每周末的重要娱乐就是赶一场或两场电影。回到学校九点熄灯,大家摸黑还要轮流讲电影故事。每次返校可以带一个菜及饼干等零食。各人带的菜一定要交给厨房保管,点心小食也只能放在一间储藏室,在每天下午一定的点心时间才可以进去点饥。现在想来母校规划的生活管理实在给我们自幼就养成良好的习惯。关于带菜,那时期正值物资缺乏万业待兴之际,每次可带的菜最受欢迎的是一瓶少许腊肠熬制的猪油,每餐有一匙猪油拌在热饭里是又鲜又香的解馋上品,几个好朋友都有份。那时根本没有胆固醇过高的概念,现在还不是活到八十来岁。

记得回老学堂(那时都那么称老校园)第一学期在校园里举办了唯一一次的马戏团活动,我与江天筠同学装扮成一对怪人,她穿半面裙子半条裤子,算是阴阳人,我则踩了高跷做长人,穿的是自己的裤子加一段同色的布料,这些点子都是 Miss Barnaby 的杰作,我好像仍保留着那怪样的照片。

母校有座可爱的礼拜堂,每天我们都要排队去那里晨祷十来分钟,星期五还要有个正式礼拜,也因此养成我认识且热衷成为基督徒,同时也加入了唱诗班,延续至今,直到最近才离开唱诗班的活动。礼拜堂有个楼梯直达顶层,我班有个同学外号叫"郑板桥",她不时上去吟诗,到后来连她的正名都不记得了。我校的老师(那时叫 MissXX 或先生)那时差不多都有绰号,叫起来顺口易记,都是我们的杰作。

我们的体育馆有个舞台,除了上体育课之外,记得也举行过话剧、辩论会、演讲比赛等活动。戏剧更是用英文的,因此培养训练同学们的胆识与口才。

总之圣玛利亚女校孕育了一群女孩们德智体三方面的才能,养成我们独立向上的精神,每个人都各有所长,终其身也不能忘怀母校的教养之恩。

根和源

1948 届 韩罗以、李德、江天筠

韩罗以（上海）

树有根，水有源。我们的母校——圣玛利亚女校就是我们48届同学人生的根和源。

我们1948届同学都是在抗日烽火中的40年代初进入女中的。顾美诚、蒋郁芳、程锦申（已故）和我都是约大教职工子女，都住在约大校园里。40年代我们从圣时小学毕业（圣小也在校园内，靠近黄房子）。我们都想升入圣女中继续学业。由于战事环境，我们的小学基础很差，特别是英文更差。记得入学考试的英文试题是"Street"，我连这个英文字都不识，只得胡乱写了几句就交卷了，结果我们都被压低录取在预科一班（相当于小学五年级）。从41年预科班一直读到48年毕业，整整八年，覆盖了我们整个青少年时代。这正是我们学习文化知识的基础时期，同时也是决定我们今后的理想，塑造个人品德，修身养性，处世待人的重要时期。深深影响了我们一生的人生观和价值观。

回眸过去沥沥在目，心潮澎湃。特别要感谢母校的老师们，不论是中、外籍老师。是他（她）们长期勤恳敬业教书育人，培养我们健康成长结出硕果，为人民、为社会服务贡献，也为自己不虚度一生而自慰。

李德（上海）

离开母校已有60多年了，可那些美好回忆始终留在我脑海里永远无法磨灭……

记得我刚进圣玛利亚时，校舍是在约大校园里的"斐蔚堂"。那时，我们一律在学校饭厅集体用餐，一桌八个人，大同学和小同学搭配。在餐前大家都做祈祷，诗班领唱，

1953年韩罗以任志愿军和谈谈判团翻译，在三八线附近留影

唱完"阿门"，大家才开始用餐。我虽然不是一个教徒，但这足以让我受到启蒙的感恩教育：一粥一饭当思来之不易，是大自然神秘的力量，赐予我们平安富足的生活。

午饭后，我们经常三三两两地在校园里散步，记得常去的地方是一棵几个人才能合抱的香樟树，还有一座绿色木桥，桥顶被盛开的紫色豆花遮盖住了，那豆花的香味甜得真醉人啊！此情此景——天真烂漫的同学们，绿色的小桥，紫色的豆花——再也不可能重现了！不过，也就从那个时候起，我喜欢上了紫色。后来到了初中三，正巧紫色也轮为了我们的Class Color（级色）。

往事历历在目，犹如昨日，亲爱的同学们横跨几大洲，如今再想济济一堂、畅谈叙旧已是很难办到的事了！

江天筠（悉尼）

我们有很多老师，Miss 袁很严肃，大家都怕她，见到她都得老老实实、规规矩矩。音乐老师何义法，大家叫她 Miss How，她的音乐造诣很高，上音乐课最高兴。Deaconess Ashcroft 外国历史教得认真，使我对外国历史有了很大兴趣。每次考试前，大家三五成群互相复习的情景还历历在目。Miss Walker 一头白发，教数学，Miss Barnaby 教化学，教物理的是 Miss Cooper，至今还能想出他们的形象。只有三位男老师，冯锡良先生、闵绍樾先生及薛无竞先生。冯先生教英文文学，上课时对着女学生，好像视而不见。闵先生的中文字写得好看极了，薛先生笑呵呵的，拿你们这些丫头没办法。

四合院式的建筑群都有回廊连接，不管刮风下雨还是烈日当空，都不会影响我们课余时手拉手排成两行，一正一反地在廊里散步、谈笑。小小的 Chapel（教堂）中进行的晚祷及圣诞礼拜总能给人一种神圣难忘的回忆。每次化装晚会学生们各显神通，尽情欢乐。兼作礼堂的健身房很大，也够标准，可体育运动与我无缘，只能应付各种球类及体操。在校园一角还有一幢医务室的小楼，有病房，还有不少设备。不知得了什么病，我还住过院，同学们下课后还来探望。

左起江天筠、韩罗以、蒋邮芳、李德，2007年在上海

最怀念的是每年的 Step Singing，已记不清在什么时候进行，大家拿着歌本，按班级排队站在 Step 上互相轮流歌唱，唱得心灵花开，又增加了团结友爱的气氛。有一首 Pack all your troubles and your woes away and smile, smile, smile（抛弃你的烦恼，笑，笑，笑），这首歌陪伴我至今。假如时光可以倒流，真想再唱一次 Step Singing，回到那无忧无虑的黄金时代。

六年校园生活是短暂的，受到的教育是扎实的，影响可是深远的。就在这样的环境中，塑造成了勤学苦练、遵纪守法、老老实实、助人为乐、先人后己、平等待人等"本性"。话说"江山易改，本性难移"，六十多年来不管经过多少风雨、挫折，改变不了这些由母校培养出来的"本性"。离校六十年了，圣玛利亚母校我怀念你。

怀念圣玛利亚女校

1949 届肄业 袁晚禾

从我有记忆开始,圣玛利亚女校是我知道的第一个学校。那时候我五岁,我大姐(袁葆禾)、二姐(袁紫禾)同时在圣玛利亚女校毕业(1937)。后来我又知道,妈妈(汪如英)也是圣玛利亚早期(1914)的毕业生。在那个时代,妇女能够上学的微乎其微,妈妈还缠着小脚,为了上学,放了天足。妈妈的学历是我们全家的骄傲,也因此受到亲友们的尊重。

当年,圣玛利亚女中和圣约翰大学的关系犹如兄妹。妈妈通过同班同学,我们的一个姑妈认识了在圣约翰大学读书的我们的父亲袁良初(约大1916年毕业)。由此,我们全家和这两所学校结下了不解之缘:姐姐上圣玛利亚女中,两个哥哥袁之刚(约大土木工程系1942年毕业)、袁之敏(约大1951年医学院毕业)进约中升约大。因为女中没有小学,我和小姐姐就进了中西小学。直到念完五年级,我终于如愿转学,考进了圣玛利亚女中预科班。可是时势不随人意。我只读了不到一年,抗战的形势严峻。父亲和年长的三个兄姐都去了后方四川,母亲和我们三个小的留在已沦陷为日军占领的上海,两地断绝联系。无奈之下,母亲只得让我们辍学,离开上海,经过艰苦跋涉通过敌占区,到了后方的学府——四川成都。这一走,也就割断了我和圣玛利亚女中的缘分。

然而,在我童年的回忆中,圣玛利亚女校刻下的印象太深了。家中来往的全是姐姐女校的同学,她们的名字至今我记忆犹新:沈爱丽(1937届)、沈淑维(1941届肄业)姐妹,龚普生(1932届)、龚维航(1933届)姐妹,谢月英、谢振(1937届)姐妹,梁慧怡、陈美朴(均为1937届),葛秦生、郭秀梅(均为1935届),等等。姐姐去同学家里时,假如她们家也有小妹妹,就会带上我一起去。我对这些大姐姐们既爱慕又敬佩,在我眼

母亲汪如英毕业于圣玛利亚书院(1914)　　大姐袁葆禾，二姐袁紫禾毕业于圣玛利亚女校(1937)

中，她们博学多才，气质优雅，待人和蔼，谈吐文明，举止端庄，打扮得体，就是和一般学校出来的学生不一样！确实，她们中间以后有不少成为了杰出的外交家，医生，学者，社会活动家。

待我自己入学以后，更加体会到学校严谨的教育和优良校风的薰陶是培养出众多女中豪杰的根本！

如今回顾，我觉得有两点很突出。首先，圣玛利亚和中西都是女校，在女子的社会地位尚处于弱势的时代，这两所女校教给我们的是要自尊、自重、自爱和自强不息。只有做到这些才能得到社会和他人的尊重和爱戴。因此，要求我们对待学习知识，负责工作，为人处世都要高标准，不能马虎懈怠。这种严格的教育理念养成了我们许多人认真负责、一丝不苟的生活和工作作风，受用终生。其次，圣玛利亚和中西都是基督教教会创办的

左起袁晚禾、袁葆禾、袁之敏姐妹兄弟（2012年10月）　　　袁晚禾全家福（1982）

学校。它们用基督教的教义灌输给学生，但并不强制学生受洗入教。而教义中精华的部份教给了我们牺牲自我，博爱众生的人道精神。因此，虽然这两所学校的学生大多来自中产阶层家庭，但在国难抗战时期，不少学生为了国家为了百姓，吃苦耐劳，不怕牺牲，走上了抗战和革命的道路。顾大局，识大体，待人对事都要有爱心，这是我们从小受到的教育。

如今，前辈校友均已作古，大姐姐们也已所剩无几，我这小妹妹也已入耄耋之年。怀着念旧的情意写下几句，也许为有志于女子教育的后代可作参考。

忆母校生活点滴

1949 届肄业 程锦圆

我的家在圣约翰大学校园内。小时候就读于约大教育系办的圣时小学，这个学校离我家十分近。听到上课铃响后，从家里奔向教室时，老师还未到呢。1943 年我小学毕业后，父母就让我报考圣玛利亚，我被录取在 P2。P2 是预备班二年级，等于小学六年级，还有 P1，等于五年级。当时我的英文程度很低，考得很差。父亲说再读一年六年级也好，就此我成了圣玛利亚女中的一名学生。

在抗日战争时期，圣玛利亚从白利南路搬到约大校园内的斐蔚堂。那时我的大姐锦倩读高二，二姐锦申读初二。因为我的父亲是约大化学系教授，圣玛利亚校方给我们三姐妹的学费打九折。自那以后，一直到我毕业，我的学费都是九折优惠。

P2 的英语老师是年轻的 Miss 潘，上英语课时全讲英文。开始我听不懂，有时听懂了，而常常回答错误。如 Miss 潘问我："You haven't met Mary on your way to school？"我回答："Yes, I haven't"。Miss 潘说我的回答是标准中国式的。英语的回答应是："No, I haven't"。否定的回答前面是 No；肯定的回答才是："Yes, I have."当时我就是不明白这个简单道理。经过 Miss 潘耐心反复教导，我终于学会了正确应用"Yes"和"No"。

Mrs. 陆是我们的校长。我读初一时，她教我们英语，课本是 *Heidi*。每次她上课，第一件事就是"Five minute quiz"，测验头天课文中生字的拼法和它们的中文解释。然后才讲当天的新课。这样周而复始。每天放学回家，我首先把 Mrs. 陆教的新课中的生字记在练习本上，记熟拼法和它们的解释，等待第二天老师的测验。开始时我每天要背三四十个生字，到学期结束时生字减少到十几个了。我的词汇量逐渐在增加。我开始对

程锦圆和丈夫1983年在美国大西洋城海边

英语课发生了兴趣，上课时也敢于举手，争取回答教师的提问。

还有一个小小插曲。Mrs. 陆是一位要求严格的老师。在她上课时，除了她讲课不允许有其他声音。冬天时由于冷，同学们的鼻子里常常会发出各种声音。有一天 Mrs. 陆走进教室时，擤鼻子声此起彼落。她走上讲坛，第一句话是："Good Morning. Now, everybody, blow your nose." 我们大家立即照办。这个情景给我留下深刻印象。今天提到此事，同学们那时的各种姿态犹在眼前。

我进入圣玛利亚的头两年，是1944年和1945年，上海人民生活在日本兵铁骑下的最后两年。自日本侵占上海后，强迫校方开设日语课。那时我们虽是小学六年级和初中一年级的学生，对日本侵略军的反抗情绪还是很强烈的。大家都不情愿乖乖学习日文。日文老师是一位四十来岁的中年妇女，同学们都叫她"日文老师"。那时确实我们并不关心她姓什么。同学们对学习日语的抵触情绪，发泄在她身上，称她"日文老师"，以示蔑视。有一天她郑重其事地告诉我们她的姓名，希望以后称她某老师。但我们要着重突出的是"日文老师"。两年里大部分同学还是停留在语音"阿伊呜唉恶、卡其枯开哭"上。小时候由于憎恨日本侵略者，连同他们的语言，我们也厌恶不堪。现在回想起来，如果当年利用那两年时间，学好敌国语言，也可为我所用。

1945年抗战胜利后，母校搬回白利南路原来的校址。这里是一个严肃和美丽的校园。围着一大片草地，有教学大楼、科学馆，有彩色玻璃的小教堂、体育馆，以及住读生的宿舍、饭堂和医务室。我的心情和同学们一样，在这个自由的新环境里感到快乐和幸福。走起路来也感到轻松愉快。

有一次我从一楼飞奔到二楼，手扶着楼梯的栏杆，三级并作二；同时大声和二楼的同学说话。我这行动吓坏了在二楼口的 Deaconess Ashcroft。她的蓝眼睛睁得大大的，瞪着我看；同时半举右手，示意我停步。我马上收住脚步，站在她面前。她慈祥地对我说："女孩子上楼梯要斯文一点，一级一级地上楼。在大庭广众中说话声要轻，不能惊动他人。尤其在教学大楼里要保持肃静。"

第二天我们教导主任 Miss 袁叫我去她的办公室谈话。同学们都为我捏一把汗，不知道我会吃什么样的大菜（"吃大菜"是挨训的意思）。我走进 Miss 袁的办公室，她让我坐在她对面。她问我："你和锦申（我的二姐）是一个母亲生的吗？"我回答："是的。"她又说："那么你和锦申为什么完全不像。她品行端正，学习优秀，样样好。"言下之意，我样样不好，是一头野马。她让我好好向姐姐学习。

Deaconess Ashcroft 是我高中的历史课老师。有一次在课堂里她教我们，当朋友请客吃饭时，如何点菜。她说当你看完菜单后，你不要点最便宜的菜，避免让主人感到她小气；但你也不要点最贵的，让主人破费太多，她会不高兴。你最好点一只价钱适中的菜，这样主客都会满意。过了些时候，你应该回请她一次。有来有往，增进友谊。Deaconess 教的历史，我现在已忘得一干二净，但她教我和朋友交往中的原则，我至今还牢牢地记着。

在我的青少年时代，母校教给我各种文化知识，更重要的是母校教给我做人的道理。每提到圣玛利亚，我立刻会想到教过我的各位老师，正是她们的循循诱导，使我像野马般的一个女孩子，学到了课本知识，也学会了做一个有修养的人。

1998年我们的二儿子卫中因IBM内部工作调动，举家搬到了北卡罗来纳州（North Carolina）首府罗利市（Raleigh）。我们也跟着搬到罗利居住。不久，经朋友介绍，我们和北卡州韦克郡（Wake County）法院的负责人面谈后，经韦克郡政府批准，聘请我们两人担任法院法庭上的中文翻译，成为韦克郡的华人律师、法官之间的口译人员。我们两人是法院里工作仅有的两个中国人。我们的工作赢得了各方好评。在法院工作五年后，我们于2003年9月向法院提出退休，决定回国定居。当时，冀昌76岁，我74岁。

　　退休前夕，法院印了大量请帖，邀请全体工作人员出席为我们举办的欢送会，请帖上还标明有茶点招待。欢送会上，郡政府颁发给我们一块镶嵌精致的黑色大理石奖牌，上面刻有我们夫妇两人名字，并写道："感谢你们对韦克郡的卓越服务和奉献（Inappreciation for outstanding service and dedication to Wake County）"。法院里的法官、律师、秘书和工作人员纷纷把他们的住址和电话，留在一本厚厚纪念册上，希望我们回中国后和他们继续联系。欢送会上有八名法官出席，并讲了话。一位资深同事会后告诉大家说，她在法院工作了三十多年，还未见过美国同事退休时，政府为他们举行过如此隆重的欢送会。

　　我们在美国工作和生活了24年，2004年3月24日回到祖国，现定居苏州工业园区都市花园。我们在这里住了将近五年，在这五年中，我们亲身感受到人们的精神文明有显著进步，物质文明生活也随着国民经济的发展而提高。我们感到自豪，我们见证了这一切。

摘自《我的人生旅程》

母亲和我与圣玛利亚女校

1950 届 梁郁德

一帧一百多年前的毕业照

这是一帧母亲留下的1910年圣玛利亚书院毕业生的合影。七个二十出头的妙龄少女，手拿文凭，一本正经，似乎太严肃了：但也说明一个世纪前，中国的女子，即使是洋学堂的学生，也笑不露齿，拘谨得很。后排最左边是母亲潘倩娟，后排最右边是袁宝琴（又名袁保群，即后来我们读书时大家都受她严格管教的 Miss 袁），她旁边是李翰娟（人称 O. K. Lee，在中西女中任教多年。1944~1946年我就读中西女中时，她已五六十岁了）。合影中其他四位，我如今也无从打听，或许是哪一位老校友的长辈哩！

母亲1890年生于上海老城的小西门。关于其童年和启蒙教育不详，她自己很少谈及。母亲生我时已42岁，当我能认知之年，她的长辈都已很老迈了，没人能告诉我有关情况。我只知道外婆名陈备君，1866年生，结婚前在圣校做过舍监 Matron。母亲十五岁时就读梵皇渡的圣玛利亚书院。书院成立于1881年，全部住读，寒暑假才能回家。她1910年毕业时，圣约翰大学还不收女生。当时全国女子很少有机会读大学。母亲和比她小九岁的妹妹都没机会进大学，而我的三个舅舅都是大学毕业。

一百年前圣玛利亚书院毕业生的学业程度究竟如何？据我估计当时的数学和理化程度与今天的高中毕业相比，可能差一点，但国文和英文都能媲美。母校1910年的毕业生都获得师范毕业的资历。母亲的同班生袁宝琴（即 Miss 袁）就留校工作，直到解放以后。我1946~1950年在母校时，Miss 袁是训育主任。

母亲1910年毕业以后，到安徽省安庆的一所教会学校，第一女子师范去教书。（我

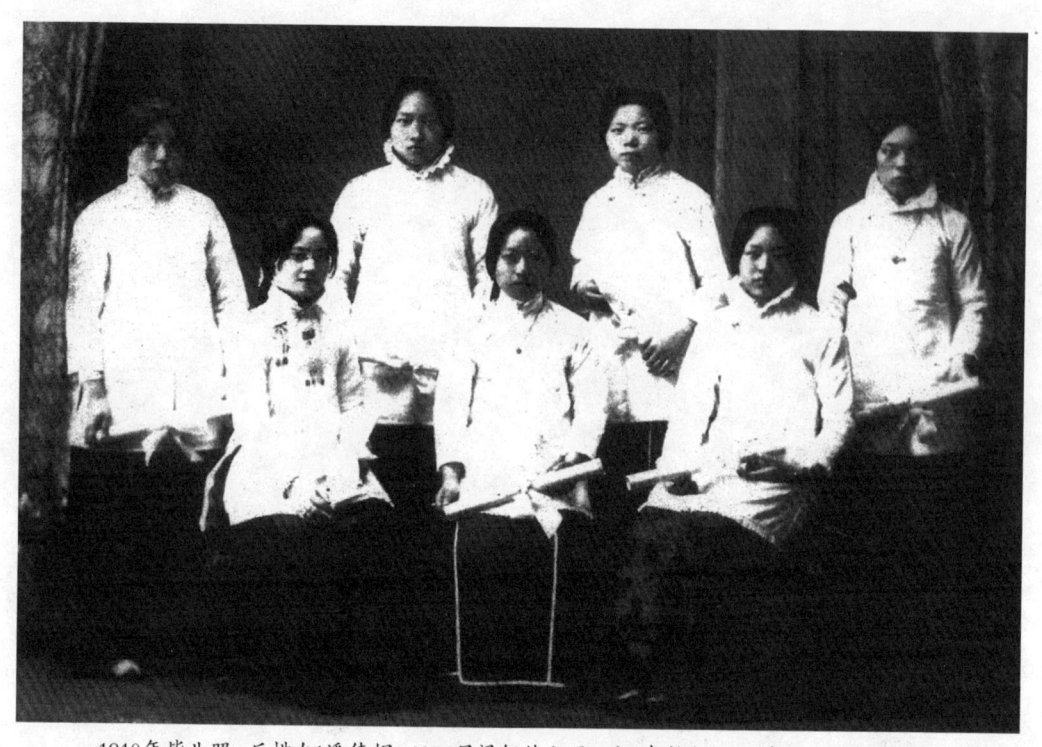

1910年毕业照,后排左1潘倩娟,1950届梁郇德之母,右2李翰娟,右1袁宝琴(袁葆群)

们大家都熟悉的音乐老师Miss何,何义法就是母亲在安徽时的学生)该校虽有多名洋老师,但当时教育局规定,学校要登记立案,外国人不能当校长。那时别的老师又都没有师范毕业学历,我母亲就代理校长。在她任校长期内,任何老师缺席她都得顶班,所以各门课都教过,无论国文、英文、数学、法文、音乐和体操,并召领大会,等等。如果没有许多照片为证,我简直不能相信。我曾见过我母亲上各种不同课程的照片:如在大教室里教唱歌课,在操场上领体育课,还有一帧记录了大群女生围绕一根木柱,各自手持与柱顶相连的彩带,进行集体舞似的欢乐情景。可惜这些照片都在"文革"时,由我说服母亲自行销毁。那时家家户户最好"一穷二白",没有钱财,没有历史文物(包括旧书、旧家具、老照片),没有"复杂"的人事或社会关系(包括曾在有外国人的地方工作过、有国外亲友、或是基督徒等个人及家庭情况)才可较安全地渡过难关。我那时满怀恐惧,对那些有历史纪念价值的老照片毫不在乎,现在觉得真是十分可惜。我母亲和许多二十世初母校培养出来,以及后来的毕业生,的确曾是社会精英;有许多同学的回忆记叙可查,我不再在此赘述。

母亲迟迟未婚,我想有以下原因:①当时妇女资历高、学问好的很难找到合适对象。从前教会里就有不少"老小姐",终生献身教学事业。袁保群和李翰娟,以及后来的何义法、郑慧君等老师都终身未婚。②当时的社会观念,女人对丈夫的学问,要求比自己更高。因此从教会学校培养出来的女子,即以英文能比配的男子也真是凤毛麟角!

1950年梁郇德

母亲在三十五六岁才由父母之命成婚。不再当单身贵族,从安庆迁到宁波(父亲当时在宁波海关供职),做起了家庭主妇。也因为与在安庆时同样的原因,即学校立案需要,也凭其学历与资历,圣公会要她担任仁德女子中学(初中)校长。这次她不再任课,只挂名,不必天天上班。仁德女中英文名叫St.Catherine's,因此我一生下来就有Catherine这个英文名,并非后来到美国才取的洋名。

进母校前不适宜的环境

1944年我由中西二小毕业就直升敌伪时迁往华山路的中西女中。1945年战后(初二)学校迁回忆定盘路(江苏路)老校址。在小学里我一直成绩很好,但一进中学就落到"中下",初一英文国文60多分,须读暑期学校;初二却换了数学60多分。原因是:①父亲突于1944年夏去世,以后分家、搬家,对我打击很大,头上戴孝,身穿素衣,感觉有别于周围同学;②学校换了全新环境,又没有一个从小中西来的老同学,很不习惯;③家离学校较远,由于晕车,需骑脚踏车,对12岁的女孩来说是件大事。1944~1945年我每天在内衣缝上特别的口袋,带上大面值钞票,外衣又别上用白布写的敌伪时期户口编号,以防万一有空袭不测,回不了家。初二学校迁回江苏路则离家更远,每天几乎要在路上花两小时。下雨时愚园路上积水成河,三分之一的脚踏车轮子浸在水中,甚至双层高人行道上也是水;下雪天更苦,几乎推着车走回家。④回家后吃了点心,先写大小楷,再

梁郁德近照

练琴；饭后，查了英文生字就哈欠连连了，功课根本不可能做完！

1945年抗战胜利，1946年圣玛利亚女校从圣约翰大学校园中的斐蔚堂迁返白利南路原址。母亲就让我从中西女校转学到她的母校住读，按照她自己的脚印培养她的女儿。这也就是母校有不少两代人，甚至三代人成为先后同学的美事。我在母校的四年（1946～1950）是我一生中最愉快的一段时光。

温馨安定的环境

1946年我转到圣玛利亚读初三是个转折点，那年秋天学校从约大校院内斐蔚堂迁回白利南路（长宁路），恢复了有住读生。我母亲喜欢母校，因为有住宿，学校环境朴实无华，她自己也是圣校1910届毕业生。真要感谢母校安定有规律而又祥和的环境，从此再也不必为往返奔波，为功课做不完而烦恼，每天可省出两个小时读书。精力体力都够应付，功课非但能跟上，还有了较好的成绩，是压力减少吧，也可能是14岁的孩子终于开了窍。

我校每个班级学生不超过20人，若人多就按姓氏的ABC次序分甲乙两组，当然是照上海拼音喽。如姓陈、郑都是Dzung，在甲组，高、林、李、梁也是甲组。乙组有赵、邵、朱Zhu、张Tsang、范Van、徐、王等。我一直在甲组，林木兰为班长；到高三两组合并，共有30多人，徐信为大班长。我一向钦佩聪明而又大方的同学，如林木兰、高滋、徐信、朱亚新等出类拔萃的。我没有任何天才、口才、艺才；对社交、体育等更一概不行，没有一样功课特别喜欢，也从不敢和老师讲话。我和郑方黎，李嘉瑜比较要好，都是初三进来的插班生。一般情况下插班生的英文程度总不如初一或预科一路升上来的老同学：她们是老土地了，既活泼，英文又朗朗上口。我们仨在班上就紧挨着坐在一起，都不大响，直到高三都不popular。方黎和我巧合是三次同学了，1944年一同在中西二小毕业，初一她去了福州，1945年胜利后回沪，也在中西女中读初二，不约而同地她初三也转来圣玛利亚！嘉瑜是南洋模范中学来的，因此数学根底比较扎实。我们到现在还有联系。

回忆老师

我记得教过我们的西国老师有 Miss Eddy、Miss Barnaby、Miss Walker、Deaconess Ashcroft、Miss Cooper 和 Mrs. Gilson 等，她们教英文，理化，世界史地，宗教，劳作等。课本全都是从美国运来的又大又厚又重的原版本，可借给大部分同学，学期末了要经过检查，要没有缺损或涂鸦，再给下一班学生借用，好处是不必花很多钱买书，也可养成爱护书籍的好习惯，例如包上书面，不可折起书页等。但不便之处是不能在书上做任何记号，划线等，对考试前温课很不方便，重点不易找到，就免不了用铅笔轻轻做上记号，考完后再用橡皮揩干净，才可归还。

数学老师有陈老师（抱歉不知其名，绰号"大饼"）（编者注：陈德贞），我最怕上大代数或解几课被吊黑板在全班人眼前作习题；她还兼教工部局女中。数学老师还有"格老"，实在惭愧连姓也忘了，因她常说"格老"（这里）有一条线甚么的。国文老师初三是中年女的黄老师，认真拘谨，据说是曾国藩后人，只教了一年。还有闵樾和薛无竞两位绝无仅有的穿长衫的老夫子。但闵老师不会讲国语，而薛老师的国语也不好听；男老师的家属宿舍在学校西墙外，要另走白利南路出入。校长是陆朱兰贞，住在教学大楼东北一栋 duplex 洋房的东面，西面则是单身西国女教师宿舍，1949 年夏陆校长竟被歹徒在家中杀害，此案一直未破，以后是洪德应牧师作校长。

卫生老师初三有章德馨医生，她上课十分生动，让我们用听诊器听心脏，又请我们吃自制糕饼。她是老校友，是来为母校服务的，后来在上海第二医学院做病理生理教授。训育是 Miss 袁保群。舍监是 Mrs. 蒋。唱歌老师是何义法，她喜欢学生叫她 Miss How，和颇有盛名的音乐院兼任老师杨嘉仁，杨老师上课十分有趣，笑声连连，这在严肃的校园中是难得的。他有时边弹边唱边指挥，有时由 Mrs. 郭伴奏，那就像模像样（像正规合唱演出）更有劲了。唱歌老师还有特大号的 Miss Olive。学校办公室只有一位 Miss 郑慧君。我记得她和 Miss 袁，Miss How 曾先后获得由学校所属圣公会保送到美国观摩学习半年。钢琴老师有 Miss How，阮郁珍，Mrs. 刁，Mrs. 郭等。前面说过我的功课能上去，不负母亲所望，但对钢琴却没有灵性，后来经济困难就不学了。体育老师姓陆（注：陆羽）。我虽不爱好打球，却很喜欢上体育课的日子，因为那是一周中唯一可以穿长裤的日子（彼时长裤被校方视为是男人的衣服，不宜穿，平时天天得穿旗袍），既方便，冬天也远比旗袍保暖。

奖励vs压力

有一件大事我很感激母校。1948年时局不稳，物价飞涨，家中无收入，经济实在困难，幸而学校给我奖学金，条件是全班平均分以上，可免去学费部分（自己付实验费，住宿费和伙食费），才得以凑合着熬到1950年高中毕业。这样一来，我在母校安定了两年后，又有新的压力。大家知道母校淘汰率非常高，尤其是高二和高三，日子很难挨，拿不到奖学金就得离开，换公立学校去。

头等病房vs高级拘留所

我那时瘦弱多病，每学期总要因上呼吸道炎发烧几天，因为是住读生，被保健护士Miss汪（注：汪庆保）关在病房infirmary隔离，休养。那是一幢在教学大楼西南的小洋房，二楼有一大间充满阳光的病房，摆着四五张病床，铺上雪白的被褥，常只有我一人。她每天查房两三次；量体温和给服退热药，三餐饭有人送来享受。我虽是受到了VIP（要人）的优待，却闷得慌，甚怕功课被拉下，但不能擅自跨出lnfirmary一步。

深远的影响和深深的怀念

我的青少年，14~18岁，就在这样一个严谨的，德智上要求甚高，却又十分温馨可爱的环境中度过。所学知识，做人之道，common sense（常识），以及英文真是一生受用。我喜欢生理卫生老师，又因体弱，就对念医有兴趣，然而在约大只读了一年生物系就因肺结核休学；后来院系调整，没有轧进，就学了化验，在广慈医院一做26年，1980年移民美国，做执照护士Licensed Vocational Nurse三年，后又在结核门诊做注册护士Registered Nurse十几年，2004年初退休时获得市长奖励。

我从小就孤独，对前途很迷茫，竭力要做好孩子，对死亡很害怕，母校的宗教气氛使我过早地想到人的最终归宿。高中最后一年我终于从一个传统基督徒因着自己的接受，成为有把握的，人生的锚已抛定的基督徒。从此，不再对不可知的前途畏惧迷茫，也不视死为可怕的结局。我现在身体健康，享受着安定的退休生活。对于母校，虽然离开了56年余，我相信无论对在国内国外的学子来说，都有深远的影响和深深的怀念！

（2006年9月）

快乐的回忆

1951 届肄业 杨其美

我在一九四三年进圣玛利亚女校时，校舍附设在圣约翰大学校园内。我姊姊杨其珠也是同校。当时我是预科二年级，是一个小学五年级的小女孩。每天看到不少大学男生到我们斐蔚堂附近徘徊，有的是盼望见到心中的女友，有的仅仅想看看女中的学生，称之谓"塔眼药"。我也跟着寻找高班级中那几位可算是美丽的花朵。当时低班级的小女生也会喜欢上高班级中漂亮的大姐姐。高班生也会主动喜欢上好玩的低班小妹妹的。

后来，女校搬到白利南路，各类校舍建筑齐全，也有了宿舍，可以住读了。以前大家都是走读的。我对母校印象最深的是作为住读生的时期，使我真正经历了终生难忘的学校生活。譬如因为当时我家中早上吃的是面包等，住读期间，我就觉得最有意思的是吃中国式早饭，有粥，"油氽果肉"，咸菜，咸蛋，还有油条，馒头。早饭后按例先去礼拜堂做早祷，然后上课。一天中我最盼望的是晚上，大家先睡下，在 Mrs 蒋，Mrs 郭查完房间，熄灯之后，我们几个不安稳的小女孩就悄悄地跑到比我们高二班的孙树莹的房间里，听她讲连环故事。她自编的爱情故事真是好听，有开心的，也有伤心的，都是非常动人，还会使我们落眼泪（树莹有此天才，可惜没去发展，而她的胞弟孙树棻则是个中国的现代作家，著有《上海老克勒》等畅销作品）。树莹晚上讲故事，第二天早晨睡懒觉，不去餐厅吃早饭。她身材小巧，能睡在床上，把身体躺得扁扁平平的，就从来没有被早晨查房间的老师发现过。我们几个"小听众"就从早餐桌上偷偷地带馒头给她吃。最近为写母校回忆事，我与树莹（她现在香港）谈及此事，还是不禁嬉笑不已。这不过是母校生活小小的一段节目。

我现在美国，离开中国以及圣玛利亚女校已有六十多年了，但是与海外几个老同学还能保持着亲密的联系。例如朱亚新，我们初中一开始同学，当时我看她自管读书，不会玩。我就拉她一起去打垒球、骑马。夏天是垒球季节，亚新怕在大太阳下要"发痧"，她妈妈也不好意思不答应让我带她走。结果非但从此不"发痧"，身体也好了。直到现在亚新还要我"牵花头"带她出去玩。我们的女儿们也成了好朋友啦！还有唐玲玲，我们经常联络，这次写母校回忆还是我通知她的。

我曾经组织垒球队 Tomboy，队名是由教练"老活狲"，Michael 李（李明炀）起的。我们当面也会漏嘴叫他绰号，他也不生气。他是圣约翰大学的体育教授，义务教我们打球，有时还请我们吃棒冰。我们这群"无规无矩"的顽皮女孩，当时想不到要尊敬老师，但是现在我们还会想念与 Micheal 李在一起的快乐时光。

这种友谊及回忆是人生中宝贵的一面，使我庆幸自己有此无比的幸福。

圣玛利亚女校就读六年记

1950 届 朱亚新

我于 1944 年上海沦陷期间，进入圣玛利亚女校（以下简称 SMH）读初中一年级。当时在圣约翰大学内斐蔚堂上课。日寇投降两年后的 1947 年，我高中一年级时，SMH 才迁回白利南路老校园。我于 1950 年高中毕业，前后就读整整六年。

按规定 SMH 每年可保送优秀毕业生，直升约大若干名，系科任选。我班保送我与高滋两人。在毕业考试后，我因家事赴香港，未参加毕业典礼，因此缺席高中毕业照。我原来志愿是医科。由于当年约大医科不收新生，我就因在张充仁画室对建筑专业有些认识，而选学建筑工程系（一年后，大概鉴于需要医生，又规定生物系成绩优良者，可转入医科。我班熊群即由生物系转入医科）。同属教会创办的燕京大学每年提前来 SMH 招生。凡平均分数在 B+ 以上者皆可参加考试，优先录取。当年我班录取 8 名。我是其中之一，被录取医科。由于父母未同意，本人也不敢离家远去而作罢。

小学我在天主教晓星小学就读，是一个循规蹈矩的乖学生。当时晓星小校毕业后，可直升也是天主教办的晓明女中或震旦女中。晓明女中与晓星小学一脉相承，包括校服也基本类同。例如，炎热的夏天穿浅蓝长袖衬衫、外加黑色长裙连背心；冬天棉袍加罩衫。当时我向往的是震旦女中，校服夏天短袖旗袍，凉快而又美观。那时，我母亲的好友欧阳爱容（SMH1932 届）认为我举止拘谨呆板，中学不宜再继续接受天主教的"古板"教育，应该入读 SMH 才能培养成合时的 young lady。因此，我在小学五年级时，即由欧阳介绍她的级友叶灵眷，每星期两次来家给我补习英语。叶老师的父亲是基督教牧师。她于 1932 年从 SMH 毕业后，在觉民小学及 SMH 预科任教，供她弟弟读完神学院，自己

1950届朱亚新

才半工半读从圣约翰大学英语系毕业。经叶老师两年辅导，我读完了英语课本 *Heidi*，顺利考入 SMH。欧阳爱容及叶灵眷两位是我的 SMH 入学保证人。叶灵眷是我最敬爱的老师和生活楷模。她后来去美国任教，不幸于 1984 年因癌症逝世。欧阳爱容的丈夫伍子昂，是设计当时约大校长住宅"白宫"的著名的中国第一代建筑师。

我凭天主教小学的严格教养，以及自己的强记能力，一直被 SMH 认为是品学兼优的好学生。在初二时我获得 Lydia 英语奖，是全校性的荣誉奖。我所得的 Lydia 奖状，仅是一张普通白纸上打字的英文证书，盖有 SMH 的凹凸硬印和校长陆朱兰贞的签字盖章。据说过去此项 Lydia 嘉奖，有奖学金可供出国留学。

记校舍

我初入 SMH 时，白利南路校园被日军占用，就在约大校园内新建成的斐蔚堂上课。实验室、体育馆、礼堂及教堂皆借用大学部设施。学生全部走读，上学时多数走捷径，即经兆丰花园（今中山公园）大门，出后门便正对圣约翰大学正门了。凭学生证免收公园门票。

我上学路途遥遥，从吕班公寓（今重庆公寓），经拉斐德路（今复兴路），海格路（今华山路），忆定盘路（今江苏路），再经梵皇渡路，通达约大正门。当时市政建设落后，梵皇渡路既无公共交通，道路保养亦极差。乘三轮车或骑自行车上学者，只得忽左忽右转辗行驶，以避开路面上的坑坑洼洼。雨天更是污水飞溅。

当时忆定盘路给我的印象十分恐怖。首先，在海格路口有一家殡仪馆，门口经常因丧事而有哭哭啼啼的场面，路旁还常有弃婴或旧席包裹的死婴。最难忘的是我曾看到一只野狗，口衔一只紧握拳头的小手臂，在路上奔跑。这些都是六十余年前忆定盘路的景象，也就是市三女中所在幽雅的江苏路的前世。

我初入斐蔚堂时，崭新的建筑，对比晓星小学幽暗的旧校舍，使我无比欣喜。尤其

1950届初中毕业合影

在晓星小学，口渴时，去食堂，口吸过滤水的龙头，还受女工友的赶骂。斐蔚堂门厅的楼梯旁设有进口白瓷立式饮水盆。凉水喷入干渴的喉咙，真是一种清醒的享受。不时有同学恶作剧，在后颈猛按一下，凉水冲入鼻孔难受至极。闹笑往往由此开端，不免引来办公室老师前来训斥警告。

每间教室一边是明亮的窗，其他三面墙上皆设黑板，上课时"吊黑板"，即老师出题，点几名学生在黑板上解答，然后其他同学可举手评定，当时属先进的教学方法。沿走道墙的前后部皆设门，门的上部用磨砂玻璃，但留有透明的狭条，便于从门外监察课堂内情。初中开学时，座位按身高前后排定。高中时则以开学第一天自选座位为准。我选坐接近讲台的第一排，靠窗明亮的第一座。因为我身材高，坐在旁边不致遮挡后座。故而开学那天我必须及早等开校门，赶紧入内，才能捷足先登此座。同学中有些活跃的玩伴们，往往选择一起坐在教室后部。校长 Mrs 陆及 Miss 袁的厚玻璃眼镜片，常在教室后部门上的透明玻璃条内出现，对喜欢坐后座的学生很有威摄力。

左起朱亚新、张小若、周明华在宿舍前（1947）　　1950年5月20日校庆69周年沈桓等表演打腰鼓

多数同学带面包三明治当午饭，或用铝皮盒带饭，早上送食堂代蒸。我不喜欢三明治，用大口热水瓶带蛋炒饭，早上匆忙时就带面包干加糖浆。同班的沈桓，中午由她母亲送热饭，另一同学李世济由她姑母送饭。小食堂设在底层东端，容人较少。食堂东端设有后门，门外有篱笆围入的小后院，置有垃圾筒及泔脚桶。沦陷时期橡胶紧张，轮胎出售受配额限制，又因破碎路面很易损伤轮胎，所以我的三轮车经校方同意暂存在厨房后院。车夫将我送到后，乘公交车返家，下午回来接我。

抗战胜利后，白利南路校舍基本保存。据说日兵最后撤走前，狼狈地以家具烧火取暖。因此在重置家具及装修后，SMH 才于 1947 年搬回原校址上课。校舍在西火车站附近，每天上学要穿过铁路。宽敞的校舍可供住宿，但允许走读。铁铸漏花校门，包有铁皮，门禁森严，外人无法窥探内情。学生凭出校证才予放行。走读生每天发放出校证，由班长在下午课间去办公室领取，分发给同学。记得我班由徐信领证分发时，一本正经，决不会搞错。出校门时，交给门房兰生，验明正身，逐一放行。住宿生星期六才发放出校证。有请假等情况，由家长事先联系，获准后，自己到办公室领证放行。后来校门口接待的汽车代替了三轮车。周末住宿生也回家，校门口汽车排长队。司机们就站在校门口等候，以免找不到车。高班同学也有男友以汽车或摩托车等候，引起同学们注目。

做礼拜

同学不论教徒与否，都要参加礼拜活动，如同上课。礼拜堂内学生的座位，也是每学年初排定。第一排、沿中间走道的两位是毕业班、品学兼优，身材较高的同学作为领班，非教徒亦可担任。唱诗班另有两位教徒领班。她们都是大家心目中的模范。我还记得，应曼蓉与刘天眷曾是我敬羡的人物。我在高三时，徐信与我被派为礼拜的领班。领班旁边坐的是预科一年级小朋友。随后的座位是按年级，从低到高，按序定座。因此有缺席者一目了然。我从未住读，所以只参加过每天上午 20 分钟的课间礼拜。每星期五下午有大礼拜。有外来牧师主持讲道。圣诞节晚上有耶稣诞生在马槽里的故事 Christmas Pageant 的演出。扮演者都是受大家敬羡的模范教徒。复活节等礼拜的专用赞美诗等皆事先练唱。当时 Miss 何尽情指挥的情景，至今历历在目。

在进礼拜堂时，Miss 袁站在门口监察。如有服饰不合规格、谈笑嬉闹者，当场喝住，站立一旁，等待全部入场完毕，并经行为指正之后，才准入座。这种"示众"实是令人难堪的处罚。在斐蔚堂时期，穿着花色旗袍的长排列队、每天按时浩浩荡荡进出礼拜堂，成为约大校园中引人注目的一景。

师生情

当时任教的绝大多数是女教师，仅国文课有男老师，另外就是男门卫石兰生和林师傅两位。当时教导主任是 Miss 袁（葆群，原名宝琴），办公室主任 Miss 郑（慧君），还有图书馆 Mrs 郭（罗迟慧）。我班国语及作文课男教师先后是薛老老（求理）和闵老老（绍樾）。

课本除国文外，其他都用英文课本。每学期开始第一天，各课老师公布选用的中、英文课本名称后，我就飞奔赫德路（今常德路）旧书摊，竞购较好的进口原版本。翻版本价格低些，但印刷质量较差。沦陷时期，因为纸张供应问题，许多中文教科书亦无新书出售。用过的书，也还可卖给书摊。同学有的向熟人借用课本，用后奉还。

我班中文课本曾用《战国策》、《左传》、《唐诗》等。上课时先要我们依次背一段上次教学的课文，然后老先生摇头摆身诵读，并讲解新课文。背课文时，老师任意指定一个学生开始背诵，随后依次继续，因此学生必须全课文都会背诵。当老师指定第一背诵者后，我就数定将轮到我的一段，赶紧背熟，效果很好。不料，当时那样枯燥的背诵，竟使我能以撰诗作为慰藉，排解后来困惑的年月。闵老老在监考时，坐定在讲台上看报纸。

据说报纸上挖有监视小洞，所以大家不敢作弊。薛老老常在班上朗读王珮瑜及我的作文。王珮瑜好在文笔。薛老老欣赏我作文的创意，得"圈、点"很多，常给鼓励评语，但嘱我文笔应予提高。于是王珮瑜就从她父亲开办的书店中，借书给我阅读。她嘱咐我不得折页，并要我保证看完后仍如新书，可在书店出售。我不仅获得"免费"阅览，从此我们还成为终生好友。不幸她于前几年在美国去世。

数学课有两位严格而受大家尊敬的兼课女老师陈德贞（陈大饼）和"轧姥"。当时陈先生另任教职于"工部局女中"（1952年后为上海市第一女中，现上海市第一中学），该校以数理教学称誉。由于讲解三角的老师上课时，重复用到"这儿"如何、如何。她讲话带有浓重上海本地方言口音，"这儿"一词的发音，听起来似同"轧姥……轧姥……"，印象殊深。我很惭愧没有记住老师的大名。两位老师为我们打下了良好的数学基础。

另外，有位脸有雀斑的日文老师，由于大家恨日本人，上课都不认真学习。把日文老师当作"汉奸"看待，常做小动作为难她。我曾在她上课前，在黑板上写过"芝蔴大饼价钿澋"。现在想来，当时不该把抗日情绪向日语课老师发泄。

其他课程，如科学（包括物理、化学、生物），世界历史，修身及宗教课（新、旧约圣经）都用英文版，由美国教师授课。我班的英文课本相继有 *Little Women*（《小妇人》），*Treasure Island*（《金银岛》），*Madame Curie*（《居里夫人》），*Hamlet*（《汉姆雷特》），*Merchant of Venice*（《威尼斯商人》），以及一些著名古典和现代的英文诗选。

美国女老师们志愿奉献教会，在异国外乡传教、当教师，往往难于遇上合适的配偶。我班美国教师中，Miss Cooper 大家公认最为文雅。她上课时左手写字，右颊近贴黑板。据闻，她曾与当时圣约翰大学的校长卜舫济的兒子小卜相恋。结果因卜舫济与她母亲 Mrs Cooper "抢先"结婚，成为一家人，她的婚事只得作罢。学生们皆为之惋惜，评论广传。

Deaconess Ashcroft 肤色特白，眼珠碧兰蕴，是基督教修女。全身黑色服装，头戴类同护士的白色帽子。她教我们世界历史，要求我们把希腊及罗马建筑各部分名称，以及各种柱式等都能背出。当时我对这种无实用意义的学习内容十分反感。想不到我后来学建筑专业，等于预习了建筑史的必修内客。Deaconess 给我们上修身课（手工及品行课），教我们用各种毡布零料，做实用的工艺品。我在天主教小学学过六年刺绣，因此作品比

1950年5月20日(杨之岭 赵启雄表演舞蹈 马车夫之恋)　　1950年苏尚烨 邓修梅 李婉娴 高滋 林木兰

她教的更精致，但 Deaconess 并不满意，因为偏离了她的规定。按规定行事，也是一种训练！当 Deaconess 看到学生有"不合格"的行为时，就瞪出怒睁的蓝色大眼，连连摇头，口念"渍，渍，渍……"并加训斥；甚至命你按"规矩"重复行动一次，或报告教导主任 Miss 袁，召去训话"吃大菜"。修身课她教导我们如何 to be lady-like。诸如：坐时应双脚合拼，容许略为交叉，小腿容许略偏一旁，切忌架"二郎腿"；走路时不低头，也不昂首；平视前方、以人行道上第三根电线杆为准；进屋入门应让男士为你开门；在行人道上男士应走在外侧保护，否则该男士不合格作为 gentleman 云云。对于这种"教养"，我只有早期在 1982 年到澳洲讲学访问时，才有过这种体验。接着到了美国，即使在保守传统的内地也不流行，更不说在大城市了。在 1952 年前夕，Deaconess 退休回美国，由教会供养，住在南加州风景优美的养老院 Canterbury Retirement Home。1948 届校友魏美瑾曾多次偕老同学前去探望。据说她最高兴得知 SMH 学生成就的情况。Deaconess Ashcroft 于 1993 年左右逝世，骨灰由其亲属运回英国，安葬在她的祖国。

Miss Barnaby 棕色短卷发，圆睁的小眼，略微内斜，以致眼神更有威力。由于性格活泼，学生中"粉丝"众多。当时我对她也有好感，但是她教 Science 课，课本中有 Electricity

117

一章。她略去不教。我就问她为什么不教？将来我们考大学怎么办？她回答说："你们入圣约翰大学，Science 考题中 Electricity 仅占 20%。其他考题能答对就及格了。"我对她的回答很不满意。当时我还觉得校部对教师的教学应有监督，不应允许有如是情况存在。后来在高三时我班有一对姊妹同学，因家中经济发生意外情况，面临缀学。Miss Barnaby 得知后就在班上宣告，她自己只可能负担那位姊姊邵莲清的学费，希望同学们对妹妹邵儒珍的学费给予帮助，使她们能完成中学学业。圣玛利亚的学费相当昂贵。Miss Barnaby 平时穿着俭朴，而对学生如此慷慨，怎不令人敬佩模效！

Miss Walker 性格开朗，动作迅速，教学按部就班。她身材高，鼻子尖，满头银发，常穿大红拉练外套，十分耀眼。高三时来了年轻的 Miss Eddy，金色的头发，丰满的身材，装着简朴，但有特色、羊毛套衫加直裙，但天天换色。她教我们英文课本是《威尼斯商人》。她对书中的对话，常以现代的习俗观，风趣地加以评论。是她引导我对莎士比亚著作的兴趣。后来，每星期六下午有男客来访，在门房等候 Miss Eddy，引起学生们争相"侦察"。据了解男客后来即成 Miss Eddy 的丈夫。她是迄今唯一尚未蒙主召唤的美国教师。前些日子在 1952 届纪念册见到她的近照，俨然一位富态的老祖母了。

我们的音乐课、低年级唱歌课及选修的钢琴课由 Miss 何（义法）担任。每天教堂礼拜也由她弹管风琴伴奏、并指挥节日赞美诗练唱。Miss 何教过我钢琴，我不用功，使她失望。她用铅笔打我指关节，很痛，但仍不管用。她就转给一位兼职教师教我。兼职教师说我："你这么笨，一定书也读不好。"她经了解后，对我说："既然您喜欢读书，琴就不必学了。"我从八岁开始学钢琴，也就到此结束。

Miss 何原是孤儿，不知所属。教会为她取姓为"何"，并培养成材。感于她对音乐的热爱又终身未婚，有喻称她嫁给了音乐。何义法老师不幸于"十年浩劫"中，因教会问题不胜委屈，自杀身亡。现在同学会活动歌唱时，我常会想起 Miss 何以深厚激情教唱的情景。

我班音乐课先后还有音乐学院的 Miss Olive 及杨嘉仁教授任教。学校有合唱团 Glee Club，每周练唱一两次。节日在全校大会等场合表演。学生经考核入选，并根据各人嗓音条件被分入不同声部。我被选入 second soprano 声部。Miss Olive 常年穿中式"士林兰布"长袍，冬天棉袍加罩衫。由于身材特肥，故需双幅布料，如男式长衫、在胸前拼缝裁制。

朱亚新（中）与1950届同学合影

她来校兼课，需用两辆三轮车。一辆双座三轮车，她正好挤入。下车时，由随后一辆的男工友把她拉扶下车。她上课指挥时，臂肌动荡，放声示范时，窗玻璃有为之振动之势。她淡妆加口红、笑咪咪的胖脸，使我上课时全神贯注，从而爱上歌唱。

杨嘉仁教授的授课及仪表，使学生们钦服爱戴。他在课堂上播放音乐录音，然后乐呵呵地为我们解说及答疑。"十年浩劫"初期，作为上海音乐学院指挥系主任的杨教授与附中校长程卓如，夫妇俩不堪凌辱，双双自杀。杨嘉仁教授爱教学、爱学生，他乐观的形象永远活在我们心中。

学校规定，各班级有粉红、天蓝、浅绿、淡紫四种"级色"按序轮定。同一级色的班级是"姊妹班"，如高三与初二。我班是粉红色。在毕业前夕，有毕业班告别歌咏仪式 Step Singing 在思孙堂 Dodson Hall 南首进行。毕业班穿白色旗袍，站在大平台正中。初三班第一次穿上级色的旗袍，面北站在对面。高二、高三分列两侧。各班同学都戴有胸花。各班自选不同的"级花"。小班同学则在两旁，贴近于思孙堂两翼旁的直跑楼梯，以及二楼南端的平台上。我班的"级花"是康乃馨。各班尚有"级戒"及选用或创作的"级

《圣玛利亚女校 同学手册》2013年4月版

歌"。"级歌"内容不外乎赞美母校和惜别。我们的"级歌"是集体创作，由杨嘉仁先生特地为我们创作谱曲。可惜通过漫长及多变的岁月，我班同学竟无人得以保留此级歌内容。我设计了我班的银质级戒，画卷似的黑色搪瓷面，上有"St Mary's 1950"银质字样。

我在校期间，一件震动人心的大事是校长陆朱兰贞在校长宿舍中为暴徒杀害，引起种种猜测，作为悬案多年。继任的洪德应是第一位男校长，该时外籍教师纷纷回国。1949年新来了俞慧根先生，据说她是新政府派来"接收"学校的。因为尊重工农，所以改名为俞慧耕。也许是先入为主，她似乎有前来改造资产阶级小姐们的气势，我们敬而远之。我们毕业后，比我们低一、二班的同学却亲热地称呼她为"阿根"，说她没有老师架子。许多年后，在一次约大联谊会上，买到俞慧耕自传式的小册子，得知她在中央音乐学院附中当校长时，破格培育弱智青年成材。后来在多年旅美期间，对弱智青少年的音乐培养所作大量的研究工作，彻底改变了我对俞先生的看法。现在她年近九十，还是矍铄地为北京校友会工作。祝愿她健康长寿！

同班生

我们的班长，先后有沈桓及徐信，沈桓至今还是我们的"班长"。北京的聚会或联系事务都由她承担。她对长期卧病的同班姊姊沈冰于照顾备至。我班的徐景淑后来成为她的嫂子。我第一次遇到她的老伴，我问他："沈桓是妈妈的宝贝，您呢？"他愉快地回答："我当然宝贝啰！"沈桓这样的人品，每个人都会宝贝她！

徐信是上海华东师范大学的退休教授。作为资深教授她早有入住条件优良的教授公寓，然而她以自己单身，每每推让给她认为更需要的人，因此就留住在旧宿舍"师大一村"中。后来"师大一村"多已成为出租房，住户较杂，她不堪邻居干扰入住老人院。现在她在敬老院中以绘画及制作丝袜花，义卖帮助他人。又，继续上述 Miss Barnaby 在班上提出有同学需要帮助事，当时我与邻座的徐信商议，并决定共同解决邵儒珍的学费。儒珍毕业学成后，成为北京师范大学外语系出色的教授。在改革开放后，时隔30余年，儒珍辗转在上海老人院中找到徐信，聚叙旧情。据徐信回忆，相会时已是晚间，彼此皆十分感动。

我自美国第一次回国到北京参加同学聚会。按例是"老班长"沈桓召集。当时儒珍教学任务很忙，一般不参加同学聚会。当她知我去北京，特地赶来参加，并向我回顾旧事。她送我一只贵重的绿色拎包。我欣赏她具有特色的发髻，特以墨西哥银制大发簪相赠。据说电影 The Last Emperor 当时在中国物色演员，扮演慈禧太后。去应征的演员请儒珍当翻译，结果她被认为更合适。因此应可在该电影中一见儒珍。

又事隔数年，徐信的姊姊，1948届徐智来沪。我与她谈及徐信乐于助人的事迹，徐智即回忆说：徐信哪来的钱帮助儒珍呀？我原来因为徐信与我一起在张充仁画室学画多年，学费昂贵，故而就想到约她一起帮助儒珍。兹不知在初中时的徐信，因为品学皆优，便有亲友请她当小学生的"家庭教师"。徐信的学画学费及帮助儒珍学费都源自她当家教的收入。我敬重徐信崇高的为人品德，特此一叙。

杨其美与我特有"缘分"。初中时我不仅拘谨，又体质很差，常年感冒咳嗽，夏天中暑昏厥。其美带我参加垒球活动，从此，我的体质迅速增强。最后竟然加入约大篮球校队及上海女垒市队。如今，还是常由其美带我出游，并嘱咐我"不可乱跑，手机带好。最怕找不到您！"另一位有"缘份"的是赵竹佩。初中一同在斐蔚堂上课，毕业后一同入读约大建筑系。建筑系设在斐蔚堂二楼。赵竹佩是约大经济系主任赵绍鼎教授的女儿，家住约大校园内。所以到约大上课，等于回到了家园。许多事情都蒙她指点。她与我同学时间最长，计达9年之久。她大学毕业后一直在北京一机部设计院工作，直至76岁方才退休。

张小若是我邻座挚友，读书用功，为人正直。当时流行"马夹袖"。班中她与王珮瑜等少数几位穿带袖、直腰身、浆洗得笔挺的旗袍。记得有一次约大校园中有集体去参加大游行的活动，斐蔚堂门厅的玻璃门为此被紧闭。Miss Barnaby 在门厅内教交谊舞。张小若与王裕敏俩就站着不动，表示抗拒。高中时，全校竞选学生会主席。我为小若画了头像在走廊里张贴。小若全家移民国外时，她选择留沪，入学上海第一医学院药科，周末有时在我家度假。毕业后分配至天津的制药厂，与同班的夫婿皆在药物研究方面卓有成就。后来他们退休赴澳与小若的父母团聚。

王裕敏同学字写得漂亮，画也画得好。她曾带我到吕班路（现重庆路）霞飞路（现淮海路）口的生活书店。那里展售进步书籍，而我却滞留在童话书架旁。王裕敏又带我去女青年会学画。当年女青年会也是进步团体。我嫌那画室是"放羊式"的，没收获。王裕敏又介绍我去张充仁画室，我就约徐信一起去学画。绘画为我的建筑专业打下了基础。

叶美娜的两条粗长发辫垂在胸前，圆脸上常挂着笑容。班上她的几个亲近叫她"咪娜"。她聪明，爱玩。她常摇摆着身子，朗诵顽诗："Me no worry, me no care, me go marry millionaire. If he dies, me nocry. Me go marry other guy！"现在恩爱的伉俪俩都是资深的古生物专家，80多岁还不时去上班。叶美娜因病延迟毕业。她现在是南京的约大、SMH及几个教会中学联谊会的秘书，认真负担多项校友会事务。南京校友会人数不多，但南京的《约友通讯》内容出色，可称翘楚。

高滋，胖胖的园脸，灵活的小眼睛。名谓高滋，但因年龄小、身材矮，故大家昵称她"高矮子"。高滋用功学优，可直升约大，但她选择投考交通大学。现是复旦大学出色的科研带头人。

吴民爵是学校的篮球明星，运球时手中像有磁性吸力，投篮命中率极高。在低班中有众多"粉丝"。平时犹似"男童"一名。毕业证书照相上，她穿上黑色丝绒旗袍加上珍珠项链，以亮丽仕女模样出现时使人吃惊。后来在纽约见到这位成功的金融经纪人更为时尚。目前她在纽约、上海两地过着候鸟似的生活。她姊姊吴民鼎，妹妹吴民和都是SMH人。

当年在家里请老师口授京剧曾是一种时尚，所以很多同学都能哼上几句。记得有一次Mrs蒋上课迟到，李世济就上讲台指挥大家用上海话唱京剧："王宝钏坐勒房间里厢用马桶。忽听得门外头响咚咚。开开门来看一看，原来是奴格家主公。"一遍又一遍全班大声高歌，干扰邻近教室。Mrs蒋赶来教室后，罚全班站立多时。李世济后来因病休学，延迟毕业。

邵莉楣天生卷发，梳成一头"油条"，瓷白的皮肤，丹凤眼，活似灯彩画上的美女。班上梳"油条"发式的又有杨濛濛。初中二年级时，我还未长高，坐第二排。后排多是年龄大及身材较高的同学。记得杨濛濛坐在后排，身穿棕色毛皮大衣，显得"老气"。老师吊她背书，她站起默不作声。老师训话："將卷头发的时间，改作读书多好！"初二以后她转学，据说去了中西女中。当时给人印象漂亮但文静之极。不意后来却成为活跃影视的香港大明星，艺名夏梦。

屈文淑与莫慰芳俩同时考入 SMH，又同在高一时，跳级考入锡珍女中高三，提前在1949年毕业，考入约大经济系。她俩家境相同，各有同胞手足五人，父亲相应是教师及高级职员，重视子女教育，却又不胜负担多子女高昂的学费。屈文淑与莫慰芳的两位大哥是约大同学。两人分工帮助两个妹妹补习数学及英语，使她们逐一过通入学考试难关，如愿获得高等教育的机会。莫慰芳大学毕业后分配到东北工作，在微薄工资中，将大学学费陆续归还父亲，使她妹妹也能有接受良好教育的机会。屈文淑曾是我邻居，在我长期出国期间，承她经常探望我母亲，同学之情深厚。

初中时的吴云凤两条细长发辫，沉默寡言，满脸不高兴的样子。原来她被压班入读SMH，但不久又跳班考入"工局部女中"，于1949年就考入约大化学系。现今年过八十的她，走起路来高根鞋咯咯作响，预示她的光临。她腰背挺直，身材苗条令年青人羡煞。长期以来是约大同学会文娱带头人，凡歌咏、舞蹈、旅游等校友活动，是个不可或缺的人物。

梁郁德在美国与我常来往，她母亲潘倩娟是早年 SMH 前身、女子师范时期的1910届毕业生。郁德原在约大学生物，曾是上海广慈医院资深化验培训师，在美定居后，有毅力重新学习专科护理。她在本校史中，撰有自述一文。

赵玲与我虽仅同学两年，但无论她奔走天南地北，跨洋越洲，现在远在澳洲黄金海岸，我们总能不时争取得见面叙旧的机会。又如苏尚烨，李瑞，潘瑛等，当年因不同小班等情况，并不十分接近，但在相隔半个世纪后重逢时，却如若隔日相见。自上海音乐学院退休的郑克玲，是胸前紧抱琴书的用功生，最近联系上她，彼此无比欣喜。时间与距离隔不断年逾八十的老太太们相互慰藉的纽带，这就是圣玛利亚女校同学的亲情！

回忆圣玛利亚女校的假小子①

1950届 吴民爵

1931年10月8日,我出生于上海,是吴达模先生和夫人7个孩子中的第六个孩子。在如此多兄弟姐妹和保姆的环境中长大(我们中的五个仅各相差一岁,母亲必须雇佣奶妈照顾我们),从来没有沉寂的时刻,总是忙忙碌碌和充满嘈杂的声音,经常有许多人聚集在一所大房子内。我想,在我理解什么是"悲伤和眼泪"之前我曾经拥有一个十分愉快、平安和快乐的童年。在我仅仅十岁时,父亲因癌症而去世。重大的负担就落在母亲肩上,她要为如何靠她自己来培育6个小孩而奋斗。我们的大姐也在年少时去世。她在内地湖南,上学时染上了伤寒症。

我母亲知道教育对孩子来说极其重要,她作出了很大牺牲,把我们送到优越的学校读书。男孩都进雷士德工学院(Lester Institute)读书,女孩都进圣玛利亚女校读书。姐姐吴民鼎1947届毕业,妹妹吴民和1952年高一,后来进了市三女中。我的学生时代充满了喜悦和乐趣,尽管我会在考试阶段感到焦虑。那些学校生活是我一生中最快乐的日子。我从来都不是一个优等生,对学习只是敷衍了事。我的爱好是运动。最喜爱的课程是体育课。在1941年到1945年期间,我们与圣约翰大学共用学校场地。我们没有健身房,没有垒球场。我们在图书馆附近的校园里锻炼。圣玛利亚女校于1946年搬回原来校址。我们就有了大的健身房,并且有很大的场地可以打垒球、篮球、排球和进行田径运动。在这个时期,我可以进行各种活动。我总是去健身房。我擅长所有的体育项目,直到毕业,所有体育课程都获得A。在圣玛利亚女校期间,存在考验和磨难。由于爱好运动,我是

---

① 2013年1月写于美国新泽西州,原稿是英文,由夏甘霖(1952届初三)译成中文。

1950年吴民爵圣玛利亚女中高中毕业

酷爱运动的吴民爵

臭名昭著和出名的。由于我的不良行为，被叫到教导处 Miss 袁（葆群）处"吃大菜"多次。有一次叫我去是因为我坐在走廊窗台上。另一次去 Miss 袁的办公室是因与同学打赌，我在数学课教室的黑板上画了一个大饼，因为数学老师的脸像一个大饼。更何况，当我逃避做礼拜而躲藏在健身房中练篮球时被叫到 Miss 袁的办公室。与同学打赌的另一件事，我最喜欢的英语老师，Miss Eddy，提起电影"忠诚（Devotion）"，我问她是否想看该电影，并且与她一起看了电影。出乎大家意料之外，我赌赢了，Miss 袁没有请我"吃大菜"。

然而，我名气最响的时刻是在我们的毕业典礼上我被授予最佳球员。1993 年，在我的圣玛利亚生活之后的 43 年，所有我的同学和体育课陆老师（Miss loh）在上海相遇。陆老师热情地拥抱我，并且对我说，"记得假小子"（Remember the Tom Boy）！

大多数圣玛利亚毕业生都进入圣约翰大学，我也不例外。我考入圣约翰大学攻读英语。一个学期之后，上海的情况快速变化。在对我的未来惊恐和不确定但抱着乐观态度

1991年吴民爵60岁生日

2013年吴民爵（左）与夏甘霖在同学聚会上

的情况下，我于1951年1月1日离开上海到了香港。在那些日子里，像香港政府称呼我们那样，那里有包括我在内的三百万难民。我住在亲戚处，并且为了生活而寻找工作。

可能是命运加上我从圣玛利亚女校得到的良好基础，我经常记得 Miss Eddy 对女孩子们的低声细语：如果有机会的话，我们应该到美国进一步求学。不知怎么的，我感到我应该到美国继续我的学业。在运气和毅力推动下，我经过旧金山到达了波士顿。1956年从波士顿大学毕业，获商业管理学院学士学位。

在纽约的联合国中我得到了第一份工作，在经济和社会事务部当初级统计员。联合国是一个超级"文职官员"团队，对我来说，意味着一个漫长的职业生涯，我可以从中获得舒适的生活和退休。然而，不到两年，我因情况变化而离开了联合国。1957年，我嫁给了一位了不起的男士。我们去了台北，我丈夫在那里作顾问。我在民用航空公司第三子公司亚洲航空（Air Asia）找到一份工作。这是一个新成立的组织，在所有东亚国家间进行货运服务。我的任务是为所有在台湾和这些国家间航行的当地人员书写规则和程序。

时光迅速流逝，我的丈夫决定搬回美国。如中国老古话所说，"嫁鸡随鸡，嫁狗随狗"，我们在1970年返回美国，居住在纽约。那时，我已经有了年龄从6个月到九岁的四个男孩。

我从《纽约时报》分类广告上找到一份工作，是份兼职，因为我最小的儿子才一岁。

我的职务是精品投资公司财务主管助理。我的职业生涯开始起飞。我的公司是个独立的民营企业，于1971年注册和组织以迎合养老基金、利润分享信托基金、财富500强企业、机构客户等专业资产管理方面日益增长的需求。我们还多样化地处理高净值个人的对冲基金。在20年工作期间，我的主要责职包括参加研讨会、参加国内投资会议、确保账户及实施投资咨询服务各方面的策略。我被提名为1987－1988年第15版美国妇女名人录中的一员。1991年，我作为主要和首席操作者从该企业退休。

刚到60岁的我感到还可以贡献我生活的某些方面来进行有意义的活动。在90年代期间及以后，我是美国纽约中国研究所的志愿者，这个组织是一个文化型、慈善性和非营利性的组织，帮助来自中国和台湾的学生和国民。研究所还赞助各种艺术展览、协调有关中国主题的讲座。我还是以前称作为中国学院妇女协会的美华社（Mei Hua Society）的志愿者，这是2006年成立的一个组织，对中国和中国文化进行探索、共享和促进，并且提供针对亚洲的社会服务。此外，我还给我居住了35年的Riverdale的基督教堂出主意。我为基督教堂的主教联营公司的预算控制和财务事项提建议。当需要时，我还帮助朋友和亲属进行预算规划，特别在投资领域。

我现在和我相处了56年的丈夫定居在新泽西州（New Jersey）。我们的公寓面对哈得逊河，可以看到激动人心的曼哈顿天际线。在晴朗的日子，我可以看到自由女神像。在我的流金岁月期间，我喜欢阅读、看篮球和网球、打麻将、访亲友。上帝保佑，在未来的许多年中我将继续神采飞扬地保持健康的身体。

我在圣玛利亚女校的两年半

1950届肄业 赵 玲

2006年6月6日，冲着这辈子只有这一次六六大顺吉日，给朱亚新去个电话，不料贵人多忙事，她上午不在，傍晚打去在家，虽国际长途，我俩只要通话就刹不住车，说着说着她就提起St，Mary's的校友都在起劲筹备拟写校史，不用说，她这位多才热心阿姐当然得挂帅。忽然她说："喂，侬也来一篇吧！"我一想，当年我在St，Mary's只混过两年初中，小八喇子一个，有什么"回忆"？我忙说："弗来三，弗来三！"亚新属猴，脑筋极快，立马绕个弯，"程锦圆还记得吗？她一听到，三天就写好从苏州寄来了……写些趣事，很有意思。反正大家不管长短深浅，出点力帮帮忙么"冲着她这位74岁朱老太君披挂上阵，多少也得捧捧场。她这一激将法我没招架住，心一软，答应了。夜深，我躺在床上翻来覆去搜肠刮肚……再一想，坏了，自己胸无点墨，怎么就这样答应下来了？真是给她阿木林关进！

人生如台戏，六十年前，我们大家告别了母校，天南地北，风风雨雨，在这历史舞台上，扮演了多少悲欢离合的不同场面……当戏将拉下帷幕，大家才发现：原来最美好最难忘的，恰是全剧的第一幕——中学时代！

我在 St.Mary's（1944年秋—1946年秋）

我从小在上海忆定盘路（现江苏路）中西女中附小一直念到初一，当时日寇占领，学校被迫迁移到大西路丁香花园附近。由于旁驻日本关东军，妇女常遭非礼。我虽才11岁，但父母让我转到离家不远的St. Mary's女中念初一下半年。St. Mary's那时借用St. John's大学斐蔚堂，学生少，学费贵。我父亲赵传家当年在华东基督教协会当头，并在几个教会大学兼职，所以我上中西，St. Mary's 都可免费，当然考分要好，不及格就惨了。中西是 70 分及格，到 St. Mary's 发现 60 分及格，相差 10 分，容易多了！

我是插班生，第一天上课由陆校长领我上二楼向左进了朝北第一个教室门口，向里面班主任 Mrs. 蒋交代几句后，我就被指定坐到左边靠窗第二排第一个座位。我生性好奇，第一课几乎没听见 Mrs. 蒋在说些什么……靠我左手边是一排铁框玻璃窗，右边除了前后两扇门，三面墙上都是大黑板，学生坐的木椅在右手边扶手镶一块木板当书桌写字看书，书包只好放在脚前水泥地上。班上女生大的大，小的小，年龄参差不齐，打扮不一……我真后悔，干吗转校到这里？

赵玲2013年于澳大利亚黄金海岸

人熟是一宝。没几天，我和前前后后同学都搭讪上了，时间一长，还有几个兴趣相投。

同学

我家住在愚园路，只要走十几分钟穿过兆丰花园（现中山公园）就到学校。班上有几个同学都住在沿路。和我同弄堂的有沈冰于和比她小一岁的沈桓，两人虽说是姐妹，但性格相反。姐姐沈冰于，摩登入时，每周长裤换裙子，从不重复穿两天。看她穿戴，就知当今的流行时尚。她只要高兴，还能写一手漂亮的中英文字。沈桓是我们班长，像个男孩，性格直爽，是个品学兼优的好学生。

离我家弄堂向东一箭地，就到邵莲清、邵儒珍家，又是一对姐妹，说话带点苏州音，隔壁住她们表妹乐英，乐华，在预科念书。春天她家院里开着一片雪白芬芳的木樨花，我每次到她家门口，总想爬墙去采一支玩玩，也许我这点小心思早给"乐家姆妈"看透，每次我到门口还没放声大喊"老鹰"（乐英），"老鸹"（乐华），她妈已开门手里拿了一朵白花向我递来。向西走百步，兆丰村内住有徐景淑，俞铭瑶和中文老师李太太。

徐景淑正值豆蔻年华，大眼睛上一对拔得刷齐的眉毛，有时还用笔描描眉梢，嘴上涂了淡淡一层口红，说话走路慢慢吞吞，她总是斜眼看我这个不懂人事的"小鬼"在上学路上一蹦一跳地走在她跟前。

俞铭瑶心灵手巧，冬天围一条翠绿色羊毛围巾，据说她是用一块长方木板，四面钉上洋钉，只用了小小一团毛线经纬相织而成，听得我又羡慕又佩服，几次想试没这勇气。

还有邵莉媚，住在公园旁边兆丰别墅，她的脸特白，就像我家画在瓷瓶上的美人……大家上学时几乎同时穿花园，一路上嘻嘻哈哈有说有笑很热闹。春天公园鲜花盛开，进门两旁种满了串红花，我总是一路走，一路摘下花朵放在嘴边一吸，甜极了！

我座后有杨其美，唐玲玲，沈冰于，是班上几个打扮最摩登的女生，爱哼哼美国好莱坞流行歌曲，谈谈"派对"（男朋友）。我上课回头还能瞄到她们在传递男朋友照片：奶油飞机头，一身美式配备，从太阳镜到上衣长裤，几乎都是从霞飞路（现淮海路）上摆地摊"黄牛"处买来的美军二手货。她们在课间哼哼唱唱，像那首 One Day When We Were Young，唱到 "You told me"（我唱"有汤面"），"……you love me，"（"有冷面"），"when we were young one day"，（"还有牛肉馄饨"）……好像情人在即，心动神移，至于吗？！

第一排靠窗是高滋，向右数去是林木兰，朱亚新，周明华。她们几个功课拔尖，聪明用功，深得老师喜爱。高滋虽叫（高子），其实又矮又小，圆圆的脸，圆圆的小嘴，一说话面带微笑，眼珠转动。一到考试测验想方设法挡着考卷，生怕别人偷看。我眼睛尖，坐在她后面一目了然，经常在考数学写完考卷后，偷看她的来对对答数。

林木兰好像是广东人，虽叫木兰，却没机会仿古代花木兰代父去从军。她说话轻声轻气，好静不爱动。

朱亚新却不同了。高头大马，白白胖胖，像个可爱的蚕宝宝。她说话后音带点宁波腔，作事急急忙忙，走路打球经常摔跤碰伤，进课堂大包小包，又是书本笔记簿铅笔盒，又是热水瓶装中饭盛汤，好像老天对她特别有加：聪明用功，活泼健康，她有钱但不摆架子，在班上极为难得。

张小若坐在她后面，说话胸有成竹，慢条斯理。她经常在课堂上，特别在上宗教课时和后排的王裕敏两人大声争论。有人说她俩是"前进分子"。我虽听不懂她们争些什么，但只要开了头，老师就无法上课，等下课铃一响，大家都一哄而散。

小若右边是胖胖的沈继汤（"鸡汤"），笑起来眼睛只剩细细的一条缝。再靠右是潘瑛，她成天带副大墨镜，下面一张薄嘴唇，每隔五分钟要用舌头舔一舔，难怪舔得嘴唇毫无血色。

　　王裕敏有不少姐妹。她天天穿身兰布旗袍，别小看她这一身，要是仔细瞧瞧，这旗袍还有点名堂，它出手于"红帮"（西装）裁缝，腰间前后和腋下都剪开共打六个折缝，领子后高前低，大襟流线型钉揿扣（别忘了这是在六十年前），她和小若在课堂上旁如无人，起身争辩，口若悬河，指点江山。可惜她比小若要差一截。小若争完坐下，各课还能考个好分。裕敏就惨了。她虽能画一手铅笔画，但门门功课几乎都濒临不及格危机。

　　班上还有几个和我一样的"同类"，号称 Faculty memher，即父亲在教会系统或大学任教的子女，有程锦圆、刁美华、杨丽华、王宗淑、范娟倩。我不知道她们是否也可以免费上学，但都老实听话，功课中上。程锦圆坐在右边靠墙潘瑛后面。Mrs. 蒋那学期教我们英文课本是 *David Copperfield*，我最不爱这本书，加上每页生字连篇，我回家后往往懒得查字典，每天马马虎虎猜猜大意。而锦圆却十分用功，Mrs. 蒋问起来 Miss Peggotty 对 David 的爱抚，Mr Micawber 查获坏蛋的账目经过……她都能如数家珍。期末这厚厚一本书总算到了"有情人终成眷属"，Uriah Heep 的诈骗案水落石出"流放"到了澳洲，我总算最后和 Charles Dickens bye bye 了（没想到六十年后，我也"流放"到了澳洲，这也许还得谢谢 Urish Heep 当年为后人劈荆开道。一笑）。

　　刁美华却是异数。我第一次见到她是先听到她的口哨声，按 Miss 袁的话，"女小囡不许吹叫叫，不许咬耳朵……"，跟着见她一颠一颠，两只肩膀扛只头，踏着八字步"摇"了进来。她短发上用牛皮筋扎个翘辫子，两耳稍有招风，嗓子低八度好像吃足了豆沙，一付满不在乎的架势。有人在我耳边说，"她是个留级生，少理她！"留级生怎么了？我虽没留过级，想来一定滋味无穷……重读一遍"老书"，换一批新同学，闭着眼睛混一年准过关。我可惜冲着我爸敢蹲班吗？美华开朗大方，从不脸红害臊，虽有人不喜欢她，但对我还很吸引！她会打垒球，说话夹点英文，在校园里一溜，总有不少大学里的男生和她打招呼。和她时间混长了，还知道她爸 Dr 刁和我爸相识，她后妈姓杨，又是我妈过去的钢琴老师……也许我俩都属 tomboy，一下还很投缘。后来我每天将我早饭的煮鸡蛋拿到学校给她。不知哪天她妈见到我妈聊天时说："谢谢侬格妹妹拨妮美美每日吃只蛋！……""东窗事发"，从此我吃早饭时再也见不到鸡蛋了。

　　班上坐在最后排当中那个大美人叫杨蒙，她上课没书包，经常迟到缺课。一个学期结束，我还没和她说过一句话。没想到五十年代我在北京看香港古装片《王老虎抢亲》，她竟是片中女主角，艺名"夏梦"，可惜我听到她嗲声嗲气和剧中情人相公说，"……你要好好念书，念完书考状元，等做了官来接我……"这串话一肉麻，起了一身鸡皮疙瘩，我没等看完逃出了影院。

初三上半年又来了熊群，邓修竹，郭志嫦（Darling）几个新生。其中，熊群住在我家附近，我俩有时一起走回家。她美丽温柔，大眼睛，长睫毛，一笑还有两个酒涡，每天换不同的毛衣，有的胸前还绣了精致的花朵。记得有一天我俩一起回家穿过兆丰花园时正好满园开花，她说了一句："这花真好看！"我突然想跟她开个玩笑，故意轻声神秘地说，"侬晓得伐，花要一生气才开，格片花都勒拉生气。""瞎讲！""真格，骗侬作啥？侬看看！"我从书包里抽出一本书，上写："……鲜花怒放，增强了满园生气……"我说，"这不是书上都写了，还会有错？"她将信将疑，大眼睛盯住我看了半天……

老　师

校长 Mrs 陆和教导主任 Miss 袁是全校两只鼎，都戴金丝边眼镜，梳个横 S 头，长年身穿深色旗袍。她俩好像和笑容没啥缘份，整天绷着脸，让人望而生畏。只是 Mrs 陆经常用眯起来的细眼看人，透过她的眼镜片，你还真分不出哪是眼黑哪是眼白？我最怕哪天被她叫到办公室去"吃大菜"。她细声兜着圈子说话，像在"引蛇出洞"，最后她总以"……勿乖就打电话给你爸……"为杀手锏。

Miss 袁就不同了。一到课间就在走廊里走来走去。我只要在课间和同学打闹，一回头就能见到她大眼一瞪，让你吓一大跟斗。

班主任 Mrs 蒋，有个女儿叫蒋理，在预科念书。她教我们英文，我在她课上共念过 *Heidi*，*David Copperfield*，*Hans Brinker-The Silver Skates* 三大本书。我这个从小爱读《水浒》梁山 108 个好汉和《西游记》孙悟空，每次拿起这些书来先得叹口气，想想英文有的是 *Ivanhoe*，*Treasure Island* 这类"好书"放着不念，选这些婆婆妈妈，哭爹喊娘的书真没劲！Mrs 蒋还很偏心，讲课就看着头排几个，提问也只选坐在前半个教室的学生，所以后排学生只要不出声，干什么都行。

中文老师李太太是个面目慈祥的胖老太，带眼镜，脸上总是笑嘻嘻。李太太的丈夫是上海一位国画家，平时教人画画，又是我爸朋友，因此我在她课上纵有冥想万里，也不敢出声半点，所以她教了些什么却毫无印象，反正在教会学校，谁下功夫去学中文？！

还有一位上宗教课的女老师，叫什么记不起来了，戴副眼镜（奇怪，怎么老师都带眼镜）。课本是英文《圣经》。我家虽三代奉献上帝，但到我这里，按我外婆话说，"强头倔脑不听话，将来要进地狱"。《圣经》上虽一会儿 Lo，一会儿 lord，但当小说看看还有不少典故。可这老师大约只会奉献主，不会管教众生……上课时学生不但不听讲还要捣乱，常引来 Miss 袁在教室门外透过门上毛玻璃中的两道透明缝，张大眼睛向里瞪。过了一个学期，这老师不见了，也许给炒了鱿鱼。想想那时一个女教师要找份工作不易，常觉心中不忍。

没想到那时对《圣经》"扫阅"过的一鳞半爪，居然在七十年代帮上了忙。那是在"文革"后，北京文化界开始复苏。文化部有些头头打着审查西方"毒草"招牌为名，将解放后库存的美国好莱坞电影及过境西方电影拿出来逐个"审查"（放映）。这些"权贵"们不懂洋文，到时得找人为他们及亲友、哥儿们当同声翻译。由于经手人对洋文也都属"文盲"，所以在电影开映前放的是什么片名？什么内容？一概无知。我算是极少数被挑去干这份"口力劳动"，一时间从当年大肆吹捧的美国七彩片《出水芙蓉》(*Bathing Beauty*)一连串译到长达 12 小时的 Roots。我经常连看带译，倒也十分过瘾。有一次放场黑白片，那天我去晚了，几百名观众都黑鸦鸦地坐在礼堂干等着……我手里还没放下刚买了菜拎着的手提包，银幕上已打出片名 Salt of the Earth。我一楞，这是什么？！脑袋顿时电转了十八个弯……嘿，不知哪根神经触到了曾"溜过"的圣经……对了，圣经上耶和华说：……"社会中坚"……我对着麦克风脱口而出。

Mr 冯（锡良）是我班上唯一的男老师，瘦小白脸，好像大学出来就来教英文了。他冬天穿身西装，外面套件藏青毛料半长大衣。我想年轻男老师到女中教书一定很倒霉窝囊。上课时我们前排几个"小鬼"故意睁大眼盯着他看，吓得他讲课时只好对着黑板。冬天教室朝北极冷。我一到他上课时存心将我身旁的两扇窗打开，西北风直对着他吹得鼻子通红，最后他无可奈何说："This room feels so cold, doesn't it?"他每天骑辆英国"莱林"男车停放在斐蔚堂门口。我和美华有时恶作剧偷偷将他车胎里的气放了。这是个"冒险行动"，因他车放在 Miss 袁的办公室窗外靠墙，放气时需猫着腰走近，不能让人看见。

我是"主犯",有一次不知怎么给刁美华抢了先,她这"从犯"还是新手不会放,一着急竟连汽门芯都拔了出来,"哧"一响,吓我一跳,一抬头,只见 Miss 袁瞪着大眼向窗外瞧,亏得她没料到我俩干什么,但经她这一瞪,让我从此"金盆洗手",再也不敢了。

无独有偶,六十年代我和当时还没结婚的"黑漆板凳"在北京谈恋爱,有一天他忽然告诉我,他单位领导想请我俩到他家"作客"(其实是审查,因解放后男女干部结婚不凭"父母之命,媒酌之言",而是由双方党组批准)。好吧,俩人周末骑车到天安门西头南池子头条胡同。吃,真气派!是过去的旧王爷府,四合院,往里走,正厢房迎出一人站在滴水檐下,我定睛一看吓一跳,那不是 Mr. 冯是谁?世界太小了!坐下一谈,Mr. 冯认出了我,再一聊,他解放初还和我爸一起到皖南土改……真是越说越近乎……我赶快见缝插针,趁热打铁,坦白了当年的"放气行动","啊,原来是你,害得我回家好苦!"好在 Mr. 冯大人不计小人过,和他夫人郑沐哈哈哈大笑……于是在这"三笑"声中,我俩终身也就被男方"组织"敲定了。

课外活动
打垒球

在斐蔚堂期间 St. Mary's 没有体育课、劳作课、家政课,更谈不上有组织的课外活动。但我下课后还是跟着刁美华参加了垒球队,参加的有打一、二、三垒手(basemen)的邵莲清,朱亚新,程锦圆,Darling;游击手(short stop)刁美华、杨其美;捕手(catcher)沈桓;我有时打投手(pitcher)。那时正好我大舅在南京路上除开珠宝店外,还新开了一家运动器材公司,我打球的皮手套,垒球和棒都到他店里伸手去拿。我们跟着高二姐姐班的郭志媛,杨其美姐姐,李家乔(李太太小女儿)学着打。她们身穿白衬衣,大红短裤,一到练球赛球时总有一大群 St.John's 男生围观捧场。教练 Michael 李,是个广东老光棍,嘻嘻哈哈很随和,和他开玩笑打闹从不生气。我那时又小又瘦,但他却看出我手臂长,派我练投手,让他助手 Rocky(李太太儿子李郁文)作我辅导。班上球员经常在下课后或暑假中,在左前方一棵大樟树旁的大草坪上一起练球赛球。大家团结合作,从不争吵。记得有一次练球时我给邵莲清扔了个高球,她接球时正好面对太阳,眼一耀,球下来没接住,一下将她的小指末节脱了臼,当时她十分勇敢,一声没喊,但痛得蹲下了身,脸色越来越青,我连忙奔过去给她搓,半天,总算指关节到位。第二天又紫又肿,可是她从来不提这个手指吃过"萝卜干",继续高高兴兴打球:但我到今天一想起来还很内疚!

Step Singing

天气转热,全校有个歌咏活动,即按班级分列在斐蔚堂门口石阶上唱歌。不知这算是比赛还是表演,反正这班唱了那班唱,唱来唱去招来大学许多男生,有些还到对面图书馆楼上趴在窗户向下看,我开始觉得新鲜,日久就烦了,好像大家是专给这帮子大学男生唱的,值的吗?

礼拜

在两节课间,全校都得穿了旗袍按班级排队到大学大草坪左旁的一个小礼拜去作礼拜。我最恨穿旗袍,拿了我妈一件兰布衫,去教堂时就穿在衣裙外面,走在队伍中不伦不类,总遭 Miss 袁白眼。礼拜堂里阴森森,大家跟着陈牧师一会儿跪,一会儿坐,倒也不闲。我趁大家祷告时总东看西望,反正那时谁敢说我?大家闭着眼你怎么看得见我睁眼了?再说,那天堂虽好,终有上帝,天使管着,那时说不定我在天地间找个地方,还能看看《三侠五义》武侠小说。

听报告

St.Mary's 没礼堂,也没有全体师生集会。一天,王裕敏问我,"下午大学礼堂有大作家郭沫若的报告会。去伐?""勿去。""很前进的。""更勿去了。""去了下午不用上课……"不上课?"那我去!"

下午我进了礼堂,里面坐满了大学生,一个也不认识。裕敏也不知在哪里。我只好独自缩在后排。郭沫若说一口四川话。他在台上说什么,一句也没听懂……忽然,他朗诵起自己的诗来(当然是川腔):

"凤凰说:我死了,

死了

死了

死了……"

这叫诗?!这叫骗钱!两个字就算一行稿费!这诗我也会做。一拧头,溜回家了。第二天,学校如临大敌,Miss 袁手里拿张纸登记昨天缺课去听报告人的"黑名单"。我没上课,又去了礼堂……最后幸亏以年幼无知"盲从"名义,想必入了她的"另册"。这肯定跑不了打电话告诉我爸。吃晚饭时我爸问我,我一肚子委屈,气呼呼地申辩:"我不是盲从吗?只听懂台上人念'死了死了'我就回家了。"引得全家一桌人哄然大笑。

救济物资

1946年日寇投降后,上海由联合国善后救济总署(UNRRA)拨来一批救济物资,分到我校是些脱脂奶粉。老师叫大家第二天带空罐头去领取。等奶粉发到我班,我一看,黄黄的都结成硬块。刁美华最"勇敢",拿杯子冲了一杯试试。"好吃伐?"大家好奇地问。"自家吃吃就有数了。"这"小贼"还卖关子?肯定好不了,没人上当。忽然有人拿起一小块扔向对方,于是你扔我投,班上打开了"奶粉仗",一片白粉!回家我和爸说了,建议这些奶粉还不如送给兆丰公园对门沪西难民收容所的小朋友。"好主意!"第二天我和Mrs陆一说,这些奶粉就被领走了。

1946年秋,父亲创建了上海市立市西中学,我也在初三下学期转到他学校,没来得及和全班同学告别,只有沈冰于在同一弄堂。我请她在我粉红色缎面纪念册上题词,她钢笔一挥,写了:"年青人,让你青春更美丽吧!"龙飞凤舞……啊,钢笔漏水……纸上多了两滴墨渍。

六十年过去……昔日鲜龙活蹦的小妹子,如今都成了"恐龙级"鸡皮鹤发的老太太了……然而,夕阳无限好,人间重晚晴!这中学时代的点滴回忆,却胜似陈年的美酒,晚开的鲜花,未了的友情。一支草含一点露,一句话引来一世情。看荷花开尽已无擎雨之盖,然清香犹存乘风占尽山荫!

但愿人长久,千里共蝉娟!盼能再相会。

(2006年6月15日73岁生日动笔于澳大利亚黄金海岸家中灯下)

小注:本人在校叫赵玲玲,当年矮瘦平凡,唯头上天生带来一束白发,大约还能给人留下小小一点印象。1954年随着人民币一万元折合成一元时,在下也趁机轧轧闹猛,割爱减价,去掉一个零(玲)。

圣玛利亚女校，我心中的丰碑

1951 届 杨之岭

2013 年暑假，上海市三女中委派 2015 届的张玛嫣和张文琦同学通过视频对我进行了采访。在准备接受采访的过程中，思绪再次把我带到了难忘的童年时代，带回到对我一生影响极其深刻的青少年时代，回想起圣玛利亚女校良好的学习环境，以及受到的高质量高水平的教育和教养，再次激起了我对母校和老师的感激和思念之情。

一、圣玛利亚女校对我的影响

我从预科到高三都在圣玛利亚女校读书，是该校 1951 届、也是最后一届毕业生。我高中毕业后离开上海，到北京师范大学上学；1955 年毕业后服从分配留校做学生政治思想工作。

"文革"后期的 1973 年，由于母校圣玛利亚女校给我打下的良好英语基础，使我得以从事比较教育的研究工作。

1980 年 1 月，受美国俄亥俄州肯特州立大学教育学院邀请并出资，由教育部选派，我作为访问学者到美国学习考察和研究美国教育。由于我通畅的英语交往能力和对比较教育学习和交流的积极态度，引起了美国教育界的注意，被两个国际性教育组织 PDK 和 ICET 接受为终身荣誉会员。

在美国进修期间，我应邀由 PDK 教育组织安排、利用节假日在美国 18 个州 53 个城市介绍中国教育。

肯特州立大学校方和教授积极建议及推荐我在美国攻读教育哲学博士学位。两年七

1997年，前左之蟾、之会、之骏，后左大同、之岭、小昇

杨之岭被两个国际教育组织接受为终身荣誉会员

个月以后，以各科全优成绩读完必修课程，写完论文，通过答辩，获得了教育哲学博士学位，时年49岁。成为中美建交以来中国公派美国留学人员中首批取得博士学位的。

1982年8月，我回国后在北师大教科所工作，先后争取到联合国教科文组织的两项课题研究资助及加拿大国际开发研究中心（IDRC）一项科研资助（三项总计8.5万美元）。我边为年轻同事及学生用英文开设"教育研究方法论"（Educational Research）的专业外语课，边用课题费带领年轻同事到泰国、菲律宾、日本、新加坡、香港、加拿大等国家和地区用实证科研的思路和方法进行调查研究，完成写作任务。此外，我代表中国被邀先后到欧、美、亚、非、拉各大洲22个国家参加国际会议，进行学术考查，交流和研究等活动。

1987年至2003年应聘先后在明尼苏达大学，犹他州的卫伯州立大学和加利福尼亚州立大学任教。

2003年从美国退休回国，听到前印尼玛琅中学校友《饮水思源，报效故里》的呼吁，由77位自己没机会上大学但在事业上非常成功的华裔，为迎接21世纪亚洲的振兴，出巨资要在印尼玛琅山城，创办第一所华人办的大学，培育优秀人才。校董事会请我参加规划，我毫不犹豫，愿意义务担当"开荒牛"。我先后7次去印尼各地，访问当地高等

《人民日报》、《文汇报》、《中国青年报》等报道杨之岭在美讲学及取得博士学位

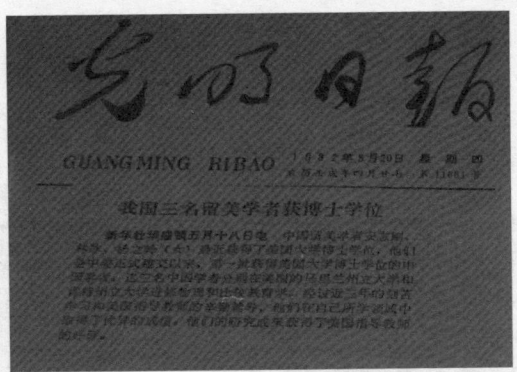

《光明日报》报道中美正式建交以来杨之岭等三名学者首次在美获博士学位消息

杨之岭应聘任教明尼苏达大学,学校赠送的奖牌

佐治亚大学教育学院赠的奖牌

加州州立大学,弗雷斯诺教育学院赠送奖牌

学府,进行调查研究、拟草建校方案(中,英文两个版本)。这份建校方案后来成为"印尼玛中大学"创校纲要和创校理念,为此,我被该大学聘请为第一任校务顾问。这所大学要求学生掌握三语(印尼,中文和英文),我在国内为玛中大学挑选第一批华文教师,亲自听课辅导,帮助她们很快适应在印尼的华文教学。玛中大学于2007年正式成立并招生。2011年该大学已有第一批合格的毕业生。

我志愿义务为印尼玛中大学工作,全靠母校给予我的英文功底及人品素质的修养

杨之岭为开设"妇女问题研究：中国妇女地位的变化"课，为学生编写的阅读教材

和教育。我在高二时读狄更斯的《双城记》(*A Tale of Two Cities*)及居里夫人的女儿 Eve Curie 写她母亲的《居里夫人传》(*Madame Curie*)，高一时读莎士比亚的《威尼斯商人》(*The Merchant of Venice*)，及英国作家司各特（Sir Walter Scott）的《撒克逊劫后英雄略》(*Ivanhoe*) 等文学原著对我们人格素质的形成起到潜移默化的影响。

居里夫人志向远大，意志坚定，锲而不舍，通过不屈努力，充分体现了其人生价值，成为世界上两次获诺贝尔奖的第一人，但她却淡泊名利，继续研究科学。我们读后，纷纷立志要像居里夫人那样在人生道路上、在不同领域里，在平凡工作岗位上不断追求卓越。

在《威尼斯商人》(*The Merchant of Venice*) 和《双城记》(*A Tale of Two Cities*) 里，我们学到了亲情，友情和爱情。这些文学名著引领我们认识了什么才是人生重要的价值。

从小学五年级（预科一）到高三，学习优秀的文学作品原著，不仅扎实地为我们打好了英文功底（社科院院士陈翰笙称之为"童子功"），也帮助我们积累对历史、社会、自然及人生的理解。这是一种文化、知识、智慧和感情的累积，也就是人格素质的培养和形成过程。没有母校老师对我的培养哺育，很难想像会有我今天的这一点成绩。

我在美国工作期间，除教授教育专业课程外，还为加州州立大学社会科学学院开设了一门3学分的"妇女问题研究：中国妇女地位的演变"课程。我通过阅读收集资料，编写了供学生用的阅读教材。结果这门课连续开设了8年，也就是16个学期，我的教材也随之不断修订。其中有个专题为"教育好一个女孩就是教育好一个家庭、一个民族、一个国家"。在讲课和讨论中我以圣玛利亚女中为例：她培育出一届又一届有理想、有志气、能在不同领域不断追求卓越的女性；在家里，受到圣玛利亚优质教育的母亲用其人格魅力，带出一代又一代勤奋、努力、上进、懂得给予、用爱心和责任心回报社会的子孙。正如英国塞缪尔·斯迈尔斯（Samuel Smiles）所说：一代代的"孩子们无意中模仿着母亲们的行为举止、言语和生活方式。母亲的习惯成了他们的习惯，母亲的品格也

母亲王绯霞参加侨联工作

父母照片

在他们身上重现。母亲在自己孩子身上得到了再生"。由此我想到了我的母亲,她就是这样一位卓越的圣玛利亚女校毕业生。

二、母亲对我的影响

我的母亲王绯霞(1899~1982)生于清末。在"女子无才便是德"的封建习俗时代,她说服我外婆让她上完了初中;在得不到外婆同意和进一步经济支持的情况下,母亲靠自己替工厂手工刺绣被面挣钱付学费,又以优秀成绩毕业于民立女子高中,打下了扎实的古文、毛笔字和诗词功底。为了进一步提高英文水平,她再次靠半工半读,就读圣玛利亚女中,1919年以优秀成绩毕业。

因她中英文都熟练贯通,毕业后应聘圣玛利亚女中先后教习国文、习字等课程兼管学校图书馆工作,在此期间,她将圣玛利亚校歌翻译成中文。因婚后生育子女,她在圣玛利亚工作仅两年,但她从学生到教师的几年中,在当时学校的年刊和档案中已有多处记载。她积极参加1919年的"五四"运动,作为圣玛利亚书院的学生代表被派去和上海市学生联合会取得联系。

母亲一生遵照圣玛利亚的校训:"正义与智慧"(Justice and Wisdom)、"公诚勤敏"(即有公德心，做人诚实，做事勤勉，反应敏捷）。辞去工作后，在家相夫教子，以她信奉"施较受更为有福"的教育宗旨，对我们言传身教，是我们一生的表率。

我的父亲毕业于圣约翰理学院，一生教书，曾任商学院院长。因家庭负担重，他同时兼任四个教学职务，夜晚，我们常见母亲在安排好家务后，用毛笔帮父亲批改卷子。

母亲好学，也要求子女勤勉学习，每年暑假，她清晨早起教我们练毛笔字，上午教英文，下午教《古文观止》选篇。我的大姐，二姐，特别是我哥哥在她督促和教导下十分刻苦，每天坚持，得益最大。而我小时候不开窍，贪玩，只跟着学和背了《祭十二郎文》、《前赤壁赋》、《桃花源记》等几篇古文。

我家当时虽家道小康，但为保证我们姐妹和兄弟六人受最好的教育（我们五姐妹都上圣玛利亚女中，一个哥哥杨之骏圣约翰大学附中毕业后，又上7年制的圣约翰大学医学院，后成为上海瑞金医院的烧伤科专家，为1958年抢救钢铁工人邱财康的功臣），母亲在安排家庭生活方面，相对简朴：我们的衣服大部分由母亲制作，她品位高雅心灵手巧，会在黑粗布旗袍和鞋上自己用毛线绣花；我们幼时穿的鞋，都是母亲利用拆下的旧袜搓成线，一针针纳成鞋底，自己上鞋面；家里的沙发套都是她自己剪裁，用手摇缝纫机缝成；园桌的lace桌布也是她用勾针勾的；我们清理她的遗物时，发现还有我父亲遗留下的内衣，她补了又补一直在穿……但她对别人却十分宽厚慷慨。母亲去世后，我们按她的遗嘱，将她的积存的钱（子女给她的生活费）全部捐赠给了长宁区妇联及瑞金医院。

我母亲于1982年去世。上海长宁区为母亲举行了追悼会，长宁区委书记承宪武出席，由上海市侨联领导致悼词。

以下是我哥哥之骏，代表我们全体子女的悼文摘要：

"解放前，母亲积极支持地下党的活动，我家是地下党联络站之一。（我的哥哥杨之骏为1949年前入党的中共地下党员）自1950年起，她开始担任里弄调解委员、治保委员，她义务办幼儿园，聘任四位有文化的家庭妇女当老师，和她们一起制订办园的目的和要求，在她带领下，大家积极工作，这四位家庭妇女最后先后都走上了正式工作岗位。

1958年，妇联、侨联发挥她的中、英文水平和办事的才能，让她任上海市归国华侨联合会委员和长宁区侨委会主任至1966年"文化大革命"。在此期间母亲以侨眷身份学习宣传党的侨务政策，参加市侨联组织到苏州、广州、台山、桂林、浙江建德市参观新安江大桥和水库。她对国家的进步与发展欢欣鼓舞，（反映在她给我们写的信中）。并积极用中文或英文帮助归侨、侨眷给国外亲属写信，争取海外华人为祖国建设发挥积极作用。

在1958年底，全国侨联第三次全体委员（扩大）会议上（有全国侨联委员、归侨、侨眷、归国华侨学生先进模范人物、各地侨务工作者六百余人参加），国务院总理周恩来来电祝贺大会的召开。会上中华人民共和国华侨事务委员会何香凝主任致词。大会还举行了表彰仪式，授予先进单位锦旗，并对先进人物进行了表扬，母亲位列表扬人员名单。何香凝前辈通过侨联赠送我母亲一幅她自己画的《猛虎下山图》，以示友谊。

1961年母亲被评选为上海市三八红旗手，受邀请到北京人民大会堂参加庆典，并上天安门观礼台观礼了国庆游行。

"文革"后她任政协上海市长宁区常委、长宁区妇联执行委员。

三十多年她一直义务地、力所能及地，但又是十分努力地做了一些有益的工作。为了工作，她勤奋学习，特别在两次中风后，都暂时地失去了记忆力及语言能力，但自1973年第一次中风后，她顽强锻炼：听广播、抄报纸、看书、读外语，天天如此，从不间断，记下了数百万字的笔记和学习心得，终于恢复了中风前的语言、书写及工作能力。直到1982年她第三次血栓，完全丧失学习和工作能力为止。

她给子女留下了一份虽很微小、但极宝贵的财富，就是她告诉我们：凡是自己想做的事，一定要努力去做。凡是能够做的，都应努力去做好。"

母亲用她的实际行动教育我们：

生活的水平在于我们所得；

生命的价值在与我们所给。

母亲常告诫我们：要努力上进，要认真做好每一件事。要心存感恩，要懂得给予。做到这些，就是对她最好的回报。

母亲去世已31年了。虽然我回上海再也见不到她，但是她永远活在我的心中，她继续在参与我的言行、思想和决策。母亲对我们的言传身教，和她为我们姐妹兄弟六人能受到最好的教育所做出的牺牲和花费的心血，在我们的记忆中和我们的行动上刻下了不可磨灭的印记。

我们这一群

1951届 闻玉梅

　　1944年的暮夏,十几个天真顽皮的小女孩坐在一个课室里,你看看我,我看看你,大家都觉得局促不安,这就是全校最低一班的学生,她们对于这个新学校的每一方面都感到新奇,可是谁都怕自己要做错点事,所以大家都闷闷地坐在课室中,不多日后她们逐渐地混熟了,彼此的名字也叫得挺顺嘴的,于是跳绳、拍皮球、踢毽子都开始了,因为她们是最小的一群,所以经常是不受人注意的,只有偶然在先生们的闲谈中会提起"预科一"是很"乖"的一班。

　　孩子们都长大了,在这个成长的过程中,有的同学离开了我们,也有新的同学加入到我们队伍中来,那时是抗战胜利后的几年,美帝对中国各方面的侵略正是达到了最高峰,美国货像排山倒海的潮水一样涌入了每个城市,美籍人在中国也受到了特别高贵的招待,当时爱国的中国青年就喊出了"反对侵略",可是我们却始终兜在小圈子里,不问外边的事。

　　但是我们是受了美帝文化侵略的影响,而且是相当的严重。在上课时不大有专心听讲的学生了。在角落里老是有轻轻地说话。在听书时嚼橡皮糖是最普通的事,同时英文小说也代替了国文,或史地课本。我们也学会了和老实的中国先生吵嘴,甚至闹得先生拉学生叫她走出教室,学生却拉住钉在地板上的桌子死不放手。那时差不多每个先生都有绰号。至于外国先生呢?我们都比较怕她们。在她们上课是不会也不敢胡闹的。我们课外的最主要消遣是看美国电影,有的同学会一天赶三场而毫不在意。跟着,电影杂志在课室中也风行一时。自然而然的每个人有了自己心爱的明星。我记得很清楚,有一次

1951届闻玉梅

20世纪40年代后期闻玉梅和她的妈妈、姐姐

几个同学为了争执谁心爱的明星最好看而吵打起来。我们的级风在这种环境下也日趋下落，每次测验总有人作弊。先还是以作弊为耻，后来则以作弊为荣，谁要是不作弊才是大傻瓜呢！

在今天的学校中和往年一样的有开得红透了的玫瑰花，有绿油油的草地，学生也还是原来的一群，可是教室内没有了噪杂声。坐在高三教室中的十九个学生又静悄悄地在听讲了。解放后两年的教育似乎行了一个奇迹。我们都改变了不少。我们现在在校中是起带头作用的，是居于领导地位的。譬如在上学期的抗美援朝运动中，我们开了辩论会和座谈会，掀起了一个爱国热潮。这学期我们又带头订了"爱国公约"，并且正在努力地执行。最光荣的还是在我们中间的邓修竹，张竞芳参干的动人事实。邓修竹曾经迷恋过美国电影和爵士音乐，张競芳是一个不大开口，脱离群众的同学，但是现在她们都走了建设祖国国防的道路上去。她们过去都是和我们一样的，但她们却是这样的贡献了她们的一切给祖国，给了我们全级光荣，自傲，和向她们学习的决心。

我们就是这样成长的，以前我们犯过错误，现在我们还有着一些缺点，可是我们是会改掉的。我们十九人兴奋地准备着跨出校门，更进一步地来充实自己，因为自己多学一点就能为祖国的建设多尽一分力。这就是我们共同的愿望和理想，我们完全有决心能把它变成现实。

（本文写于1951年7月，摘自1951届毕业纪念册）

一九四四年的记忆

1951 届肄业 邵绡红

　　往事模糊又清晰！烈日下我独自走在兆丰花园的小径上，匆匆进约大，叩开一扇小门。面对一本大大的英文书，听得老师纠正我的读音。帮我补习英文的是陈美廉，当时她是圣玛利亚高班生，她爸爸是约大的教师。我英文程度差，是那个年代那个环境造成。霞飞路的世界小学创办人蔡元培、吴稚晖和李石曾留法归来，办世界社，世界小学。那小学三年级就开英文，五年级开法文，外文要求很高。可我生不逢时：太平洋战争之后，上海孤岛也沦陷了，日军进租界。世界小学加进了日文课。一连两年读日文第一册，英文基础就不扎实。1944 年，我是第二次考试才及格，进圣玛利亚 P2。我父亲自己就曾在圣约翰大学附中读书。那时他的名字是邵云龙，后来才改为邵洵美。他是个诗人、文学家、出版家。他曾留学英伦，回国来从事写作，翻译，出版，广交中外朋友。因而女儿上中学以圣玛利亚女中作为首选，是必然的。记得在斐蔚堂上课的情境：心惶惶地在速算卡上计算，老师一声"停"，我们就跟旁边的同学交换速算卡，听着老师读出的答数给同学批卷。记得斐蔚堂前面的大樟树，看高班同学手拉手围着它跳舞。记得中午拿着饭盒排队，张望着那坐在小炉子前的阿姨，她给前面的一个个同学炒蛋炒饭。饭是家里带来的，付钱给阿姨，她会加进鸡蛋炒。有的时候，就在学校饭堂买盖浇饭。

　　再也挥不去的画面回来了！我在兆丰花园的小径上走着，忽见右边的绿茵地乱哄哄。好些高头大马，许多日本兵。没到冬天呢，他们穿着毛皮领子的军大衣和高筒皮靴。我回家一提，全家人大惊失色。原来他们是东北调来的"关东军"。日本鬼子在中国到处烧杀奸掠。女孩子家怎么能出入日军聚集的场所！于是我不敢再穿兆丰花园。姊姊送我一辆旧自行车,我绕道走,不认路,骑了好多冤枉路,在越过火车轨道时,自行车的一只脚踏掉落了,急得我边哭边推车,自然迟到了。形势越来越险恶,市区到处是日伪部队,半路上常常忽然戒严,马路口拦上铁丝网,有时还要"抄靶子"(抄身)。哥哥出了馊主意,让我女扮男装。他把我的长发剪了,修成男孩的"西装头"。我望着镜子里自己的模样,不肯出门。爸妈责备哥哥不谙世事:"剪了头发,女孩就变成男孩啦?"日军在南京大屠杀的猖狂行径闻者色变。鬼子任意糟蹋中国妇女,老幼都不放过。爸妈再也不许我去圣玛利亚,我转学上中西。

邵绪红

那时,中西在海格路。必经之路有一个大院,门口有日本兵站岗。中国人走过都要对这个日本兵鞠躬。我故意预先走到对马路,低着头,假装没看见他。走过那段路,再过马路进校门。有一时,常有飞机来轰炸,警报声声,学校里练习紧急集合。不久,胜利了。中西搬回了原址。只见校园里到处是翻倒的汽油桶、卡车轮胎,大草坪上满是泥浆、油污,糟蹋得不成样子。

在中西的一幕幕比较清晰。我很高兴圣玛利亚同学杨蒙也来中西,和我同班。中西有结合课本演出的教学方法。每周五上午全校集合在大礼堂,看各班轮流表演。初一语文有《蚂蚁的生活》,老师让我在台上背诵。初二历史课有《孙中山破迷信》。我扮观世音菩萨,坐在桌子上,双手合十。高个儿杨蒙扮孙中山。她上前把我的手指"扳断",我赶快把手指缩进去配合她。杨蒙是个有艺术才华的同学,她会唱京戏。有一次,她演出,老师派我在后台帮她穿戏装。我第一次知道,花旦只把脚的前部穿进小脚鞋,脚后跟是穿在裤子里的。杨蒙的妹妹杨增铨也是我们一班的。她个子也高,可是姐妹俩完全不是一个类型。姐姐烫发披肩,喜欢穿旗袍;妹妹短短的直发,工装裤。姐姐后来到香港,步入影坛,艺名夏梦;妹妹后来是解放军八一篮球队的健将,我在第二医学院宿舍的球场上见到过她。

再度跨进约大,徘徊在斐蔚堂门前,是五十三年之后了。1997 年,那次圣约翰大学全球校友联谊会在上海举办。我是和南京校友一起去的。我怎么又会跟圣玛利亚同学凝聚在一起?话要回到 1948 年。我姐姐一个朋友带我们到上海学生礼拜堂(也就是衡山路的国际礼拜堂),参加基督教青年会在那里的团契活动。那里有许多大中学校的学生。我参与的博爱团契里有不少中西和圣玛利亚学生。叶美娜是其中最热情最活泼的一个女孩,她是圣玛利亚的,还有一个钢琴弹得很好的同学——赵启雄。我 1956 年从上海第二医学院毕业分配到南京工作,美娜早一年就在南京古生物研究院。我跟她一直往来密切。此后的四十年,大家都经历风风雨雨。待到 1995 年,我个人的生活才转为平静。美娜把我带到神学院,参加那里的圣约翰大学南京校友组成的歌咏队。我认识了 SMH 的校友朱家祯、吴麟凤和黄月英。美娜又带我去丁光训主教家,校友会常常借他府上活动,他那时是圣约翰大学校友会的名誉会长。他的夫人郭秀梅已经仙逝。郭秀梅也是圣玛利亚毕业。1952 年左右曾任圣玛利亚校长。我跟她有另一层关系:她后来是南京大学外文系教授,和我的先生夏照滨同事。我在南京口腔医院工作,郭先生常来看牙,丁主教陪着来,他骑自行车,郭先生骑一辆很大的三轮自行车。晚年她关节炎更严重,在南大开会,我碰见她。她坐着轮椅,过来跟我说话。我看见,她的手都畸形了。

2005 年,我搬到北京朝阳公园对面的一个小区。楼上有个邻居是中央美院附中的老师,和我时相往来。有一天她特地介绍她的同事王德娟和我见面。原来我写的《我的爸爸邵洵美》,里面讲述的我在圣玛利亚短暂的学校生活,引起王德娟的兴趣。她从时间地点的回忆中感觉到,她在圣玛利亚的时间和我是平行的。她认为,我可能是她的同班同学。她几十年不说上海话了,看见我,十分亲热,一起去听音乐会,一起去看美术展览。她记得,同班有一对双胞胎,姐姐的名字里有一个"旭"字,不知道有没有哪一位同学还记得她们?现在从圣玛利亚学生名单知道双胞胎同学是蒋旭珠、蒋昶珠。我会告诉王德娟这个好消息。王德娟是一位美术家。她画素描,也画油画。她和先生毕克官现在在美国加州。毕先生也是画家,对中国漫画的发展史颇有研究,出版了《中国漫画史话》和《漫画的话与画》。去年德娟回来,带给我她 2009 年出版的《王德娟画集》。最近我和她通电话,给她拜年。她忆起在 SMH 上的英文课本是 Heidi。她因迁居北京而离开 SMH。我想她应当读完初一离校的。

我和圣玛利亚渊源颇深。我的妹妹邵绡珠也是圣玛利亚的，后来她毕业于市三女中，1982年不幸病故。我的堂姐邵莉楣是1950届的，我的表姐舒琳琳是1952年高二的。如今我们都已步入耄耋之年，每个人都历经坎坷，但是正如我们的校歌教诲的，我们在校"锻我心智，练我体魄"，出校后，我们"从容就道"。在这些个年头，艰难困苦，得失挫折，我们都以豁达的心态处置。如今，年届耄耋，我们回到SMH校友的怀抱，重叙旧情，我们珍视少年共聚校园的快乐时光；我们珍视母校的教诲予我们一生的影响；我们珍视同学的情谊。在这里，向同学们说声"珍重"。

啊，报告一个伤心的讯息：朱家祯同学病故了！记得前年十月，圣约翰大学全球联谊会在北京举办，南京校友来京共聚。我已经很久不出门了，也从北郊进城来参与这个盛会。在旅馆，认出了她，我与她十年不见，握手言欢。但见她双颊黯红，说话气促，明显看得出她患有不轻的心脏病。她老伴陪同来京，可见她对这次故友重聚的热情。在分组活动时候，我看她，气喘吁吁地与老同学忆述往事，不时高声抢话，不时开怀大笑，欢声笑语遮盖了她的病情。她高兴极了。大会地点离旅舍不近，她夫妇打车前往。每次她总是关心我，怕我关节痛走不动，拉我上车同行。最后的活动项目——舞会，我老了，跳不动了，只能在一旁欣赏；也乘机和六十多年不见的小学同学多谈两句。家祯夫妇也来！那么晚，她还兴冲冲地来找老同学，与大家共享欢乐。没想到，一别成永诀！

校园·舞台

——1951届同学的集体回忆

陈韵昭执笔

母校校园里的景物像一幅幅画面存留在我们记忆之中。

课室、琴楼、教堂、体育馆、宿舍,这一座座建筑坐落四周把一大片草坪围在中间,一条围绕草坪的长廊又把它们一一连接起来……。

这些画面不是静止的。在记忆之中,伴随它们的有钢琴声,重重叠叠的;有风琴的音响,有赞美诗与祷告伴随;宿舍里常常在宁静之中突然爆发出欢声笑语;课室这边有书声琅琅,又有歌声悠扬…还记得教学楼那间Sun Parlour罢?这个朝南的,充满阳光的小厅是课余歇息的地方。它正面对校门,厅前卧着整整齐齐的台阶,每逢5、6月,全校同学就要分年级分别站在台阶上,整齐有序地举行Step Singing。此起彼伏,唱起那些永不消逝的旋律……,送别高三毕业班的大姐姐。

在庄严的Elgar(英)"*Pomp&Circumstance March*(威风凛冽进行曲)"音乐中,1951届毕业生步入礼堂

演出后在Sun Parlour前合影

  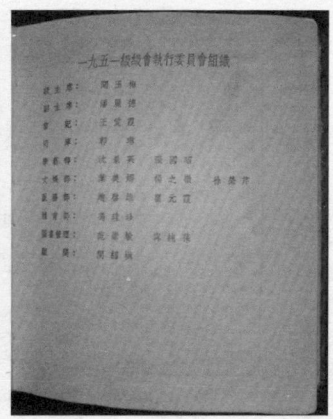

1951届毕业纪念册　　　　1951届毕业纪念册封里　　　　1951届级会执行委员会组织名单

校园的这些建筑是我们求学生涯的见证。

它们见证了我们求知的渴望、信仰的追求、情操的冶炼、友谊的增长。

我们"1951届"这个班似乎与体育馆特别有缘。

体育馆本是上体育课和举行赛事用的。可因为里面有个舞台，就又作礼堂用。那个舞台更给我们的校园生活增加了缤纷色彩。

班上有一对舞者——杨之岭和赵启雄，又有好几位钢琴手徐荣芹、郭志嫦……她们是这个舞台的常客，几年中为全校同学表演过很多节目。但在这舞台上最能演出全班同学青春活力的却是下面这些"剧"目。

其一，高一上半年演出的英语诗剧《威尼斯商人》片断。本学期的英国文学课上，全体同学一齐"啃"的就是这本莎士比亚名著。把其中片断排练上演，更提高了学习兴味。为此，一群十五六岁的少女天天诵读剧本。熟读后要背诵，背诵还得有韵味，还要操男子口音，真正演出时还要穿起当年欧洲的长袍、走起男步……可以想见这个过程需要怎样的刻苦……

其二，高二那年，在抗美援朝运动中，配合当时的政治宣传，演出揭露好莱坞黑幕的《女演员之死》。这是同学根据《大众电影》登载的故事改编的，有点类似活报剧，用音乐和朗诵把不同场景串联起来，显现了同学的创意，也显示了全班一片政治热忱。

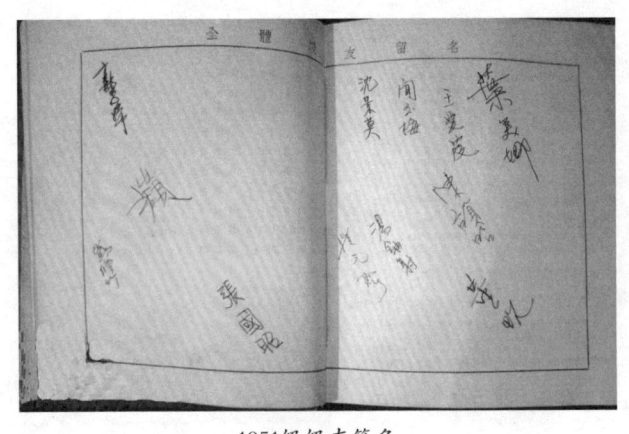

1951级级友签名

其三,高三时,作为圣诞舞会的主持者,我们又排演了一出原创舞剧《真理之光》。剧情源于班长闻玉梅构想的一个童话故事:一个小女孩在森林里发现了一朵奇葩。八个女神向她伸手,她都不给;恶魔威逼相加,她也不允,直到真理之神显现,她才欣然奉上。其中的女神、魔鬼各有一段独舞,所以编、排、练费尽功夫。

……

六十年后的今天,当我们打开尘封记忆时,当时的这些舞台形象竟能鲜活地跃进眼帘。当年的这些表演者是何等勇敢、可爱!古今中外的题材、唱、跳等不同样式都敢于尝试!专业水平固然谈不上,其热情就足够感动观众!是的,这都因为当时我们有富于奇思妙想的班长闻玉梅,又有善于组织人力的文娱干事叶美娜,同学们才有勇气承担和尝试!叶美娜的坚强后盾是徐荣芹。当演出需要音乐时,她能在最短时间内选出最合适的钢琴曲来配合。"真理之光"里多少位女神加上女孩,恶魔的音乐都是她帮着叶美娜选定的。演出时,她又担任全剧伴奏,不愧是我们的"音乐总监"。还记得班上的赵琳琳和冯珪珍,几乎什么剧目都积极参与,演 Angel 还是 Devil ?一样乐意。又记得班上的郭琳,早已患有脊柱侧弯,天天都得裹着一件"石膏背心"。还能上台表演吗?舞剧里,她担任的是 Angel of Truth,不需她跳舞,只要举起星光叉,安定地信步走来。而她,就凭一脸的圣洁,赢得观众认同。前台如此,后台又怎样?管灯光的范崇敏,在舞剧中负责给每个舞者"追光"。她一个人硬是举着灯,一追到底……

舞台啊舞台,你让我们饱尝了合作的愉悦,从中学到了彼此需要配合、扶持。你是我们的又一个课堂!

1951年夏,我们完成了全部高中课程,毕业了。

毕业典礼也是在体育馆内举行的。舞台,又成了我们的见证。

典礼,就需得庄重。学校有规定,毕业生必须穿着纯色的旗袍上台。旗袍的颜色分红、蓝、绿、紫四种,按届别而定,我们这班轮到蓝色。

旗袍选用浅蓝色,胸花采用粉红的苍兰,这是班会经过热烈讨论后决定的。为选购衣料,定制胸花,生活干事董悦不遗余力。

在毕业典礼上,我们一个个随着庄严的"*Pomp & Circumstance March*"音乐,上台从洪校长手中接过毕业文凭,心头洋溢着对老师、家长的感谢,充分享受了那份庄重。之后,就在大草坪上摄影留念。

本来,即将离开学校,难免会有些离情别绪,可是当时由家人簇拥着,大家似乎都很兴奋。照片中,个个都笑吟吟的。

想不到的是,在我们毕业之后不久,圣玛利亚女中就停办了。我们竟成了她最后一届毕业生,没有了教师和学生,母校再也发不出呼唤,叫我们返校,叫我们聚会了。在此后的岁月中,各人手中的这张毕业照也历尽沧桑,陈旧了,残破了,甚至被痛心撕碎……

六十余年后的今天,我们欣喜地获悉,母校又组织了校友活动,要求她的学生书写缅怀她的文字。感谢现代科技又能把当年的毕业照刷新,重现光彩。我们在这里表示感谢,也真诚地以她为礼品敬献给大家。

念兹在兹永不忘汝，圣玛利亚女校

1952届 李玫

1952年7月5日是我们1952届同学在原圣玛利亚女子中学修毕初、高中学业毕业之日，也是母校与原中西女中两校合并成立上海市第三女子中学之时。自那日起，我们告别了母校，长宁路1187号（原白利南路1187号）那片令人难忘的校园，从此留给了上海纺织专科高等学校使用。2003年，我们获悉母校原址归属长宁区下属新长宁集团开发，开始在那片园地上实施"七通一平"，将整个校园用推土机整为平地，自此我们从真正意义上告别了母校。

难忘的校园景象

我们的母校坐落在长宁路一侧，由高高的淡黄色围墙围成校园，校园里是两层坡屋顶的建筑群，由一层的柱廊环连成整体，还有大片绿色的草场，显得那样朴实、悠静、毫不张扬。位于校园建筑中轴线的校门，是一道双扇拱形门，右上方标着"1187号"，另一旁竖挂着校名全称的牌座。校门里有勤奋执教的中、外籍教师员工和努力学习的200多名学生。日夜司守着校门的石兰生工友，天天穿着笔挺的灰布长衫、黑布鞋、袖口翻出一摺雪白的中衫袖口，站在校门一边，接受着每名走进校门的师生"早"、"好"的问候。有了他的值勤，校内的同学休想溜出校门，校外的路人也别想从门缝窥视校内景象。每天早晚上下课时间，尤其是星期六放学时间，校门外沿着围墙一侧路边，停满了接送同

---

① 李玫：1956年毕业于同济大学建筑系。曾在上海民用建筑设计院从事建筑设计和室内设计，上海市国际信托投资公司咨询、房地产等子公司从事技术项目管理。教授级高级工程师，国家一级注册师，上海市注册咨询专家。

学的私家车，车龙阵里还会夹着少量摩托车，那是男朋友来接女朋友的"专车"，只待她坐稳后座，它便启动，一溜烟地向中山公园方向驶去。

校园建筑群的布局以校门中心线为中轴，中轴东西两边以不对称的若干座建筑形成两边平衡的格局，正对校门的是 Dodson Hall，呈门字形的教学楼，第一层中央是 Sun Palour，休息厅，有三扇拱门通向南面户外大草坪。中轴线向南延伸，轴线东边依次是实验楼，Church，（呈十字形体），音乐教室和琴房楼。轴线西边是中国女教师和住读学生宿舍，食堂、浴室等生活用房区，有较矮围墙隔离，中轴线底端是健身房兼会堂，南面

李玫、凌淑君、陈莺在思孙堂日晷后（1948）

一片广阔的空地，是预留的发展用地，这里除了 400 米跑道外有小土山，树木绿化和一些零星临房。各建筑之间有单层柱廊连通，挡雨雪也挡日晒，据闵绍樾老师说这是地中海式建筑的一种特征。在柱廊圈成的长方形空间当中是一片郁郁葱葱的大草坪，至少可容纳三个 Soft Ball Team 同时练球而互不干扰。大草坪靠近 Church 处有一枝青壮年期的樟树，倘然它能存活到今天，必是又一枝老樟树了。大草坪西北角，靠近生活区和教学楼之间有座小屋，那是卫生室，在那里工作的汪庆保先生不但料理护卫工作，还为学生饭堂提出营养菜谱。卫生室不远处还有一根不高的立柱，上方设有"日晷"，由老校友赠予母校象征"科学"。整个校园环境充满生气，可以说处处有景可赏、季季翻主题。春季来临，生活区前，五枝高高的白杨下出现一片火红色大菖兰，大草坪上那枝樟树以自己的绿叶丰满起自身的姿态。Easter 节到了，全校师生结集到健身房南面空地，寻找早已被隐蔽在那里的"蛋"。秋季到来，在 Church 两旁和生活区南边，白色广玉兰在柳树陪衬下显出醒目的亮点。夹竹桃不知何时也争相开艳，月季之类到处可见，在这平和的环境下，陶冶着学生的平和心态。最能勾起我们欢快记忆的是栽在教学楼南边的那两棵老雪松，夏秋季节，我们聚集在它们前面的小广场，在硬地上举行 Step Singing，这是毕业骊歌会唱。临近 12 月，东南边那棵雪松被装点成圣诞大树，闪烁着五光十色，每

逢 X'mas Eve 傍晚，返校校友和全校师生员工都结集在它周围，随着何义法先生风琴伴奏声中唱起 Xmas Carols。而这些 Carols 要经何先生一个月的教、练，唱出优美、唱出感受。唱毕，大家分班级列队，静悄悄地在 Church 里的风琴奏乐声中各就其座做圣诞礼拜。在校门内，沿围墙东南角处是一块相对独立的生活区，建有一座两层宿舍楼，专供校长、教务长、外籍教师居住，设备设施同样俭朴，占地面积不大，只是南面有一点绿地、硬地。我们的末第二任校长洪德应先生一家，末任校长郭秀梅先生和她丈夫丁光训主教一家都曾在此住过，后来这两位先生包括曾经住过那里的闵绍樾教务长，俞慧耕副教务长都被调到别的院校当教授、当校长去了，其中洪先生去了上外，郭先生去了南大。外籍教师在 1951 年抗议奥斯汀"恩赐"论运动（美国奥斯汀说恩赐中国而游行）中被派出教会圣公会召回。我们的大多数老师并入了市三。而今母校校园消逝了，这一切景象将在我们的脑海里回荡，直到永远。

严格又轻松的教学、教育

我们 1952 届是两校合并时最末一个从 P1、P2（预科一、预科二相当于小学五六年级）读完到初、高中毕业的班级，P1、P2 时正处在日本人占领上海时期，母校迁入约大斐蔚堂上课，我们班的教室位于斐蔚堂二楼，教室里附有一个卫生间，Toilet#207，那时的我们班从照片上看，只有十来个学生，个个穿着一式短袖布旗袍，年纪正当十来岁顽皮时期，似懂非懂，专门喜欢趁高班学长来上卫生间，把她们反锁在 #207 里，后来 #207 成了上卫生间的代名词和动词。我们搬回校本部后还这样叫。那时有空袭警报、听到警报声，小的学生会吓得哭，没有战争经验的老师也吓，出于责任心，连忙叫学生躲在课桌下当防空洞，想想那时抱了头哭的情景，好有回味。抗战结束，母校迁回 1187 号校园，初三以上班级安排在 Dodson Hall 楼上课室，初二以下班级安排在 Dodson Hall 楼下课室，另有两个设有课桌椅公共课室供各班轮流做作文用。因为作文用毛笔写，所以要有课桌了。初中时，我们这届学生人多，分为 A、B 两班，各有 25 名学生，依学生姓氏上海话拼音首字母排名分班。教室里除了设窗户的墙面以外，三面墙是撑满的黑板。课椅是供单人坐用的单边扶手椅，扶手上伸出一块台板，这样的课椅五纵五横排列成行，行间留出行走空间。每周一至周六天天排五六节课或六七节课，其中必有自修课，供学生在自律环境下，互相交流，做大部份难的功课。自修课没有老师在场,一般纪律较好,绝不会影响相邻教室上课。一上课,几乎各课老师都要叫学生上黑板,每一轮叫6~8名学生,由学生举手争取上黑板,在黑板上做出不同题目的答案。全部完成后,换一批学生上黑板改这些答题,全部完成改题后由老师一一讲解。老师审阅每个学生的思考方法,并不苛求因粗心造成的小错,学生对这样的测验机会十分珍惜,并习以为常,总是大胆争取上黑板,气氛非常轻松活跃。外籍教师上英文和英文文法课,几乎每堂课要小测验,对低年级的测验是 Dictation,完成后顺竖排方向依次向后一座同学传交试卷,每末排同学则将试卷传交第一排同学,相互交替改卷。这样,每个学生经历了两次反复,加深了学习效果。英文课本都采用原版著作,从 P1、P2 读 Heidi 起,到高中三毕业,每个年级有规定读本。此外每个学期放假要自阅一部相应程度的原版著作,写出读书报告。到我们班升高中三时改读国定本了,所以我们班的英文程度完全及不上前面的各届同学,总算在高二读完了 *A Tale Of Two Cities* 和 Shakespeare 的十六行诗格式。外籍教师教课不注重查生字,每堂课 assignment 多达十多页以上,也根本来不及查字典。由老师按座次叫学生起来读一个段落,然后要求学生用自己的理解,用自己的英语复述段落主要内容,然后老师总要发问,引深对话,使学生得到更多演绎机会。同上面的各班相比,他们连世界历史、世界地理、数理化卫生等全部读原版,而我们只有英文、文法、宗教、世界自然地理和家政才读原版或由外籍老师教课,情形有了很大变化。

说到家政课,课程内容轻松愉快,每个学生一年要交一件针线生活,一件刺绣作品和一件绒线作品,这里包含了配色彩、选质地的练习。记得我们班的针线作品是做 Teddy Bear,刺绣活是绣枕套、绒线活是结一条围巾,此外还要学跳集体舞、交谊舞、插花等,好奇的我们发现老外底针箍样子同我们的不一样,结绒线,穿针线的姿势也完全不一样,真正奇怪。这门课到初二就结业了。学校先后一共请六个专门教国语、中文的男老师(同一时期保持四个老师),所采用的课本有《古文观止》、《世说新语》等,加上国定本,要求学生写白话文和古文作文,学习家书格式等。

母校的教学提倡独立思考,培育自主能力,除了解题允许有多种答案外,课外活动和各种演出活动都为学生提供自由发挥机会,学生经常有排演课文章节内容的活动,还可以从校外请来指导排演的导演等。只要是有益于"学"的事,都能得到支持。比方演英语话剧,从课本取材,以文娱形式表演。比方从体操课学的大象行走、青蛙跳、双人连翻跟头，荡荡船之类用来作为单人剧背景动作，记得有一年迎新大会在后操场举行，由 1948 届的江天筠扮了一个"半男半女"形象，初一的同学就在那里不停做背景动作做陪衬，活跃场景。有时上课时也会有老师叫学生到讲台前把课本主要内容用表演演绎出来，比方我们在初二读 Hans Brinker 时就被 Miss Eddy 叫出来演过片断情节，用来帮助吃透课文内容。利用暑假，请学生画动植物标本是从法国深造回母校执教的罗迟慧老师用来加深学生认识的一种方法，教世界自然地理的 Miss Barnaby 也专门让学生画地理山脉、水流、风向的图，使我们直到现在，每看到 TV 气象报告的图标还留有几分似曾相识感。

母校聘请的教职员工十分精炼，教师中的一部分是经过升学、深造的校友，一部分来自著名院校，特别是教会院校的师资人才，还有一部份是校外富有教学业绩的兼职教师，像来自大同的数学老师苏先生、来自上音的音乐老师杨嘉仁先生。其次母校十分注重教给我们做人的道理，小到给别人递一件锋利的东西，必须将锋利的一头朝自己，在走道行走不争先恐后奔跑，既为礼仪，又养成一种平和心态；大到对待工作功课的态度要"Work while you work, Play while you play"要今日事今日毕，Seek new friends and keep the old. These are silver and those are gold. 等等等等一套又一套的话语，每个学生都能背诵多条。直到今天我们仍童心不泯，比较单纯，追求完美，常把自己搞得很劳累。

学生的入学考试是一种与其他学校不同的创新形式，报考的学生首先须有两位社会贤达作保人，保证考生品德兼优，然后参加入学考试。考场座位不分班次，考卷内容涵盖从初一至高二，考生能做多少就做多少。这样，学生可以尽情发挥自己所能，每个考生在各科考卷上会做出不同年级的程度，经各科老师综合评定，得出考生应当进入哪个年级，所以每个考生总是录取在比自己报考的年级要低一、二级甚至三级，这还不是"尘埃落定"，在入学第一学期头六周末，还要经历一次评定，凡分数在 70 分以下科目都要受到 warning，由校方向家长发布不良成绩，如果 warning 的科目超标，除要求家长为女孩请家教补课外，该学生还要降到下一年级就学。这样，本来招生不多的母校在一筛再筛下，新生成了凤毛麟角，至于老学生，如果不达标就会留级。由于留级生并非一无长处，有时会被老师指定用自己的长处辅助新生。在这种实事求是氛围下，没有人会歧视留级生，当然也有学生为被压班过分或留级而离开母校。也有从母校出走的考到外校反而升了级，或然率很难把握。

浓厚的音乐氛围

与普通中学不同，母校设有钢琴专业，供部分已在家学过钢琴的学生继续深造或练琴，达标后毕业，发与单科毕业证书，毕业生可进入音乐专业单位深造或从事教学工作，只不过，由于教学上采取一对一教学方式进行，每个学生达标毕业的时间参差不齐，因而不为她们一一举办毕业典礼。

其实，在母校的学生中，学钢琴、提琴人数多如牛毛，学过三五年的都不敢妄称自己学钢琴，实在是因从 4~5 岁起学琴的人太普遍。学生中还有学芭蕾、书画、京昆、声乐的，等等，都是家长重视美育，要提升女儿各方面修养而形成。为了满足这种需求，母校办了钢琴专业，执教老师都是专业人士，如上音杨嘉仁先生，Mrs. 刁（杨调芳）等。说起杨嘉仁先生，他是我们班音乐老师，从视唱、练耳训练教起，还不时请学琴的其他班同学来演奏一曲，然后由他从曲目的作曲家讲起，直到欣赏作品。他会边讲边弹边唱，深入浅出，把唱歌课提升为音乐课之余，还教给了初步的乐理，教的是外文歌曲、轻音乐，民歌范畴的两部以上的合唱曲目。"文革"期间，这位乐天派老师竟陪自己夫人一起自尽，万万不能预想。

我们上面班的音乐课由一奇胖无比外籍女教师教课，我们曾看到由她指挥的一年一度全校音乐会演出盛况，演出者全是高中学长，演出节目包括合唱、独唱、钢琴器乐，一律是西洋古典作品。由于这是正式向家长汇报的演唱会，演出学生一律穿正规服饰。

（左起）李福佩、江浦珠、印吟梅、林秀兰在健身房后小坡上

陈祺先、陶佩珞回廊前推割草机

高三，雪白的旗袍，白色高跟皮鞋，佩新鲜胸花，这也是毕业典礼上规定的服饰：高二、高一、初三（如果上台演出）穿着各班级级服，也是短袖旗袍，只不过各班轮到的级色要按浅粉红、淡绿、淡天蓝、浅雪青紫依次色配置。合唱队形呈60°斜排，每人前后左右保持一定间隔，台下低年级学生除了当听众外，还须担当起从 Sun Palour 到健身房兼大礼堂这段不短的路之间的"向导"，把家长们一一带到座位，这是很好的学习礼仪机会，人人做得非常认真。

除音乐课、音乐会外，有很多接触宗教音乐的机会，每天课间有小礼拜，不论是否教徒，学生要依班级列队进 Church，每星期五有大礼拜，有牧师讲经，凡做礼拜，必有唱诗，由于学生在音乐课上已学会了大调小调等知识，只待何义法老师奏起风琴，大家就会连蒙带猜唱准调子，尽管这点诗歌都未经事先练唱。

临近 X'mas。何义法先生要为全体学生练 X'mas Carols 练熟之外，还讲究轻响"橄榄"，抑扬顿挫处理。X'mas Eve 前一夜，住宿生和老师会有一场化妆舞会，X'mas Eve 傍晚，全校师生、返校校友和校董会成员都要围在装点成大圣诞树的雪松周围唱 X'mas Carols，然后要按班级列队进 Chusch 做圣诞礼拜，看 Pageant 演出。担任演出的，特别是出演玛利亚和约瑟的学生，必须从品学兼优的唱诗班成员中选出，像杨斐、邓修梅、郭志嫦等都担任过这些角色，得到过这样的殊荣，这些活动增添了音乐氛围。

还有一档重大活动，毕业班毕业前，全校各班要依次聚集在 Sun Palour 南小广场（硬地上）唱骊歌举行 Step Singing，一方面送走高三，一方面是各班都要顺次升级，高三要向母校告别，是主角，站在 Sun Palour 南（座北面南）高三的对面是初三，高三东西两面是高二、高一分布的位置，其后边，户外楼梯上是初二、初一低班级的位置，大家在何义法先生的钢琴声带领下，从校歌唱起，然后合唱各班的级歌和 Step Songs。骊歌分两类歌曲；一类是颂扬母校培育感恩的歌词，另一类是西方电影插曲中含惜别意思的歌曲，词句都很动人，如"We love top raise St' Mary's Hall our noble alma mater, now is the hour"之类。

上世纪八十年代，我们班部分同学欢送陈祺先赴美移民，一部分同学为她小聚相送，唱起了 Step Songs，和她从 P1 开始就在一起上学的陶佩珞禁不住热泪夺眶而出。别了，从此天各一方，还能相见吗？但愿此去平稳安康！

就在校园浓厚的音乐氛围熏陶下，不少同学成了音乐专业人才，取得了事业成果。

如汝洁（1949届）后来担任上音附中校长，现在香港的郭志娴成为一位声乐家，郭慧珊成了很好的小提琴老师，谢爱明（钢琴）、刁蓓华（乐理专业翻译）留在中央音乐学院执教，陈祺先在美国的音乐学院成为音乐资料管理人才，还有朱雅兰、朱雅芬、赵启雄、饶洁华、赵庆润、徐荣芹等一大批桃李满天下的音乐教师。

丰富多彩的课外活动

母校的排课相当合理，每天几乎都留下了自修课，以便让学生在校集中精力做好相对难的功课，"今日事，今日毕"，然后得以尽情放松地进行各种课外活动。自修课没有老师在场，靠学生自律，在互教互学基础上消化一天所学、复习准备第二天的课文内容。学音乐、舞蹈、戏曲、字画的学生则按自己所学进行更多时间的练习。完成功课后是尽情玩的课外活动时间。我们班是全校文体活动最积极的一个班，自己组织了A、B两组Soft Ball Team，A组请了约大的Johnie韦韦担任教练，个性张扬，练球时气势逼人；B组请了约大的蒋维良当Coach，他带了约中的邱惠群为他检球，两个队每周同时练两次球，分布在大草坪南北各占一方，练球讲究姿势要标准，功架要优美，腔调要十足，服装、球鞋要符合要求。练球不仅要学球技，还要学会大声叫"My Ball"，学会勇敢的Slide（滑垒）。学员中郭志娥的姿势很标准，刁美华的姿势带着男球员风格，想不到她后来完全是女性的着妆打扮，变化真大。那时校际女队，有同年纪相仿的"树狸"队，她们的Coach有黎宝骏、李启藤先生。还有比我们年龄小一点的"青鸟"队，她们的Coach则是梁友文先生。九人制排球校队由我们班和下面一班（1953届）的人组成，二传姚庭熙是核心人物。体育老师陆羽先生擅长排球，由她自己带教。篮球经历了六人制和五人制的时期，六人制时，飞毛腿的李惠宝和赤脚打球的宋惠龄都能以速度快而占便宜，每逢球出线，她们会大叫"Outside"（"出界"）。到了五人制时期我们的级队就是校队，五虎将是吴景瑜、陶佩珞、李葵、姚庭熙、王丽天，打满场不换人。最绝一招"偷冷饭"，球从一边底线直接发给另一边篮下的球员，没等观众眨好眼皮，球已进篮了。篮球队的Coach是她们自己从"大公"请来的王X芳，每次练球都从基本功练起，很认真刻苦。我们下了课，逢约大交谊厅有球赛，会一起走过中山公园到约大交谊厅看球赛，什么薛月华、卢鼎厚、什么张萝萝、孙摩西等，他们的招势都被我们看得熟透了，我们还会使劲跟随啦啦队吼起"上山流水哂

林秀兰、梁惠基、顾竹君等游杭州

沥沥沥沥，下山流水划啦啦啦啦"之类，好不起劲。

由于我们班是体育"大国"，区办校际运动大会便轮到我们班吴景瑜扛校旗，她一马当先，气势十足的形象，还能在旧照片上看到。为运动员看管衣物也归我们班为大家服务。

后来校内成立了腰鼓队，从旧照片看，沈桓这些高班学长都是队员，每次游行在马路上打腰鼓，总是吸引了很多路人围观。军鼓乐队以下面一班（1953届）为主力，我们班参加好多人，我们校队有三名指挥同时挥指挥棒，由郭志恩、杨钰华、马时霖担当，她们挥起指挥棒来"花露水"十足，敲大铜鼓"碰碰器"的姿势也是做出很多花头。总之一句话，要与众不同，胜人一筹，要么不做，做就要做出完美。

后来，在我们一生中，我们都不愿放弃完美，许多同学在工作中攀登了自己的顶峰，做到了完美。还有许多课外活动，为学生提供了锻炼机会，演出英语戏剧，是为英文课设置的一种活动，取材自各班所读原版书本。我们在初三读 Treasure Island 就演绎那个强盗在小旅店一段情景，全由学生自己排演。有时我们班会演出舞蹈节目，那是因为我们有李葵、王丽天这样有芭蕾根基的同学，演出使我们对自己的能力信心百倍，终于在高二那年汇同一部分 1953 届同学，从约大请来胡思永、叶惟德导演，演出《夜店》，效果非常好，更增添了我们敢想、敢做的意气，对承担从没做过的事毫不畏惧。可以说母校不仅赋予学生高素质的学科知识，而且对学生进行了全面的素质教育，培养了一种价值观念、价值取向，使我们一生享用不尽。

母校对学生的要求是严格的，住宿生的宿舍区里，浴室的浴缸是用荷花缸打了出水洞建造的，公共食堂8人围一个八仙桌，座位是长板凳，饭菜除要求卫生室认可的营养外，真是今天的"瓜菜淡饭"。学生宿舍每间房间高班学长和低班同学混搭，让高班学长照看低班同学，谈不上有许多优越条件。学生中还有小部分享受免费待遇的教职员工女儿，免费生不受歧视，还有些是约大教职员工女儿，我们班就有刁美华、刁蓓华、张瑞云等。在同学中，后来经过各种各样的生活锻炼，学会给衣服打补丁，切布鞋底，能屈能伸。虽然原来多是富家闺女，拥有优越的生活条件，但在学校的严格要求下，摆脱了昔日的娇生惯养，具有了面对现实的坚强精神。

掌门长女式的高中三姐姐

为使低班学生得到高班学长各方面带教、母校有"姐姐班"和"妹妹班"的班际关系传统，高三同初二是一个对子，每个年级拥有一种级色，从高三到初三依次的级色是浅粉红色、浅绿色、浅天蓝色、淡紫雪青色，用以规定级服颜色。级服形式一律短袖旗袍，高三毕业班在重大活动时，不穿级服，穿雪白的短袖旗袍，佩戴红鲜花，姐姐班同妹妹班级色相对应，只不过初二以下班级没有级服，要升到初三才有资格拥有级服。

除了级服，还有级戒、级歌、级花，级戒由各班自主设计、加工，级歌也由各班自行请人谱词谱曲。我们班的级戒由郭志娥提出构思，级歌由Miss Barnaby谱成，"We'll never regret, we were the class of 1952"，级花是"Forget me not"，勿忘我，一种草花，象征朴实低调、谦虚成长。每个班级升至高三时，都会得到母校特殊看待，她们可以"头上出角"，拥有一定自由、自主，因为她们成人了。为了保证她们准备升学、深造，许多活动由高二担负起责任，但有的活动必须她们为主角，比方一年一度的音乐会，Step Singing等都必须有她们的身影，因为她们是母校的掌门长女，要为下面的班级做出榜样，母校始终以她们为骄傲，而她们以出自名门母校而荣。她们下面班级都以敬爱的目光，盯着她们的一举一动，学着她们的一言一行。

毕业时刻到来，举办毕业典礼是母校一件大事，借此向家长和社会汇报。大会请来社会贤达、知名人士作简短讲话和颁发文凭，气氛隆重。会前，低班级学生被派在Sun Palour前，为家长们一一带入会场就座，学着仪表和寒暄。何义法先生不间断的弹钢琴作为背景音乐。时间一到，她便弹起《第一威风凛凛进行曲》主题曲，这时高三毕业班学长随着乐声缓缓步入，在雪白的服饰衬托下个个气宇不凡，下面班级的同学带着复杂的心情看完这难忘的一幕。

1992年10月18日，市三女中举办百年校庆活动，向国内外校友发出邀请，返校庆祝，出席大会。大会安排在市三"五四楼"前的大草坪上举行，魏美瑾、吴民爵等多位学长相约从境外赶来，一路上练熟了校歌中文字段，随着市三的铜管乐队奏起我们的校歌，这些学长带领我们唱了起来，这天的感受真好，天特别透蓝，校歌显得特别亲切，只因我们的姐姐们回来带领我们一起唱，我们不再孤单。

最后一次返校

据说女生的调皮，可以胜过男生，女生调皮之一是喜欢为老师起绰号，并无许多恶意。一个女老师只因脸形圆圆的，被称为"陈大饼"；一个男先生的头像三角形便得了"三角头"的雅号；另一个男老师留了一小扎胡子，大家就叫他"翘胡子"；从金女大来的刘葆宏先生讲课时总爱一手叉腰一手写黑板，于是我们背地里说她像"茶壶"形，只因她严格，不敢当面呼叫；从法国回校执教的罗迟慧老师，在黑板上写下 assignment 时具名"罗白"，大家就叫她"罗白"；从约大来的俞慧耕先生是政治先生，也是我们班主任，起先大家对她有距离，勇敢的刁美华就问她："你是共产党吗？"后来大家渐渐不怕她了，便索性叫她"阿耕"；还有一位闵先生被叫成"闵佬佬"。这些往时印象是我们相聚时常常讲到的一部分内容。

2002 年我们班举行毕业 50 年聚会两天，一项重大活动是"返校"。这天下午，大家误认纺专办公室主任为亲切的兰生老人，他穿着笔挺的布人民装，等在预约地点，见到我们很高兴的模样。为我们打开了一间设有课桌椅的教室，让我们歇脚。"嗳怎么课桌椅这么小，这么挤哦"，"嗯，坐也坐不进了。"接着有人回忆起当年前后左右邻座的同学，有人跳到讲台上装出"茶壶"腔调叫大家猜"这是什么人"？有人讲："董碧虹小时舌头能舔到鼻尖，现在能不能呢？"有人回忆起当年 12 月 23 号夜化妆舞会……大家抢了讲，只怕几天几夜也讲不完。就在这年，郭志娥在美国找寻那些教过我们的外籍教师，她找到了百岁的 Deaconess Ashcroft、Miss Cooper。嘴唇长有黄须的 Miss Barneby 则查无下文。当年长得最美、年纪最轻的 Miss Eddy 已是 80 高龄的 Grandma，真是沧海桑田。

就在这一年我们忆起了被坏人谋杀的 Mrs. 陆朱兰贞校长，忆起了何义法先生，她本是孤儿，因不知何许人，取姓为何，又因希望她成为一个讲义守法的人而得名"义法"，想不到这位生前努力工作的老师"文革"中被揪斗、自尽。最令我们惦念的是我们在高一送走的五个优秀同学，汝谅、朱婉年、邢季琼、江浦珠、彭帼云，她们参干南下，到今天只有邢季琼复员回来到了我们中间，相聚何时啊。

  我们毕业时，董蔚玲、张瑞云两位品学兼优的同学被留作辅导员，后来才进大学。我们所有同学都顺利考入国内一流大学，一生勤奋努力，工作积极。愉快生活在京沪两地部分同学中的教授级高级眼科医师王仁緅把一手养育大的孙女送回市三并得到了市三送赴美国交流学习机会，教授级高级土建工程师陈佩美把一手拉大的小孙女培育成未来进入市三的优秀生，去接自己的班，超越自己。绰号"胖胖"的李世济已成名满天下的京剧艺术家。从小就学芭蕾的李葵在上海办起芭蕾舞校后，80年代又在美国伊利诺斯办起芭蕾学校，现在所有中外学生已成为各舞团主角。陶佩珞在80年代以来，为国际上著名ABB集团主持在上海地区的分公司工作，为ABB进入中国市场作出出色贡献。王丽天多次赴美讲学，其间，为华山医院引进了美国一家眼科医院进行专业合作，创建了中美眼科医院。陈佩美在上海市建工局工作时，获得了"四大女金刚"称号，专为建工局解决重大技术问题，退休后被外企发现，聘为技术总工程师。李惠宝参与药剂方面的科研项目，获得了国家专利(当时以集体名义获专利)。还应提及两个同学，一是董碧虹，改革开放初，在国家号召45岁以内大学教师报考出国进修时，她报考后被北大选为全校五名出国进修教师之一；一是沈慧俐，在西北航空学院执教，改革开放后赴美讲学，回来萌发了在大西北科技扶贫的意念，自掏腰包办起了专门吸收大西北贫穷地方贫困家庭女生的培华学校。而她自己以一个癌症患者的身躯，真正做到了鞠躬尽瘁，死而后已！回顾我们这个群体，很多人都已获得高级职称，虽无惊天动地的业绩，却已在每个平凡日子里作出了应尽的贡献，结出了自己的硕果，以报师恩、以报母校。

（2007年12月初稿，2013年4月修改）

回忆我八十年的人生历程

1952 届 谢爱明

一、我的成长

1933 年 4 月 4 日 我出生在上海江湾,在基督教传统教育的家庭中成长。受家庭影响从小就开始明白应当帮助贫困、弱者。长大后想当医生治病救人。

1948 年 10 月随父母从香港回上海继续上学。因为学校都已开学,只能进启秀女中。1950 年家人希望我能进 St. Mary's 上学,当时面试是 Deaconess。当她问我为什么要来这所学校,我回答,因为这所学校是基督教会学校,她听后很高兴。

我是 1950 年高一下学期进圣玛利亚上学的。进校后每次按规定都上教堂做礼拜,不记得是哪年圣诞节,被选参加耶稣诞生的节目。

我能进圣玛利亚受到很好的教育,虽然很紧张、很严格,过去的英文底子也差,进校后初期很吃力,但环境所逼,我只有拚命赶啦!但和原来从低年级入校(当时各门课用英文上课)的同班同学比就差得很多了。

进入 St. Mary's 后一切对我来讲都很新鲜,学校宽畅的教室、健身房、楼前一大片草坪、庄严的教堂、学校良好的校风,教师对我们严格的要求、学习英文、音乐的环境对我影响很大。汝乃华老师的解析几何课和物理课在我儿子上中学时我还能用这点老本来辅导他。在中央音乐学院的几十年钢琴教学中,我运用物理学里的声波振动原理来解释钢琴的触键音色问题,取得很好效果。学校图书馆藏书极丰,我在那里浏览了大量中外名著,为以后在音乐学院上学打下了很好基础。在学校午饭后几个要好同学三五成群在草地上边晒太阳边做功课的情景至今还出现在眼前。此外我还参加了班级篮球队、垒球队，还经常在校内外打比赛。在约大蒋维良当教练时进行垒球训练，我还没弄清打球的规则就让我上场比赛，队里的同学在场外喊着指挥我，叫我快跑（我有双飞毛腿）。结果当然出足洋相，不过还是很有意思。同学之间关系还是很亲切，除了上课，课余在后操场郭志娥拿她的自行车帮我学骑自行车，她在后面扶着很辛苦，使我终于学会骑自行车了。

《人民画报》刊发的中央音乐学院学生谢爱明弹奏钢琴的照片

后来偶然看到赵薇主演的琼瑶电影《情深深，雨濛濛》里竟然有 St. Mary's 的教堂及走廊和大草坪等镜头，太熟悉啦！我设法买到 DVD 留念（虽然电影里说的是圣约翰大学）。

1952年毕业前夕我按团小组意见报考当时还在天津的中央音乐学院钢琴系，师从李昌荪先生，学习了五年本科。他是新中国第一代优秀钢琴教育家。由于中学基础课学习较好，所以在音乐学院五年学习比较顺利，一直是优等生。1957年毕业后留校任管弦系艺术指导，后又转教学。我的先生黎信昌是男中音，是音乐学院的同学，毕业后也留在声乐系教学。我除本职工作外，一直给他伴奏，合作了大半辈子，和他一起出了唱片、录音带、VCD、CD。儿子、儿媳在港定居多年，也都是搞音乐的，以我的名字在香港开了钢琴艺术中心，我每年去一两次，给他们的工作做些指导。

在音乐学院任教五十多年，我培养了一批学生，开始时他们很困难，后来其中不乏优秀人才。他们成才后见到我，叫一声恩师、深情的一声感谢，我很高兴！

我教学的宗旨是只要是我班上学生，就一定用爱心帮助、教育他们。为国家和社会需要而培养而不是为自己能否出名来挑选学生，教他们。我在音乐学院虽没什么名气，但并不斤斤较计，有个平常心态也很开心，很充实。

钢琴家方明在考入中央音乐学院附中前曾被某些老师认为不行，他改考打击乐进来后，家长希望能把钢琴当主科学。我同意收他到我班上来，我向家长表示，只要求学生勤学苦练，至于原来的基础、才能我不在乎。方明来附中时11岁，他小小年纪，每天独自骑自行车从城东北的家里到城西南的学校两点一线，有时还不止一次往返跑，学习十分刻苦、用功。方明去美国前我帮他准备了半年多。他那时正在上高二下学期，16岁。

到美国后钢琴家殷承宗听过他两次演奏说很好,介绍他报考堪萨斯大学,因成绩优异而获最高奖学金。后来参加了各种青年人的钢琴演出,不久还参加美国金斯维尔青年演奏家国际比赛并获第三名。他来信告诉我,美国老师很惊讶:"想不到中国大陆老师能教这些教材。"我回信建议他,"刚到美国基础还很浅,不忙参加各种比赛,好好跟美国的老师学。"他很听话,没有忙着参加比赛。后来他参加了四次全美青年钢琴家比赛并都夺冠,还应邀在美国各地及法国、澳大利亚演出。

1992年,方明首次回京举办独奏音乐会,带给母校师生一个惊喜。他同班同学问我:"方明是回国开打击乐音乐会吧。"我说:"在附中我教他的是钢琴专业,出国前准备的也是考钢琴专业。"她们都很惊讶。听完音乐会就更惊讶了。就在方明刚回京的当晚,时差还没倒过来,就打电话找我,要我给他找琴练。他的刻苦确实与众不同,我为他感到欣慰。目前方明任教于美国纽约维斯特音乐学院,他爱岗敬业,同时也不放过任何一个舞台表演机会,教学与演奏相辅相成。这些年他克服种种困难,每一两年邀请各国钢琴专家及美国年轻学生到中国办夏令营,以圆他中美音乐文化交流的梦,另外他还担任联合国防癌大使。

退休后,在进行音乐高端人才培养的同时,我也做了一些音乐教育普及工作,特别是对缺少音乐教育最基本物质基础的山区。我从《音乐周报》上看到四川当地一位作家周嘉写的一篇报导深受感动。四川万源县钟停乡小学,在得知他们为了找到一本歌本,要步行几十公里到区上,教师的工资又那样微薄,没有力量买一台收录机,然而那里的孩子们却是那样喜欢唱歌,个个唱得字正腔圆,韵味十足。在如此偏远的大山深处,这实在是个奇迹!当我和周嘉取得联系后,我给他们寄去了我从香港带回来的双卡录音机,还在北京买了些歌本、儿童歌曲录音磁带,在他们练了几个月的歌后,能在六一儿童节庆典会上用上录音机,欢乐地放声歌唱,并发了邀请,请周嘉去参加他们的庆典音乐会。周嘉来信告诉我,并对我说他代表四川山区的孩子向我致敬,我只能说受之有愧!我们过去很少想到山区人民是多么需要文艺工作者下去工作啊!

此外我还倡议组织成立北京圣约翰大学合唱团,并在合唱团钢琴伴奏十多年,我和约友们用音乐回忆我们年轻的岁月,欢度老年。

二、退休后八年多我的一个工作——寻根

由于谢家的特殊情况，我对祖上知道得很简单，甚至有些是不准确的。

我家祖籍广东开平，曾祖父谢日昌年轻时移民澳大利亚 Grfton，后搬到悉尼，是洪门长老。曾祖母郭氏是第一位登上南澳大利亚的中国妇女。他们共育有三子三女，开了名为泰益号（当时称金山庄，业务是入口一些唐山即中国货，出口一些澳洲海产干货）另外还帮助当地华侨汇钱、传口讯等。1887年曾祖父母率全家返回香港定居。

2003年我第一次见到李嘉诚的中文秘书杨兴安，他是香港百年前第一位反清烈士杨衢云的堂侄。杨烈士是谢家的生死之交，1895年香港辅仁文社和香港兴中会合并，杨任首任会长。

杨兴安激动地对我说："谢家有恩于杨家。我们寻找了你们几十年，以为你们移民到国外。"后来又问我可知道谢赞泰（我伯祖父）有个弟弟叫谢赞业（又名谢子修）。我说这是我祖父。他说，他是1933年1月23日在上海被国民党当局邀去赴宴毒死的。他们杨家的家传是他父亲写有记录此事。他当即给我送上一本。当时我都蒙了。我们全家子女从未听父母提起过。从此我开始查找杨烈士及谢家的历史。

我去国家图书馆，在中国第一历史档案馆，清史馆馆长赵尔巽全集里收录了我祖父在1903-1904年上书朝廷有关受骗华工包括当年威海华工的悲惨经过，写了《游历南非洲记》。我看到祖父当年的亲笔信，其中记录一位名叫陈子卿的五品蓝翎1904年10月20日的绝命书。这位军功赫赫的广东人，被诱骗到南非当矿工，不堪虐待，写下绝命书服毒自尽。绝命书上写道："生长中华四十三，今日不幸來到番；英雄到此也无法，想返中国难上难。我今舍命别阳世，难为众人在此间。同乡造满三年后，顺带弟魂返唐山。"真是惨不忍睹。

祖父还在南非矿区做了不少工作，他自筹款把两年收入全部用在矿工解救工作上。1904年祖父还邀请好友圣约翰大学医学院应届优秀毕业生颜福庆、刁信德、龚美恩等去南非矿区给华工治病。我当时很小，但一直听大人提起颜医生刁医生等。我到圣玛利亚上学时才知道刁医生是刁美华的伯父。

祖父是香港兴中会秘密会员，参加了反清革命运动。谢家还有远洋轮公司，祖父还掌管在天津、上海、汉口、青岛的分公司。在武汉时还用谢家船队救出当时被围困在汉口的共产国际代表鲍罗廷。祖父从南非回国后就去威海做救回华工的善后工作,并得到当时在威海由英国派来被称为华儒的两任总督洛克哈特、庄士敦(溥仪老师)的协调,使华工的善后工作能顺利做完。祖父和他们在香港就认识,应当算旧交吧。祖父一边还在那里做生意。1932年回到上海江湾家里还和祖田金琼仙一起研制万能药膏专治刀伤、烫伤、烧伤、冻伤,祖父还亲自送药到绥远抗日前线战士手中。

祖父三兄弟都积极参加反清斗争。1903年三人参加大明顺天国之役。参加的前一天,准备牺牲,三人还合了影。

伯祖父谢赞泰1887年从澳大利亚随父母全家一起返回香港定居。伯祖父到香港后就入中央书院(皇仁书院前身),毕业后在香港政府工务局任文员,后又曾任洋行买办、经理。他是1890年在香港成立的首个革命组织辅仁文社的发起人之一。1903年由他父亲谢日昌出资一百万创办《南华早报》,是当年香港最大的英文报纸,主要向西方人宣扬反清共和思想,让他们支持辛亥革命。同时弘扬中华文化,广泛宣传新思想、新观念、新道德,强调要废除旧习俗:如看风水、缠足、鸦片;主张建铁路、开矿山、宽容宗教、建立一个新的中国。主张香港立法会必须有中国人代表。为新共和政体做宣传铺垫。报纸成为建立新共和国的重要鼓吹阵地。除了办报他还亲自大量撰文,一生著作极为丰富。

谢氏三兄弟叔祖赞簾、伯祖赞泰、祖父赞业摄于1903年大明顺天国之役

1912年祖父谢子修在天津荣记轮船公司

谢爱明在圣玛利亚老校址教学楼前　　在香港百子里辅仁文社谢爱明和剪辫子雕塑

他写了《中华民国革命秘史》，书中记述了他和孙中山、杨衢云、洪全福、容闳等参加辛亥革命的历程。1903年11月谢赞泰与孙中山在反清建立共和观点上有分歧，他退出反清起义一线的具体组织活动，全身心在香港创办《南华早报》。

1899年7月19日，谢赞泰对列强侵略中国忧心忡忡。他是一位全才，为了呼吁国人捍卫祖国，绘制了一幅著名的爱国漫画"时局全图"，还在图旁写了一首诗："酣酣沉睡我中华，那知爱国即爱家，国民知醒宜今醒，莫待土分裂似瓜。戊戌六月 谢赞泰写于香港。"近年由威海档案馆从英国大英博物馆调回当年伯祖父赠予洛克哈特的图，现此图存放在威海档案馆展馆里。

伯祖父在1898年设计了中国第一艘飞艇，这艘中国人设计的第一艘飞艇照片刊登在1911年《东方杂志》上。当时在国际上也引起哄动。2007年伯祖父还作为中国早期飞机发明制造家上了《中国航空群英谱》个性化邮票。

伯祖父谢赞泰还冒着生命危险保存了一张1895～1898年间杨衢云和支持反清的日本志士及孙中山一起的合影。孙当时是杨的秘书。站在后排，杨当时是革命党魁首坐在前排中间。后来蒋介石千方百计要出一百万元让陈果夫把这张相片及底片买过来尽快销毁。

通过寻根问祖，我知道了祖父和伯祖父一生的传奇经历，多姿又多彩。

回顾我八十年的人生历程，我所做的一切都遵循了圣玛利亚的校训"公诚勤敏"。一生努力服务于社会，尽自己所能帮助他人。两年半圣校，确实使我终身受益。

2013年5月于北京

我的绰号叫"老虎头"

1952届 王丽天[①]

1945年，我进入了圣玛利亚女中读书，在那里度过了无忧无虑的七年。我掌握了书本知识，又结交了不少朋友。美好的往事五十年后仍历历在目，每一个点滴片断都是那么亲切，那么珍贵。现择记若干，同大家分享。

小逃兵：1946年3月8日，我们预二班同学在斐蔚堂上课。课前有几个圣约翰大学的女同学和圣玛利亚女中吴民鼎等高班同学聚集在校门口，策划去兆丰公园庆祝三八国际妇女节活动。我与董碧虹在一旁看热闹也被她们拉了进去。随着人流走出校门时，我俩有些胆怯，立即退出往回跑。不料上课铃已响过，我们迟到了。事后被教导主任Miss袁训斥了一顿，从此后我们成了安分守己、两耳不闻窗外事的"好学生"。

调皮的"老虎头"：初一时，午饭后大部分同学留在教室休息、聊天。我较调皮，常模仿几位外国老师动作，学Miss Walker走路的姿态最逗人发笑。我曾在黑板上写上自己的名字，划一个圈，然后画成一个老虎头样的图案，随之我也就有了"老虎头"的绰号。

小牧羊人：初中时，每逢圣诞节都要围绕圣诞树唱歌，演圣诞哑剧节目。记得我曾手拿羊皮扮演三个牧羊人中的Petit。剧中的圣母玛利亚和天使分别由高班同学石美莲、张明晖扮演。

驰名全校的篮球队：初一、二时成立了班篮球队，队员有朱婉年、魏美珍、邢季琼、

[①] 王丽天：1957年上海第二医学院医疗系毕业。长期从事白内障人工晶体、眼底荧光血管造影等临床与研究。历任上海第二医科大学附属新华医院教授、主任医师、硕士生导师。中华医学会眼科学会委员、中华眼科学会白内障人工晶体学组组长，上海眼科学会名誉主任委员，担任《中华眼科杂志》等编委。曾荣获国家、上海市科技进步二等、三等奖，全国中华医学会眼科学会奖，全国、上海市残疾人三项康复先进个人奖。

朱兆安、陶佩珞、汝谅、李葵等。后来吴景瑜、姚庭熙也加入，更加强了球队阵容。此球队一直活跃在全校，并获得名次。当时李玫、王仁缄还是班里的铁杆拉拉队队员。后来，陶佩珞、姚庭熙和我都被选到高校篮球队（常坐硬板凳），至今我还对篮球赛情有独钟。

王丽天在国外进修时期与外国专家在一起

四 Li 同室：初二时，李葵、李蘅、丽德、丽天共住一宿舍。每晚熄灯后，大家仍是谈笑风生，常被舍监 Mrs. 蒋查房时敲门三下，以示警告。

志娥任"男"舞伴：初中时住读生曾举办过一次化装舞会，志娥是我的"男"舞伴，我曾去淮海中路郭家新居花园内的一间小屋中翻箱倒柜，找出一件淡绿色纱裙和一双坡跟红皮鞋作为我的服装。那晚舞会上，Shawling 送我一支粉红色的康乃馨，周围有白色花边纸装饰，下面有锡纸包扎及一别针，让我兴奋了好一阵，至今仍记忆犹新。

假药害人：大约高一时，我们在 Sun Parlor 排队注射白喉、伤寒预防针，隔天很多同学出现高热反应，后来得知这是不法商人王康年贩卖的假药所致。王康年被人民政府判刑枪决，大快人心。

同学友谊：1952 年高考前夕，我与碧虹曾多次去约大校舍张瑞云家一起复习功课，得到她很大帮助，终身难忘。

眼科医师：1957 年二医毕业后，分配到二医附属新华医院工作，到 1998 年退休止，长期从事白内障人工晶体的临床与研究工作。历任眼科主任医师、硕士生导师、教授；中华医学会眼科学会常务委员、中华医学会上海分会眼科主任委员、中华医学会白内障人工晶体学组组长，1996 年获中华眼科学会奖。

西藏医疗队：1973~1975 年我参加上海市首批赴藏医疗队，为藏民开展防盲治盲工作。当地媒体曾以小诗一则报道藏民白内障术后复明的心情："此身既遭农奴牧，那堪更受活地狱，小刀一入转乾坤，敢教苍天还我目"。

我们 52 届上海校友每年要相聚几次，已坚持数十年。每次总要重温同窗友谊，追忆校园情怀，互相逗乐、互称雅号。伴随着欢声笑语，大家深深眷恋着母校，深深眷恋着老师。

最美好的时光

1952 届肄业 李道垕

我是 1947 年春季插班考入圣玛利亚女中初一级的，1950 年因举家迁往北京而离校。在圣玛利亚这三年多时间，是我一生中最最美好的时光。

St. Mary's Hall 的管理非常严格，一切都井然有序，但是，下午两节课后的自由活动时间可就完全是同学们的自由天地了。在优雅宁静的校园中，弹琴作画，打球散步，畅想神聊，同学们尽情享受着人生的金色年华。特别是我们这个班级，特别活跃，各种课外活动都是人才济济，有跳芭蕾舞的李葵、李蘅姐妹花，有爱唱京剧的李世济和印吟梅、爱弹钢琴的刁蓓华、谢爱明、郭静之、顾竹君等，要说打球，那更是"名将"一大把，李惠宝、刁美华、陈祺先、陶佩珞、郭志娥等，篮球、棒球样样不落后。爱玩儿是我们班一大特点，就连课间十分钟也不放过，大家最爱到翠绿的草坪上叠罗汉，一个个压上去一大堆，又哗啦啦塌下来，嘻嘻哈哈滚做一团，真是开心啊！到了晚自修时间，大家又都静悄悄走进图书馆，在五彩斑斓的书的海洋中驰骋，开阔视野，修炼情操。校园生活恬静又快活，令人神往又回味无穷！

每年的重大活动又怎能忘怀？欢送毕业班的 Step Singing，各班穿上自选统一颜色的旗袍，整队站在 Sun Parlor 院内的台阶上，深情地齐声高唱"To St. Mary's raise our voices now before we part ……"。哦，那种恋恋不舍的气氛令人荡气回肠，越唱越留恋，越唱越难舍。圣诞夜小教堂内耶稣诞生的一幕，也深深印在我脑海中。身着洁白纱衣的天使，高举闪亮的银星漫步走向圣坛，那圣洁庄严的气氛、委婉动听的圣诗，置身其中，灵魂怎能不受到净化！接下来是化装舞会，圣诞老人分发礼物，又掀起一个个狂欢高潮……

更值得一提的是那三年的学习，特别是英语学习，为我一生的事业奠定了坚实基础。从初一的 *Heidi* 到高三的 *Hamlet*，英美文学原著就是我们的英文课本，由外籍老师授课；地理、生物、高年级的数学等课程，也尽量用英语教材由外教上。在这里，英语再不是单纯的语言知识，而是学生阅读文学著作和学习其他知识的工具，同学们"在用中学，在学中用"，不知不觉掌握了大量

李道垔（左）陈淑恩在草地上休息（1948）

词汇和句式及其用法，特别是 Miss Eddy 在课堂上几乎每天都有 dictation，极大锻炼了我们的快速反应，听力、理解和拼写的准确性结合在一起。在外籍教师原汁原味地道英语的感染下，我们在不知不觉中掌握了自然流畅的语音语调，这样的英语教学既轻松又有效，真是不可多得的条件和机遇啊！此时此刻，我抱着感谢和怀念之情，想起了她们的名字：年轻漂亮的 Miss Eddy（爱地），活泼热情的老太 Miss Walker（华兰佳），温柔优雅的 Miss Cooper（顾怀琳），慈祥肃穆的 Mrs. Brown & Deaconess……（许惠心）。我有幸在这样的学校里学习，尽管只有短短三年，尽管我不是班里最优秀的学生，尽管自己感觉好像是稀里糊涂地过了三年，但当我转学北京贝满女中（也是以英语教学好而著称的教会学校）以及到军干校后，才意外发现，我竟然可以毫不费力地每回在英语考试中拿高分，老师和同学们都对我刮目相看，还说我的英语朗读比别人更有"英语味儿"。这时我才知道，我的母校圣玛利亚女中给了我一件"传世珍宝"！

人的记忆是很奇怪的，有时极细微的小事会让你终生难忘。

年轻漂亮的 Miss Eddy（爱地）是我所接触到的第一个外籍教师。每次下课后，同学们就一窝蜂地拥到黑板上模仿她写的符号"&"。经过多次练习，我学会了，并且沿用至今，每当写起它就想起她。庄严肃穆、裹着一身黑衣的 Deaconess（许惠心）不仅教我们《圣经》，还曾教我们手工缝纫，每当我拿起针线做手工缝纫时，心里就会默默念着她教的那种针法"One, two, three stitches and a back stitch."并且忠实地照章去做，这两件小事竟

然成了她俩的"代名词"。还有轻声细语具有英国妇人优雅风度的 Miss Cooper（顾怀琳）、热情奔放的老太 Miss Walker（华兰佳）、火爆脾气的 Miss Barnaby……（彭仙仙）都给人留下了鲜明印象。中国老师中，只有 Mrs. 郭用英语讲课，我看过她早年在法国时的生活照，给我印象最深的是她用许多装货的小木箱摆在一起或拼在一起就变成了别具一格的柜子、桌子、椅子等用具，令我惊诧不止，深深敬佩她的俭朴、创新和自强自立精神。

还有很受学生欢迎和尊敬的两位陈老师（教代数和物理）和公民课胖胖的朱老师，她们没有架子，非常平易近人，房间里总是挤满了学生，谈笑不止。解放后才听说她们都是地下党派去的，果然后来朱老师又回来教政治课。记得当时我傻呼呼的什么也不懂，心中有疑问就毫无顾忌地问她："为什么要把地主的土地白白分给农民，他们的地不也是用钱买的吗？"她丝毫没有责怪我，而是非常耐心地给我讲解，使我第一次懂得了什么是剥削和进行土地改革的道理，现在回想起来当时的我实在太幼稚无知了。老师们的鲜活形象将永远存留在我的记忆中。

同学们就更不用说了，全校闻名的芭蕾舞姐妹花李葵、李蘅，谁能忘得了？是她们优美的舞姿启迪了我们对芭蕾舞的欣赏和兴趣。球类明星 Barbara、美华、惠宝、佩珞和志娥，个个都有出色表现，Barbara 个子虽小，在球场上钻来钻去特别灵活，投篮特准；惠宝特别有劲，跑起来蹬蹬作响；活泼可爱的小妹妹佩珞抢球时跳得最高，志娥穿着现在还流行的"七分裤"，投起球来又帅又美。美华整天吊儿浪当，一笑两个深深的酒窝，可是到了球场上却毫不含糊，总要拼个你死我活。有些同学虽不是"明星"，但也令人忘不了。聪明又调皮的李玫总是那么文静，两手插在土黄色大衣口袋里微笑着在一旁看着大家吵吵闹闹，不时插上一两句话打趣，想不到五十年后她却在同学会上跳起了土风舞，我还真想看看她优美的舞姿呢！朴实无华有些刻板却又不失幽默的竹君，对什么事情都特别认真一板一眼，现在竟然成了狂热的旅游者，过得非常潇洒；骄傲得像个公主学习成绩优异的元琪、块头不小却又天真无邪坦诚可爱的祺先……还有许多许多，一个个生动美好的花季少年形象永远充盈着我那段最美丽的回忆，我对她们无限热爱无限眷恋。

更忘不了的是对我帮助最大的静之，她多才多艺热情助人，是我的一个小老师。我刚插班到初一时，*Heidi*（《海蒂》）已学了半年，我根本摸不着头脑，全凭静之每天提前到教室，把头一天看过的章节全部给我讲读一遍，不少同学都围在她周围听她快嘴快舌地讲解，到初二初三时还经常有这种场面，是她不厌其烦一路扶持着我学习英语。再有，她钢琴弹得好，我非常羡慕，也很想学，她就给我讲手指的正确姿势，手把手一句句教我弹了一个曲子《夏日泛舟海上》，又常常去听她练琴演奏，从此我爱上了钢琴，不管到哪里，只要有钢琴，我就不断练这个曲子，又找了本《拜尔》练了起来，直到退休后才买了一架钢琴，圆了少年时代的梦，可以自娱自乐了，而我一生中唯一指导过我的钢琴老师只有静之一人。当时我住校，她家也在学校，还不断在生活上帮助我，缺什么就去找她，她还经常把我带到她家吃她做的鸡蛋 Pie。几十年后，我也学着她的方法做，但总做不出那种美味。

那时，我没有任何特长，只是爱玩，什么球我都学着打，也爱唱歌爱跳交谊舞，因此后来不管到了哪个单位，我还总是文体活动骨干和积极分子，可见，St. Mary's 丰富多彩的课外活动对我们的影响有多么深远。

1951 年初，我报名参加了军干校，被分配到通讯工程学院。1954 年 8 月，21 岁的我，转业到了山西运城，被分配在一所享有盛誉的省级重点学校康杰中学。先是教了六年物理，1962 年国家决定在大、中、小学重开英语课，因学校缺少英语教师，我自告奋勇改教英语。虽然没有大学英语专业文凭，我却很快显出了自己的基础优势，所教的两个班在初中毕业参加中考时，英语平均成绩在 95 分以上，学校和同学都非常满意。1978 年，我和几位同事共同创作的英语教学幻灯片获运城地区科技三等奖、省教育厅物质奖，并被选送北京参加汇报放映，受到方毅部长好评，我个人被评为地区和省级三八红旗手。1991 年我退休时，我的第一批英语学生在为我庆祝生日时，除了鲜花和蛋糕，还专门为我制作了一条三米长的横幅，上书"河东英语奠基人"七个大字，这是学生们对我的最高奖赏。学生们没有忘记我，而我又怎能忘记赐给我"传世珍宝"的母校和老师。St. Mary's，我永远热爱你，永远感谢你，永远怀念你。

（摘自 2011 年《圣约翰大学校友联谊会特刊》和 2002 年《52 届毕业五十周年纪念册》）

我们的胖胖——京剧大师李世济

1952届 李世济 李 玫

李世济2002年自述：

我很早就上学了。我入圣玛利亚女中的时候，校址还在圣约翰大学大榕树的北楼。因为英语不过关，我从预科一年级念起。年纪小进这样享有盛誉的学校，压力大，非常紧张。有一次被叫到黑板前快速计算，竟然耳聋了，眼黑了，腿软了，一下子昏倒在地上。等我醒来，看到陆校长和蒋老师惊愕的眼神，我立即想："完了！这学校上不成了！"休学一年后又复学了。日本鬼子关东军侵占上海，又读不下去了，又停学了一年。就这样三起三落交了三个班的同窗好友。前两班大部分的名字和脸庞都记不起来了。陈祺先离沪赴美，我记得我还哭了好几次，她还说一定会"告老还乡"的，我还在等待她的归来。

我爱跑爱跳，常被"狄克纳司"抓回来重走，在众目睽睽之下练就了"脸不红,心不跳"，为长大上台演戏打下了"厚脸皮"的基础。吴景瑜和约大校友排演话剧对我启发很大。我之不能参加更多的集体活动是因为12岁开始，每天下午四点到晚上十一二点都是学戏时间，第二天上课抓紧一切时间抄作业抄笔记，没有喘息机会。这一段时间的付出，那么紧张，愉快，有价值。一切犹如昨天！

我选择了演京剧作为我的终身职业，有报答恩师的因素，有集体奋斗的因素，有个人爱好的因素。直到今天，我还没有退休，尚在电视传媒中，为大家偶而高歌一曲。校友们为看到"我们的胖胖"而感到兴奋。我也为有这样的奉献机缘感到宽慰。艺术是友谊的纽带，情感交融的桥梁，愿天涯海角的校友们接受我在艺术上对大家的一份深深的爱心吧！

李玫2002年的回忆：十个"疯子"看京戏

　　记得是1953年穿薄绒线衫的时节，胖胖第一次来到上海亮相演出，演出的场子好象是百乐门，又好像是象天蟾舞台那样一个空间很大的场子。是那次胖胖送来了十张位于后十排的联票，让我们同窗一睹她的风采。她明白这十个同学不会听懂或看懂京剧，但是可能会手舞足蹈、嘻哩哈啦，如果坐在前十排定会有碍周边观众，所以她把大家安排在后头右边正好看得到出场的角度的座位。

　　我们十个同学很早便集合了，不知谁为了生怕京剧枯燥，带来了好些零食给大家解解闲气，这分明像上茶馆店的样子。果真，大家要么不见面，聚在一起话盒子还关得了吗？十张嘴又忙嗑瓜子、又忙讲话嘻哈。想想看，有了一个祺先、一个丽天，这几个小时还能太平吗？

　　亏得大家能清楚记得"今夜看胖胖演出"，大家商量的第一件大事是要喝彩叫好，可什么时分喝、叫？怎么喝、叫？不会！那么，拍手代替喝、叫。什么档口拍手呢？等观众一喝、叫就马上拍。这意见取得一致之后，吃啊、讲啊、打来打去啊都来了。还算识相，讲话压低了声音，笑也是偷笑，没有张扬，拍来拍去的动作幅度也较收敛。终于我们看见胖胖出来了，多好看的扮相、气势、台风啊！大家欣喜若狂地拍手，别人停了还不想停，大家内心心情最好从头拍到底吧！总算胖胖一开口喝总能赢得彩声不绝，于是大家有许多拍手机会。只是因为是跟别人彩声拍的，拍的起步总会慢一眨那，拍的收尾呢？由于不想停，总是拖得比别人长半拍。这两名滑稽人还会插进指挥："好拍来"、"好拍来"，这句话还要一个个传开去。回想这个镜头实在有劲。周围的观众说不定会当我们是疯子的，那没关系，旁若无人，只要充分表达内心的兴奋就可以了呗！

　　胖胖谢幕是大家拼命拍手的好机会，但大家还有比拍手更要紧的事要做。放弃了拍手机会，一串人急急匆匆向前挤，从台前一个边门绕到了后台去看胖胖，也看大家从没见识过的卸装。

　　现在想想，那时的李世济已是一团之台柱，已是从北方到南方来闯天下的名演员了，多么不容易啊！才二十来岁的人啊！今年应是她从艺五十年之年，已从名演员成为京剧表演艺术家，并已被列为中国京剧音配像工程音配像录制对象，她的11部保留节目已录制完成。她的成就是我们的骄傲。让我们大家在心底为她喝彩叫好，拍手拍个没完没了。

圣玛利亚女校的姐妹班

1952届 李玫

圣玛利亚女校学生中有一些代代相传的精神、气质、素养,这些无形的传统经过半个多世纪仍鲜活地存在于我们的言行、举止、待人、做事中,这就是人的修养。

在我的记忆中,这些修养的形成,有一半要归于对高班姐姐们的崇拜和模仿,是她们为我们树立了榜样。

圣玛利亚女校有姐妹班的传统,从预一年级到高三年级,有对应的姐妹班;到了初三就成了姐姐班了,这时就要为刚进校的预备年级的小妹妹们做榜样。姐妹班的友谊持续四年,直到姐姐班从高三毕业,原来的预备班也升到了初三,成为新的预备年级的姐姐班。

维系姐妹班的因素之一,级色

浅紫、天蓝、粉红、淡湖绿四色是四种级色,以 1945 年为例,分别依次是初中三、高中一、高中二、高中三的级色,分别用来制作自己班的级服旗袍,初二以下没有级服,有了级服的便是高班,没有级服的便是低班。升到初三才有级服,颜色同已毕业的高三年级。48 届的级服颜色是浅紫、47 届便是天蓝、46 届是粉红、45 届是淡湖绿;当年她们是初三、高一、高二和高三;对应的低班便是 52 届、51 届、50 届、49 届。当年 52 届是预一年级、51 届是预二年级、50 届是初一、49 届是初二;她们以后升到初三以上的级色便是上述四个班的对应颜色,52 届是浅紫、51 届是天蓝、50 届是粉红、49 届是淡湖绿。每四年一个循环,于是妹妹班眼巴巴地盼着能穿和姐姐班相同颜色的旗袍。这

1951年陈莺、顾竹君、谢爱明、林秀兰穿了级服当向导　　2004年沈氏3姐妹左起沈郁兰、沈郁望、沈郁灵

就是姐妹班的缘分。上海永安公司郭琳爽的八个女儿，有7个是在圣玛利亚就读的，其中老大志娴、老二志婉1944届和老四志娟1948届是姐妹班；志娟与1952届志娥又是姐妹班。

Alumna Tie　同学间的纽带

姐姐班和妹妹班。姐姐和妹妹关系是同学间重要的纽带。在姐姐班里，很多姐姐因活跃的举止，突出的表现，穿着落落大方等诸方面因素引人注目，讨人喜欢，受到妹妹们的崇敬、爱慕、模仿、崇拜。特别是一些具有特长，有表演机会的姐姐，于是旁的同学会故意把她们拉在一起，即现在所说的粉丝。具备这样条件的粉丝妹妹会不断接近姐姐，姐姐也会像亲姐姐般照顾妹妹。1939届的程芍华就在回忆里写到圣玛利亚女校流行的"拉朋友"，就是将低班学妹崇拜的姐姐和她拉在一起，作为好朋友。程芍华就和1932届的姚秀娟拉成了朋友（不是姐妹班的也能拉朋友），班里的另一个同学和1935届的甘贤贞也拉成朋友。都带有高班学姐喜欢低班小妹妹的可爱，低班学妹崇拜高班学姐的意味。这些朋友很多都将友谊维系终身。姚秀娟94岁时，程芍华去看她，故世后，参加追思礼拜。这样的朋友真是终生的好朋友。1949届的周蕴华也是这么一位姐姐，直到近年，她仍真诚地不忘几位妹妹，照顾她们。1948届的徐智经常会把几位低班同学从外

  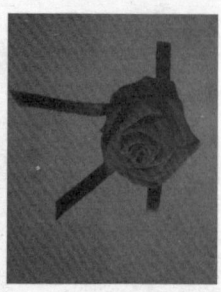

谢爱明保存的1952届级戒　　　朱亚新保存的1950届级戒　　　1992年52届做的级花

地招到温哥华小聚，欢快地过一日。2012年我去温哥华女儿处探亲，同样感受了那份温暖。看到几十年不变的姐妹情，令人激动不已。

我们52届的班级或许受到48届姐姐班的感染，十分看重同班同学间的姐妹情，每当有外地同学过路上海，总希望能一聚。于是专门指定了沈漪芬为联络人，她得讯有朋自远方来，会立即电话告知大家，于是一场欢乐聚会就安排就绪了。

级歌和Step Singing传承仪式

在圣玛利亚女校，每个年级都会创作一首级歌，1952届的级歌是请外籍教师谱写的，意思是永远不忘我们是1952届人。在每年Step Singing的传承仪式上，每个班要唱自己的级歌和一系列俪歌。还要举行一个重要仪式：高三大姐姐要捧写有校训的盾牌转给高中二姐姐接位，象征在母校带头作用的交替，好比母校的长女要离校了，接班的次女要接好这个班。Step Singing的活动场景很感人，因为是一次交接仪式，对于高三班来说，是告别仪式，高三班的妹妹班的初二班更有一种依依不舍的情感。那一天，当何义法先生的钢琴声响起，全校合唱校歌，Step Singing活动正式拉开序幕。这是班级交流的很好机会，各班唱级歌和俪歌，骊歌分两类歌曲；一类是颂扬母校表达感恩的歌词，另一类是西方电影插曲中含惜别意思的歌曲，词句都很动人。高三班眷恋地唱"The White and Blue"告别歌（浅蓝为校色），唱者和听众热泪盈眶。"The White and Blue — We leave to praise St.Mary's Hall, our noble alma mater, Since all the girls who leave today will build her up tomorrow. The ties that bind us to dear school days, no power can ever sever, For we'll be true to the White and Blue and to SMH forever!"（"白和蓝 我们离别时颂扬圣玛利亚，我们崇高的母校，她为今天离校的女孩建起了明天，这联系我们宝贵的在学校的日子，谁也无法割断，我们永远真诚地怀念白和蓝以及圣玛利亚！"）这歌词也常激起校友们怀念母校。

在阶梯歌咏活动中，姐姐班中的一些人自然成为妹妹班的楷模和崇拜对象了。

蓝白色和纯白

圣玛利亚的校色是蓝白色。"White and Blue"，用蓝线条和白块面组成的大圆之内加一个Y形式是圣玛利亚女子中学校旗的纹样。现时各地校友会有不同的会徽设计，上海校友会的圣玛利亚校旗是2004年为女中恢复同学大聚餐而设计的。"White and Blue"圆圈里的横线象征Step Singing的五线谱，设计人为50届朱亚新（圣约翰大学建筑系，院系调整后1953年同济毕业），校旗始终保持同圣约翰大学校旗的相似性，隐喻两校的兄妹关系。

Step Singin活动后不久便是毕业典礼。

纯白色是高三毕业班在毕业典礼大会那日穿的中长短袖旗袍色，配以白色带跟皮鞋，左胸前佩带红玫瑰胸花。这一装束也让低班学妹们羡慕不已，心里暗暗计算着自己什么时候也能有这样一身装束。

在毕业典礼日，Glee Club（音乐会）举行一场音乐会，参与三部合唱的是从初三、高二、高三同学里选拔的。由外籍音乐教师担任指挥，演出节目一律为外文三部合唱和器乐钢琴曲目。这些合唱团同学优美的歌喉，动听的歌声也打动了低班同学，其中不乏模仿者和崇拜者。

母校对学钢琴器乐的同学在毕业典礼时同时发给琴科毕业文凭，可报考专业的音乐学院，她们获得的是高中和琴科双文凭。获得双文凭的是学生中的佼佼者，往往得到很多低班学妹崇拜。

记得有一年毕业典礼日，我们这一届也轮到要做些工作，从校门口把家长们领过大草坪，一一带到大礼堂。这是学礼仪，学招待的好机会，举止谈吐一一学到。这样的机会很多，都是为了训练低年级同学，甚至递一把刀、一支笔要把锋利一头向自己也要教过。上卫生间207（圣约翰斐蔚堂卫生间为207号，我们就一直称卫生间为207）不可以在走廊里奔跑失仪等都要教过，于是仪表、仪态得以规范起来，也所以，到了毕业典礼大会时，每个穿纯白的旗袍和各种级色旗袍的同学，站有站相，坐有坐相，都很淑女样。

校戒、级戒、级花

Alumna Tie 要靠各种形式强化，级戒是一种形式，它是班级自发的，由班级同学自己设计，自己找加工单位制作的戒子，大部分由银质制作，绝对不用俗气的金色制作。我们的级戒"'52"由一撇和两个数字组成，内壁有 SMH 字样，由郭志娥设计，"文革"中大部分级戒遗失了。50 届的级戒是一本书，翻开的书页卷在后面，上面有"St. Mary's Hall 1950"字样。2004 年圣玛利亚每年一度的同学聚会恢复后，我们 52 届和 52 年初三等班同学一起，仿制了一只戒子模具，它以 SMH 三个字母为主题，字和边以外为空心的枚戒，作为圣玛利亚校友的纪念品，大家戴着引以为豪，有时还故意翘起戒子，唯恐别人看不见。

级花是由班级自行选定某种花作为精神象征，我们的级花是 Forget Me Not（毋忘我花），是很不显眼的小草花，比喻我们平凡、普通、不张扬的个性。1992 年我们毕业四十周年时，做了紫色玫瑰花作为级花，毕业五十周年聚会等活动大家佩带她。

学校将相距四个年级的学生安排为姐妹班，在体质和智力上都较合理。有利于以长带幼和以小学大。在宿舍分配上也是大小搭配住宿，不以教学班来安排宿舍，而是将高班同学和低班同学搭配安排住一间宿舍，这样刚进校的低班同学就可以跟高班学姐学一些生活常识。学校也将一个家庭的姐妹安排住一间宿舍，如 1940 届沈郁灵、1946 届沈郁兰、1948 届沈郁望姐妹住一间宿舍，增加了家庭的温馨气氛。

所有这些都有利于人格教育，教会低班同学向高班同学学课堂外的东西，通过长、幼、大小间的传递，把母校教导的道德观、生活观、人生观、美学观等传授给低班。怪不得新来的刘天佑老师第一次约低班同学在某电车站集合，刘老师凭其姿态、姿势、穿着模样，一下子就认出这一群就是他要等的学生，她们就是有那么一股与众不同的气质。

永远的姐姐班

圣玛利亚女校姐姐班的作用贯彻终身，我在几件事上深深体会。

有一年市三校庆，那年是圣玛利亚女校建校 110 周年，我们学校每年招生很少，全校学生总数不过 200 多，当然那年到市三参加校庆的总人数也不多，当大会在大草坪唱中西、圣玛利亚、市三女中三校校歌时，我们正愁人少唱不响亮，突然我们队伍里一股低八度的女低音响起，原来是姐姐班一部分姐姐从海外赶来，带领我们唱校歌来了。喔，多么亲切的声音啊，我们激动得声音都梗住了。

1999 年约大校友的 World Reunion（全球联谊会）在温哥华举行，我去探亲，正好在温哥华，那天举行大聚餐，所有的 JHN（圣约翰校友）在一个大餐厅排队取菜，我排在很后头，正巧前头有几位我的同学，她们招手示意叫我过去插队去她们那里，我向她们跑去，被 48 届的魏美瑾一眼看见了，马上向我作手势，要我退还原处排队，我尴尬得要死，怎么可以忘了母校的规矩呢？从此我再也不敢忘掉规矩了。其实我平时不插队的呀，因为那样做是要坍台的呀。所以姐姐班的姐姐们到老仍是我们的榜样。于是 2009 年第八届 Reunion 在上海贵都大饭店举行大聚餐那次，我为好几位境外来的 SMH 校友取了菜，自己到最末才去取了一点剩的自助餐。为的是姐姐的提醒再也不能忘第二次了。

姐姐啊姐姐，我们之所以成为今天的我们，都是母校教育的结果，都是你们做榜样的结果啊。我们敬爱你们！

当我们回过头来审视这一系列小事时，会发现，这些看似一桩桩独立的事件，其实连起来之后，是母校建立的一个育人的系统教育，教给学生做人的道理，而和这一系列并列的系统则是教学，把知识学问传授给我们。通过六到八年的学习，我们成了特定状态的人，纯真、努力、追求完美、严于律己、一心报效社会，坚持做大写的"人"，等等。可以说除了优秀品质外，我们清一色地表现为较单纯，缺乏防人之心，相对于复杂社会的各色人等，显得不成熟。于是我们中的有些人会吃亏，甚至吃苦，只因不知道社会有不完善的一面。但我们拥有了母校赋予我们的优秀一面，这些足够我们享受一辈子，并由此深得人们的敬重。我们无怨无悔，坦然地沿着母校的教养走到了今天。我们像姐妹般亲切融洽，凝聚在一起。

圣玛利亚并校第一届毕业生

1952届 张瑞云 朱文佼

2012年12月13日,52届北京同学毕业六十周年聚会,此活动因为几位同学身体原因,一拖再拖,终于年前办成。来了7位同学和俞慧耕班主任,以及陪同的杨大风和陈君石先生。陈淑恩、龚华芬因身体原因走不出来而向同学问好。董碧虹眼睛不好,一个人不外出,多次活动不能参加。这次瑞云联系了专车去她家接到蓓华家聚会,车程一个多小时,会后文佼和陈君石夫妇用专车送瑞云和碧虹回家。世济每天教授弟子、还忙于社会活动,虽然身体和眼睛不好,也赶来参加。美华常住香港,这次来北京,也和大家相聚。东道主蓓华三十多年前得脑溢血致左偏瘫,长期和病痛斗争,一直坐轮椅活动,多次在她家聚会,总是热情接待大家。87岁的俞慧耕老师总是积极参加52届的各种活动,此时94岁的陈宗群老师正在医院重症监护室抢救,俞老师还是抽出时间和我们相聚。大家对这次聚会特别珍惜,我们是一起长大的小伙伴,现在接近耄耋之年,抓紧这难得相聚的两小时,说啊! 笑啊! 十分开心。心里明白:虽然我们是圣玛利亚最年轻的毕业班,以前每年要聚几次,现在年老体弱,行动困难,往后不容易相聚了!

我们毕业四十周年时,15个同学回上海,到圣玛利亚旧址相聚,毕业五十周年时,22个同学回来相聚。毕业六十周年时,圣玛利亚旧址消失了,我们年纪大走不动,就在北京和上海分别相聚。上海同学在市三校庆时回到市三,在我们拍摄毕业照片的楼前合影。

52届从1944年到1952年,在圣玛利亚经历了抗战孤岛时期、抗战胜利后民国时期和解放初三个时期;从圣约翰大学斐蔚堂两年,到长宁路六年,到江苏路第三女中一天;从天真活泼的十来岁的小姑娘成长为十七八岁的花季少女。

1945年52届进p1年级,朱家璧、陶佩珞、蒋理在圣约翰大草坪上做游戏　　1952届A班在思孙堂前合影(1948)

　　52届初中分为A、B两班。高中后合为一个大班。同学们学习努力,作风良好,社会活动和文体活动历来都优秀并且突出,学习和生活各方面团结互助。解放后大家争取进步,毕业时38个同学,两年中10人入团。

　　1952年6月学校通知:取消私立中学和教会学校,圣玛利亚和中西合并为上海市立第三女中。撤出圣玛利亚校区,搬到中西校址。7月5日上午第三女中成立,下午52届毕业典礼。同学们对领导的安排都是服从,当时认为圣玛利亚是旧学校,合并是新生,虽然对母校恋恋不舍,还是高兴地服从大局。

　　原先圣玛利亚女中高中毕业一直沿用的:毕业班编辑中、英文年刊《凤藻》;各班同学歌唱欢送毕业班;家长应邀来参加毕业典礼,毕业生穿白色旗袍带级花,逐个接受毕业文凭。这些是我们从小看到和羡慕的,总等待着自己毕业时的盛况。解放后打破了这些做法,52届更简单了,因为第三女中刚成立,毕业文凭也免了。7月5日毕业生统一穿了白衬衫蓝西裤,进入中西校址,在五四楼前拍毕业照。一、二、三班排序,我们是毕业三班。衣裤是临时凑的,格式没有规定,西裤的蓝色深浅不同。文佼妹妹文倩是市三高二,看我们参差不齐,专门做好西裤准备53年毕业。

　　取消了圣玛利亚女中,传承了71年的习惯和传统断档了。有形的做法不见了,无

魏美珍、孙菊蕙 刁美华 李葵在大树上

刁美华 李惠宝 沈漪芬在草坪上做游戏

形的精神还存在。虽然有的继承到了第三女中，但是大部分留存在我们的心中。我们有幸接受了这段优秀的中学教育，使我们的事业、品德、体魄、习惯等各方面受益一辈子。

1952届离开了圣玛利亚，经历了60年的风风雨雨，同学们走到了世界各地，但是中学的生活和圣玛利亚校园是我们梦萦魂牵的地方，同学的友情永远联系着我们。几十年来，上海和北京的52届同学经常碰头，聚谈和回忆，外地同学也赶来参加。圣玛利亚校园拆除前，同学回到上海，常回母校旧址怀旧，那时为上海纺织高等专科学校。也时常回到市三女中参加校友活动。

1952年取消的中学，现在有的换了校名还在，最好的是恢复了原名，有的是学校消失校址尚在，有的像圣玛利亚这样彻底消失。现在圣玛利亚旧址已经被开发商拆去，只是孤苦伶仃地留下了保护建筑钟楼和礼拜堂。端庄漂亮的建筑、美丽的校园，再也看不到了，只留在照片和我们记忆中，我们感到遗憾和无奈。感谢第三女中校史室做了圣玛利亚旧址模型，看到模型的照片就使我们兴奋不已。

世界各国，包括现在的中国，都有私立学校，还有教会学校。很多私立学校办得特别好，因为有优秀的传统、良好的师资和教学设施。上海的土地珍贵，需造高层建筑向高空发展，总还应该留点低层建筑和草坪绿地吧！这所1923年建起的圣玛利亚漂亮建筑群，为什么不能整体作为保护建筑留存下来呢？难道有一百卅多年文化积淀的学校的价值还不及几幢冰冷的高楼吗？经过多方努力，打算把圣玛利亚校园作为"优秀的历史建筑群"进行部分复建，我们特别高兴。虽然复建的只是假古董，也能让我们看到记忆中的部分校园，又可以把这些优秀历史建筑留存下去，但不知复建的打算能实现多少。

　　现在留存下来的只有我们对母校的甜美记忆，这些回忆在我们的脑海里，在我们的文字里，在照片和录像里，这些是永远不会消亡的，就像本书，会永远流传下去。2002年我们出版了《圣玛利亚52届毕业五十周年纪念册》，当时我们集体行动，翻箱倒柜找出在圣玛利亚的照片。本文的照片就是纪念册中1945年到1954年我们的记录，是我们欢乐的青少年时光。是消失了的我们的美丽校园。从这组照片可以看到我们曾经拥有过的层次和色彩，这是我们成长的记忆，是52届同学在圣玛利亚生活的过程，是比较系统的班级成长史。

　　我们忘不了圣约翰草坪上调皮女孩做游戏；忘不了思孙堂前的日晷，每天随着太阳的起落，指示我们作息；忘不了宽畅的回廊是我们每天走过的遮阳避雨处；忘不了健身房后的小坡，我们采摘野花、编织花环；忘不了那五棵高高的白杨树，我们在它的庇荫下快乐地游戏；忘不了翠绿的大草坪是我们休闲和温课的好地方；还忘不了1948年依依不舍地送别了Cooper老师回英国；忘不了1950年我们参加建国一周年上海市大游行，我们的旗手扛着红旗，腰鼓队以激越的鼓点，欢快的步伐行进；忘不了我班运动健儿的潇洒英姿；忘不了1952年7月5日我们去第三女中，参加合并和毕业仪式，在荷花池边

1950年10月1日腰鼓队游行路过静安寺大发杂货店转角。前左起李世济、杨之岭、郑珏珏、张瑞云，后左起倪惠民、李玫

1952年7月5日在市三女中荷花池前合影

2002年52届毕业五十周年各地同学回思孙堂前和老师相聚

2012年12月13日北京52届校友在刁蓓华家聚会

2012年11月3日上海52届校友聚会在市三

留下了团小组的合影。……纪念册里还有许多1952年以后的照片，我们最珍贵的还是中学时代的老照片。看到这些照片，好象回到了我们的青春岁月。

我们经常联系国内外48位52届毕业生和肄业生，其中30位境内退休。王丽天、余秋痕、王仁緅、赵淑芳、朱文佼、龚华芬、陈淑恩、郑克珑、凌漱君和杨伟凤十位医生救死扶伤；沈漪芬、顾竹君、邢季琼、江浦珠、朱家壁、刁蓓华、倪惠民和汝谅八位研究员硕果累累；董蔚玲、陈莺、印吟梅、谢爱明、董碧虹、张瑞云、李道垕七位教师桃李满天下；李玫、陈佩美、郭静之和何慧文四位建筑师的设计留存在各地；李世济创造性地传承京剧世界遗产。我们每个同学都努力了一辈子，为社会和家庭做出了贡献，无愧为圣玛利亚毕业生。

青春的回忆

——摘自 1952 届毕业 50 周年纪念册

刁蓓华（中央音乐学院　现居北京）

我们 52 届是圣玛利亚的末代人。我是这班的老班长和元老之一，与祺先、小珞、慧俐、凌漱君和蒋理从 44 年预一起一直读到 52 年毕业。这八年包含许多美好的回忆，我难忘大家的绰号（笑咪咪、鸭里里、老阿飞、老虎头、汤罐、老古董）和洋相、斐蔚堂门前石阶和 207 室、填空格的计时算术测验和用英文演戏；回老校址后每日去医务室点眼药水、解剖青蛙、抢打秋千、圣诞节的宗教表演和义卖活动、清心会的主日学校、台阶歌咏会、高三毕业前人人参加的文艺会演及拍电影……印象最深的是我带领大家集体逃课。记得大约是 1950 年，Deaconess 有事外出，布置好作业让我们自己上家政课。那个周六下午天气极好，大家都想早点回家。不知谁先有造反念头，慢慢达成共识，循规蹈矩的我不知怎的一时兴起，代表大家在黑板上给老师留了言，最后特意署名为"你所挚爱的孩子们"。两天后我被校工叫到办公室去挨了 Deaconess 一顿训斥。当我含泪走回教室时，许多人投来了同情的目光，五十年后还有谁记得这件事？咳，年轻多好！

李玫（上海民用建筑设计院，现居上海）

记得初中时我们这届分为甲、乙两个班，每班 25 人，到了高中才合并成一个大班。那时课桌椅是单人座，连着一块台板，五纵五横排列，教室正面和一侧是满铺的黑板，

各种课上都会有被老师"吊"上黑板的机会。例如数理化课,老师会让我们举手争取上黑板,争取回答问题。这样5、6个同学一下子被请上黑板,做完题后,又换上另外一批"志愿者"上台捉错更正,然后老师讲评分析。英语和语法课则几乎每堂课都要小测验,做完后,试卷传向后座,同学之间交叉批改。那时所读英语全是原版名著,每堂课都要布置几十页课文的回家阅读作业,大家居然也都能这样"混"过来。在课堂里老师会让同学轮流朗读,用英语复述课文内容。最令人兴奋的当堂抽同学上讲台,即兴表演课文的片段故事。所有这些现在回想起来,还真能培养竞争意识、勇于尝试的精神。在生物、化学实验、地理课上,老师强调动手能力,互帮互助,绘制的标本、地图加深了我们的印象和理解。直至今天,闭上眼睛,脑海里还能看到"季风"是怎么形成的。阿尔卑斯山脉在什么地方,或我们的级花"勿忘我"长成什么样的。除了班级外,全校范围的活动也给予足够锻炼机会:每年的英文名著片段演出专场、音乐会、化妆舞会,等等。迎新生联欢晚会、Step Singing和毕业典礼,则是高年级学长带头展示校园文化的重要时刻。节目都是自编自导自赏,孕育着同学们的创造力和活跃的思路。当各班依次围在 Sun Palour 前唱起 Step Songs 时,高三姐姐们盈眶的眼泪感染着同学们热爱母校、热爱班级集体的激情。当她们穿着白色的旗袍,从各届不同级色的同学群里,走向其座位时,使大家又想起了校歌《结成硕果来报师恩》,增长着对社会、对国家,对事业的责任感。现在回想,母校教给了我们一种价值观、一种思想方法、一种对待工作的态度,为我们奠定了一生积极向上、好强不息的基础。

课余是我们校园生活的继续,我们总是先利用自修课做完当天功课,"今日事,今日毕"。接着,开展丰富多彩的文体活动。大草坪上常可见到我们班甲、乙两支垒球队在练球,健身房里,篮球校队占领了阵地,而球队主力又是我们的级队,不少观看的同学不肯散去,这就是球场上的团队精神,集体高于一切。后来,全校建立了腰鼓队、军乐队,热衷集体活动的我们班又涌入了这两个队,还把腰鼓和铜鼓敲打到了街上去。奇怪的是那么多课外活动竟从不妨碍大家的学业。后来越发不可收拾地排练了大型话剧《夜店》,演出颇为成功。想起这些时,耳边还能听到"My Ball"呼声,眼前还能"看到"优美的

1952年7月5日52届在市三女中大礼堂前拍了毕业照。
第8排：俞慧耕老师
第7排左起：陈祺先、吴景瑜、郭志娥、***、陶佩珞、龚华芬；
第6排左起：王仁緥、梁惠基、***、***、***、李葵；
第5排左起：余秋痕、凌漱君、李玫、刁蓓华、张瑞云、谢爱明；
第4排左起：王丽天、李世济、赵漱芳、倪惠民、张斯湜、***；
第3排左起：陈莺、杨伟凤、姚庭熙、陈佩美、顾竹君、何慧文；
第2排左起：朱文佼、李惠宝、沈漪芬、郭静之、沈慧俐、***；
第1排左起：李福佩、沈锦惠、汤琪芬、刁美华、董碧虹、董蔚玲、林秀兰、***；

接球姿势，唉，真太美了！

  毕业那天是 1952 年 7 月 5 日，市三成立之日。我们圣玛利亚 52 届丙班融入了市三女中，同原中西甲、乙两班同学一起度过了考大学前的一段时间。我们班建立了互助活动。学业全优的同学无私地把自己的学习心得交流给一起温习的同学，在大家努力之下，全班同学均以理想成绩考入了大学。当我回忆这一切时，情不自禁地说，谢谢你，母校！我们不愧为 1952 届人！

郭静之（上海冶金设计研究院，现居上海）

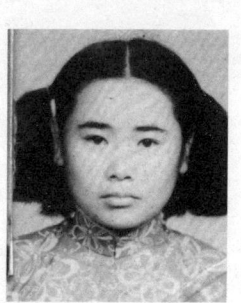

  1946 年夏，圣玛利亚校园修缮一新，从此师生们从约大返回原址上课。入校第一年我连 Miss Eddy 的提问都不明白，"*Heidi*"一书中生字之多、教课进度之快都让我急得落泪。

  六年匆匆而过，毕业时圣玛利亚和中西女中合并成市三女中。岁月流逝。师长们先后离去，印象较深的有以下片段：

  音乐学院杨嘉仁教授给我们上唱歌课，钢琴伴奏采用即兴和声配音，自然流畅而情趣盎然，使同学们在美的旋律中接受声乐培育。当李玫不慌不忙踏着稳健步伐上台舒展歌喉后，杨教授的评语是："你将来会当校长。"

  Miss Peacock 懂一些中文，教到 immediately 这词时，问同学："骑在马上快不快？"这样，我就记牢了。一次上夜自习时，我在稿纸上写中文作文，她硬批评说不该写信。后来她从旁了解我说的是实话，就向我道歉了。

沈漪芬（上海化工研究院，现居上海）

转眼半个世纪过去，中学时代的难忘情景仍历历在目。

每学年结束后的毕业典礼最令人难忘。毕业班同学穿了自己班色的级服接受各方代表祝贺，同学们表演的歌舞小品情趣盎然。当时很羡慕，盼望自己毕业时也能和同学们共享这份喜悦。可52年正逢大学院系调整，教会中学合并改名，只有将这美好回忆珍藏心里。

中学的同学情谊如陈酒一般。经受了时间考验，回味无穷。

记得那时我班篮球队常去约大参加球赛。我虽不是球队队员，但往往下课后不愿回家，与活力四射的队员们一起去约大，一边观看比赛，一边为她们加油。每当球队为学校争光后，我们流露出的兴奋与开心的神情是语言和文字无法表达的。

放学后，我们几个走读同学总结伴回家，每当走过科学院附近的葱油饼摊时，总要买几个边吃边谈笑，这种正宗味道再也吃不到了，而谈笑时的那份天真与可爱倒还记忆犹新！

愿纯真的友谊天长地久！

张瑞云（北京大学力学系，现居北京）

1950年初我插班进入圣玛利亚女校。当时十分高兴能考入这所闻名的中学，又离我住的圣约翰大学很近。虽是插班生，同学关系仍很好，我和倪惠民常结伴同行上学，近座的同学常互助复习功课，全班同学常在蔚玲家聚会活动。外地来了一个同学张斯湜，她给我们连表演带唱《三头黄牛一匹马》，逗得大家哈哈大笑。我们上街打腰鼓，在课桌上练习敲打乐队的小鼓。我在圣玛利亚两年半的生活充满热情朝气，终身怀念。

我感到人的一生匆匆而过，亲友们的情意是生活的营养剂。中学同学的友情是持续时间最长、也最真诚的。我们从天真的少女相遇，一起玩耍，一起学习、一起成长，现在我们已步入老年，这半个世纪的友谊长存不衰。

龚华芬（北京协和医院，现居北京）

我是1951春考入圣玛利亚女中高二下学期的插班生。因不是上海人，与班上同学熟悉校慢。同学们都很热情，特别是班上几位进步的共青团员，在她们关心与帮助下我在高三毕业前加入了团组织。我们团小组逐渐壮大，因没有时间经常开会，而采取轮流记日记的方式，互相传递、交流思想。毕业后与中西女中合并曾过一次组织生活，每个团员均用硬纸板做成了团徽挂在胸前，纸板背面写下了自己的理想与愿望，以便激励自己不断前进。

董碧虹（北京大学生物系，现居北京）

我们班同学人数并不多，都很单纯，很用功，对我来讲在学习上有一定压力。我们互相帮助，大家都在一起复习功课，使我在较短时间内适应了新环境。我每天都高高兴兴的。

初中时我们都是寄读生，在学校内除了上课学习外，就是玩耍，最高兴的是每天下午中间休息时可以让你去一间放食品的房间，在那里可以吃一点家中带来的小点心。每周三下午家中还可以有探望的，当时年纪小认为这也是一种乐趣。我记得在学校健身房后面的校园中有好几架秋千可供我们玩，休息时几乎都去玩，有时一个人自己荡，有时两个人一起荡，有时坐着，有时站着荡，玩得特别高兴。

进入高中后，我们变成了走读生，每天穿梭于兆丰公园（今中山公园），穿过火车铁轨到学校。那时刚解放不久，学校也进行了一些改革，教学方法和课程内容也有了些改变，接受新鲜事物较多，但我们每天的校园生活还是很高兴、很丰富，同学间也很团结，大家进步都很快。我深感中学时代同学的友情是最真诚也最牢固的，大家由不懂事的女孩一起长大，后来虽然不常见面，但心还是联在一起。一说起那位同学都会想起在校时的往事。

陈莺（中小学英语教师，现居上海）

我在圣玛利亚女中从预科二年级（即小学六年级）一直读到高三毕业，前后七年的学校生活至今记忆犹新。

小珞（陶佩珞）、吴景瑜、李葵、魏美珍、李惠宝、姚庭熙等是我班的优秀篮球队员，体育老师陆羽常带她们出去比赛，赢了球陆老师请她们吃冰淇淋，以资奖励。她们不但球打得好，而且学习成绩出色，使我钦佩不已。

李玫为人随和正直，待人接物彬彬有礼，有时喜欢把双手放在背后踱方步，是我班的 gentleman。

郭志娥对同学友好真诚，她兴趣广泛，不但会弹钢琴、打垒球，还爱好游泳、裁剪、烹调及插花等。

顾竹君是个朴实无华、脚踏实地的好学生。她不爱运动，喜欢弹钢琴，有时就泡在图书馆里博览群书乐此不倦。

每当听到口哨声时，准是刁美华来了。她喜欢边走边吹口哨。短短的头发，走起路来很潇洒。她的口头禅是"I mean ……"，有时还插上两句英语。她心直口快，热情好动。

陈淑恩坐在我左面，她很纯真，有点害羞和内向。她喜欢说："啊哼哇！"碰痛了，铅笔橡皮掉在地上，她都会说："啊哼哇！"放学后我们时常一同回家。

王丽天很风趣，我们都很喜欢她。她有时在课后或饭后站在黑板前装怪面孔做出引人发笑的怪动作，她自己却不笑，然后转过身来，在黑板上画上用她的姓名组成的老虎头图形，这大约是其绰号"老虎头"的由来，大家还记得吗？

董蔚玲（中学物理教师，现居上海）

我们班的同学都很团结友爱，好像没什么吵架的事。班级的体育活动特别棒，初一时就获篮球冠军等好几项，教体育的是乐莲琴先生。记得圣诞节时，各班做了很多小礼品进行义卖，然后把钱捐给困难儿童。初中近解放时，有三个教师（教公民和数学）带我们到女青年会活动，告诉我们上海大学生的爱国运动。

高中时俞慧耕先生担任我们三年的班主任，使我们终身难忘；刘葆宏先生教化学，我们对她又尊敬又害怕；毕业班时，郭秀梅校长教英语，我们佩服她的豪爽和严格；汝乃华先生教数学和物理，思路清晰又很客气；闵绍樾先生是语文和地理教师，博学又风趣，还写得一手好字；教体育的陆羽先生，认真而心软……的确，由于有那么多好教师和校风严谨的母校，为我们的知识和修养打下了良好基础；在我从教一生的岁月里，他们一直是我的楷模。

邢季琼（广西寄生虫病防治研究所，现居上海）

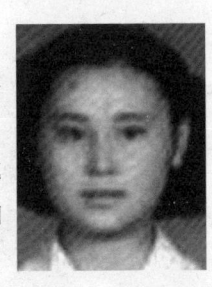

我于1951年参军入伍，没有到前线去，而是考入上海第二军医大学医疗系学习。中学时放学后我喜欢参加学校的篮球、垒球等体育活动，尤其篮球基础较好。记得参加上海第二军医大学的一次篮球赛中我竟投入18个球，马上被吸收入校篮球队。以后每换一个单位，我都参加单位的篮球队，在与单位的系列比赛中还成了冠军队呢。

忘不了的同学情：

魏美珍，去香港前，天天约我一同上学，我们边走边说，很是快乐。

汝　凉，常来我家玩，我也常去她家玩，一起有说有笑，非常高兴。

李世济，曾是我的邻居，我们常在阳台拉手玩耍。

蒋　理，高中时我们总挨着坐。上午课休时，她常拉我去她宿舍玩，还请我吃奶油、果酱面包，真让我吃上了瘾。

李福佩，我参军时选为代表在全校大会上发言，讲话稿是李福佩的杰作，我也是第一次用普通话讲，更添精彩。

陈淑恩（北京友谊医院，现居北京）

1946年，我从觉民小学毕业后，很高兴直升圣玛利亚女中，当时我在初一甲班。这真是一段难忘的岁月。

还记得班上有陶氏姐妹、郭志娥，陈莺，郭静之，李福佩（"笑咪咪"），孙有本，李道厚，陈元琪，顾竹君（"老古董"）等各位同学，回忆起愉快的学习情景，令人难忘。

在校园楼前蔷薇的芬芳中，在绿荫荫的草坪上，一起作游戏。由于求胜心切，都想作赢家，有时难免发生"争执"。"Step singing"，"London Bridge is Falling Down"等情景，至今仍历历在目。

每逢圣诞节，圣诞歌曲大演唱"Away is the manger……"人人服装整齐，热情奔放，认真的一句一句，一遍一遍练唱。这也陶冶了我们认真做人，认真做事的优良品质。圣诞前夕，当pageant时，我们被安排在教堂后面楼上，深深感到是我们班同学的莫大荣誉。

何慧文（苏州太湖仪表元件厂，现居苏州）

五十年前的今天，圣玛利亚最后一届毕业生与中西女中52届合并，在上海市三女中举行毕业典礼并合影留念，印象最深又美好的同学情谊不时在我脑海中再现。一起进入同济的五个同学中，竟有三人与我同一专业，再次成为同窗。

青年时的回忆片断像做梦一样：在圣玛利亚有一次电影制片厂来拍电影，我们都当了群众演员，只记得眼睛滴了一种药水，拍电影眼睛会有光彩，这部电影后来我没看到。又有一次上实验课，我们一组都是些"调皮捣蛋"，所以汝乃华老师拿了最后一只坏气压计让我们做实验，汝老师说他去修过气压计，修不好，缺一只气压计，你们就拿坏的做实验吧！实验课上张瑞云（带领人）、陈佩美、我、王丽天、董碧虹、还有……（忘记了）把气压计倒过来，放上水银，把一块擦字橡皮填上，再翻过来，修好了，而且气压很准。汝老师还大大表扬了我组，最后把气压计挂到实验室墙上（因为它最准）。

凌漱君（湖州市菱湖人民医院，现居湖州）

毕业几十年了，在我脑海里印象最深的几位同学是：

刁美华：总是笑咪咪的，教室里有了她真是热闹非凡。

李葵，芭蕾舞跳得不错，同时也很着迷，一有机会就会摆出一付跳舞姿势来。

李惠宝，一付运动健将架势，你还别说，她的赛跑总是名列前茅呢！

张瑞云，给人感觉稳重和庄严，办起事来特认真，一丝不苟。

龚华芬，高大的个子，健壮的体魄，说起话来细声细气。她曾对我说过将来要考医学院，果真实现了她的梦想。

郭静之，文质彬彬，给人一种亲密感。要是托她办事绝对负责任。

郑克珑（河北医科大学任妇产科主治医师）

从初中至高一均在圣玛利亚女中学习生活，一生难忘：生活紧张有序，严肃活泼；老师和蔼可亲；清一色的女生；有数名外国教师，其中以 Miss. Eddy 教我们英语最有趣，很能吸引学生注意力。我住在校舍二楼，一室四人，其中我和我姐郑克玲，还有郭氏两姐妹，即同班同学郭志娥与她姐姐郭志嫦，一闭眼就能见到她们。郭静之与她妹郭健哉住楼下，郭静之的圆圆脸及圆圆的眼睛真可爱。顾竹君同学学习认真刻苦，她曾随家离开上海，分别时送过我两张照片，至今我还保存着其单人照片，很想她。李玫是我们心中的班长，说话待人接物有分寸，爱笑咪咪，讨人喜欢。孙有本个子不高总是坐在第一排，一条长长又黑又亮的粗辫子一直拖到她的足后跟。还有陈祺先，爱出汗有了名，手绢总是在擦着湿漉漉的汗水。

朱文佼（中国民族大学校医院，现居北京）

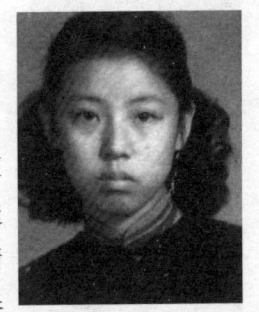

我于1945年进入圣玛利亚女中就读P2班（相当于小学六年级），当时校址设在圣约翰大学斐蔚堂。全校八个班级，我们班上约20人。

记得当时董碧虹、王丽天与我在班级中属矮萝卜头等级，住家又近，来往不免多些。丽天雅号老虎头（由51届闻玉梅同学赠送的王丽天三个字组成了老虎头图案），她从小心灵手巧，面部表情多多，"挤眉弄眼"能作各种怪面孔，碧虹当时是姚幕双、周柏春迷，经常在班上"作秀"，学舌弄腔，紧张时脸孔即发红，而我本人当时自认为可以讲是一个比较胆大的女孩，不"怕"老师，所以我们三人在教室内前后排坐，经常比较热闹。记得有一次上闵老头子课时，我们正在起劲，被闵老师一眼看到，当即点名将碧虹"吊起"，可怜的碧虹立即面孔通红,这样一来也就救了她,闵老头子把她放过了,当然当时免不了老虎头躲在背后做"怪"面孔,而我当然一副毫不在乎的样子。

讲到蓓蓓,一直是我们班的老班长。那时梳两条短辫,实际上称不上辫,而是如北方所讲的两把"刷子",又短又粗又硬又经常散开,上海人称作"拖分"。因次,她除了蓓蓓小名外,又多了个雅号叫刁拖分。再由大家充分发挥才智引伸出刁铅桶,从此"铅桶","拖分"在教室内叫声不停,尤其在吵吵闹闹时。流传至今,伴随着我们过了大半辈子,现在几乎没人叫她大名。

你可以想象出吗?当时培养淑女型的圣玛利亚也有像我们这样的小闹闹,当然大闹闹,中闹闹还有的是。

非常幸运的是从1945年至今已半个世纪过去了,我们四人仍经常保持联系,实乃人生一大幸福!

陈佩美(上海远洋公司,现居上海)

回忆我的学生生活,最难忘的是"女子中学"的同学相互关心爱护,情同姐妹。在这充满温馨的大家庭里,不但学到扎实的文化知识,还培育我们做人的素质,使我在工作中能面对各种困难及考验。

记得七十年代,我所在工作单位面临一项特别接待任务,在较短时间内要接受联合国科研方面专员的实地考察,需要专业人员用英语陈述研究课题。我被推选为接待人员之一,并顺利完成了专题汇报。事后同事们对我英语口语的临场发挥感到很惊讶,我就告诉他们:"这是我二十多年前在女中学到的,我们同班比我讲得好的同学多着呢!"此时,同事们才知道我是在 St. Mary's 毕业的。

顾竹君(上海社会科学院,现居上海)

刚进女校初一下无人作伴,选中了朴实清纯文静的陈淑恩。走进阅览室,她坐哪跟到哪。她的伴是郭志娥,因此郭最有发言权,笑曰:"她(竹)是你(淑)的影子"。进出小教堂做礼拜我选中了健壮温良敦厚的凌漱君,她的伴是谁我已想不起来了,三人同进同出小教堂,一段时间后我又莫名其妙不辞而别。

在玛利亚女校一切友好交往游戏玩乐与我无缘。高中时学校想给学生们建一些课外活动的设备，让大家出出主意，我忽然想到曾经在英语课上读到一首诗：Swing Swing Over the mountain Over the sea……曾大为牵动遐思，便提出要建秋千架，得到了学友们的共鸣。不久果然一次次登上秋千空中摆舞欢腾，好不惬意，算是我在女校唯一值得纪念的消遥了！

王仁緻（上海第九人民医院，现居上海）

回忆母校生活，想起两件趣事：高一时某日，李惠宝拎了篮子买了大饼油条给我们班十多人悄悄地吃。按规定在思圣堂（Downsen Hall）不允许吃东西，所以吃得特别开心。大约是一种逆反心理吧，也算小小造反一次。不知当年参与者还记得此事吗？

初三大考前一天的下午，只有一堂家政课。B班同学怂恿蓓蓓在黑板上给老师写了一封信，说明劳作已交到讲台上，大家请假备考了，之后就开溜了。Deaconess 到了教室不见学生，寻找后才发现信及劳作，就狠狠训了班长刁蓓华。校方本拟不准我们参加考试，以示警戒，后来还是原谅了大家。

印吟梅（上海东风中学，现居上海）

在圣玛利亚女中的中学生涯至今难以忘怀。

回忆起1950年与圣玛利亚女中的同班生尤婉华合作演出京剧"坐宫"。她演公主，我反串演四郎，那时的情景仍很清晰。

赵漱芳（上海济南路地段医院，现居上海）

在圣玛利亚两年的寄宿生活中我记忆最深的是老师们认真负责的态度及同学们互相团结、帮助的精神。当时的校园建筑都有长长的走廊连接，下雨天不用撑伞就可到达教室、宿舍、健身房。1952年我们那班的级服我记得是Violet的旗袍，还有刻成"52"字的级戒。

倪惠民（安徽经济管理学院，现居合肥）

我于抗战胜利那年——1945年进入圣玛利亚女中预科班，渡过了七个年头，直到1952年毕业，这是我一生中最宝贵和快乐的时期。我们曾在一起讲故事，在草地上嬉戏、捉迷藏，课后天南海北谈山海经、说笑话，放学后结伴而行。在学校组织的各种活动中为班级荣誉而欢呼，在学习中互帮互学共同切磋。这些情景至今记忆犹新、历历在目。这是一个活泼开朗、团结友好、充满活力的集体。它使我由一个不懂事的女孩逐渐成长，开始面对社会，面对人生，为今后的一生确定了方向。

陈祺先（现居美国）

回忆在圣玛利亚上学时的往事，预科一年级时，我们在小房子二楼上课，课余时间在厕所的澡缸里泡脚玩，还把挂窗帘的小棍子扔到外面去，因此全班被罚到红砖房一楼实验室里坐高凳子上课；还是不停地闹，把实验室里的乌龟塞到水龙头里，一开龙头乌龟吃不消，四脚乱动，大家哈哈大笑。我沉浸在美好回忆中。

李福佩（现居纽约）

每当为尘世所纷扰，遇到不平和万般无奈的现实时，就特别怀念我的母校圣玛利亚，那蓝天下碧绿的草坪；那有着拱形门洞的实验楼；还有那总是面带笑容、步履轻盈、典雅端庄的外籍老师以及那些真诚友爱的同学……一切都是那么宁静，那么安详，那么美好，那么温馨。

中学对一个女孩子而言，是极其重要的完成蜕变的阶段：预二入学，完全是懵懵懂懂稚嫩的女孩；及至高中毕业，无不成长为风华正茂沉稳的少女，也就在这个时期，造就了我一生的性格和气质，奠定了一生的学识基础。

十分庆幸，父母为我选择了圣玛利亚，圣玛利亚老师的言传身教和潜移默化，培育了我特殊的圣玛利亚气质——诚实、自信、端庄及勤奋好学。就在我66岁移民美国在公校代课时，还用到许多圣玛利亚学到的知识。尤其是英语教学和环境，当年每天几十页的阅读，开始时学得精疲力尽，待感到轻松时，无形中已基本过关。尽管大学时只让学俄语，工作后亦无英语用武之地，但在圣玛利亚打下的英语基础，已渗透到血液中。从1952年毕业到1979年，与英语绝缘27年，那时我在成都地质学院，中国刚向世界打开大门，地质部在成地选拔公派访问学者，圣玛利亚打下的英语基础，竟然使我在考试中力挫群雄，得以高分中鹄，后因调浙江而放弃名额。

在大陆理工科，素有"北清华，南浙大"的说法，这样的大学，在中断20年后，上世纪80年代恢复评高级职称的英语考试，场面何等壮观，两千多人考试，满分者仅三人，感谢圣玛利亚，又一次让我赢得辉煌！

回想这一辈子，走出圣玛利亚，先后在北京、成都、杭州、纽约等地学习或工作的时间都比圣玛利亚长许多，但最值得我回忆、最让我念念不忘的还是圣玛利亚那短短的七年，那让我完成蜕变、成长、定型的七年。每每念及，心中会升腾起一股温馨。

郭志娥（现居美国）

每当回忆中学时代的学生生活，就无形中回到当时的年龄，用当时的眼光把记得的事一页一页永不觉厌倦地回忆。

在我一幕幕的印象中，同学们有时在教室内，有时在校园中，也有很多是在宿舍里或饭堂间，进进出出，成群结队，像蜜蜂搬家似的忙个不停。五十年前的印象已不太清楚，不过你们的服装及笑容仍旧是当时的一模一样，没有更改。

2002春季在上海第一次有机会同班中11个同学五十年来第一次再见面。当我进到梅园村酒楼见到满厅的陌生人，吓了一跳，名字虽很熟悉，但面貌同名字都不配合。唯一熟悉的是你们的谈吐及笑容，仍旧同我脑中的你们一样。这几位陌生旧同学大概不会想要同我回到校园草地上去打垒球或在石级上"造房子"，跳绳或踢毽子。谈话中，我不停地在你们脸上寻找我脑中的旧同学。散会后发觉我们仍旧在1952圣玛利亚校园的戏台上，大家戴上了老人的假面具，老花眼镜，染了花白的头发，在演出"五十年后的同学会"。

一张照片的故事

1952年高二 朱文倩

在我的照相簿里珍藏着一张照片，凝聚着深厚的同学友情，五花八门的童装让稚气未脱的我们显得妩媚可爱。照片摄于1947年深秋，地点在圣玛利亚女校白利南路校园一角。那年我们22个同学就读初中一年级，都是十一二岁的年纪。回忆67年前我与这些同窗好友一起上课、游戏、生活的点点滴滴，一股温情涌上心头。

我生于1935年，1945年父母将我送进圣玛利亚女校入预科一班就读（相当于小学五年级）。班上仅12个同学，在约大校园内斐蔚堂上课。这张照片中的22个同学中有5人当时是同窗，她们是徐玲玲（后排右3）、吴民和（后排右4）、过怀慈（中排右3）、潘罗兰（中排左1）、范娟薰（前排右2）。此外还有陈琪儿、李蕊、邵慧中、邱惠德、林秀兰等人，她们进入初中后在另一班，就不在这张照片上了。另一个同学的名字已记不起来。1946年9月，我们搬进了整修一新的白利南路校舍，有很多新同学来到了学校，到了初一就分成A、B两班。新校园给我们带来了新的欢喜，新学期开始了，在一个阳光明媚的秋天，摄影师为我们拍下了这张班级集体照。

照片勾起了我对近70年前同窗好友的无限思念。照片中已有五个同学过世了，她们是过怀慈、吴民和、蔡德民（前排左2）、朱亚秋（中排左4）、王德贞（前排左3）。回忆这些好友的生前往事，感慨人生短暂。吴民和生性活泼，淘气可爱，爱做怪脸，常引起大家欢笑，是颗快乐的"开心果"。过怀慈文静寡言。蔡德民、朱亚秋是家中宠爱有余的小妹。回忆我们经常一起在约大校园内大樟树底下草坪上游戏，上学时一同穿过兆丰公园，边走路边嬉耍、打闹、捉蝴蝶，在公园白亭子内坐着唱歌，这样的情景是多么欢乐，美好。王德贞极为聪明但不肯用功，与王秋（前排左1）、王平贤（前排右1）三人绰号"三王顶天下"。她们三个小矮个坐在前排，在上闵老师的历史课时经常三人"叽叽喳喳"讲话不停，常受闵老师指责批评，天真又烂漫。亲爱的同窗好友请安息吧！

照片中朱文倩（后排右1）、范娟薰、沈玉芝（前排右3）目前定居北京；何祚佑（后排左2）定居上海；吴麟风（中排左3）定居南京；张志冰（后排左3）定居合肥；王汝彤（后排左4）、吴凤藻（后排左1）、王仁心（后排右2）定居香港；朱传兰（后排左5）、奚蓓芳（中排左1）、褚庆麟（班长，中排左2）、徐玲玲（或上海）、王秋、王平贤定居美国；大家经历了几十年风风雨雨，如今各自事业有成，子孙绕膝。仅潘罗兰（中排右1）、柴珠珠（中排右2）至今尚未与同学取得联系。

我在母校学习8年，于1953年毕业于上海市第三女中，同年考入同济大学供热供煤气及通风专业，四年制本科。1957年秋由国家统一分配至北京中国建筑设计研究院（当

圣玛利亚女中1947年初一乙班合影，后排右1朱文倩

2008年圣玛利亚校友在圣约翰大学校友会年会。会长鲁平,左起2副会长朱文倩,左起3常务副会长俞慧耕

时称建筑工程部北京工业建筑设计院)从事建筑动力工程设计工作。2005年中国建筑设计研究院(集团)表彰我为企业的建筑设计事业发展做出突出贡献,授予"功勋员工"称号,并颁发证书及奖章,退休前为教授级高级工程师。我能取得这些成就与父母的教导及母校的培养分不开。在母校8年的学习为我在数、理、化、英语等方面打下了扎实基础,在钢琴、唱歌、跳舞等艺术方面得到培养。这种教育使我从一个天真烂漫的无知小女孩成长为一个有独立人格,自立、自信、自尊的独立女性。母校的家庭教育格言"取他人之长,补己之短",将我教育成为一个好女儿、好姐妹、好妻子、好母亲,成为一个在平凡中显优秀的中国女性。回忆也是感恩,在此向母校老师表示衷心感谢与敬意。

最后祝愿母校老师们、同窗好友们健康长寿,愉快安渡晚年。

(2014年2月18日写于北京)

回忆圣玛利亚女中团支部

1952年 高二 娄丽娜

　　1949年前，圣玛利亚有过两个中共地下党教师，国文老师朱传慧和数学老师陈泽敏（教50届三角），后来她俩都离开了学校。同学中50届王裕敏是地下党员，后来她也离开了学校。在她引导下50届沈桓参加了党的外围组织活动，后来51届邓修竹也参加了。

　　1949年5月，解放军进入上海，我当时在圣玛利亚女中读初二，14岁。不久，党就派党员俞慧耕老师来任副教导主任兼政治课教员，长宁区团区工委学生工作部部长傅嘉范也亲自来我校开展工作。当时工作中心是帮助同学们正确认识党、政府、军队，加深大家对新中国的感情。围绕这个中心，我们开展了许多活动。如组织同学到吴淞口和驻港解放军联欢，一天的活动就使同学们对热情好客和勇敢纯朴的解放军战士有了感情。接着同学们到街上义卖小红花，筹款慰问解放军。后来又请战斗英雄薛敏来做报告。为了迎接新中国成立，俞老师为我们请来了当时仍留在圣约翰大学任教的加拿大和平大会主席文幼章教授来作报告。他虽是加拿大人，却一直同情中国革命。当时由孙道临主演的《民主青年进行曲》演绎了青年思想进步的过程，很有教育意义，俞老师就组织同学们观看，还亲自请孙道临来做报告。经由杨嘉仁老师介绍，学校聘请陈宗群任音乐课老师，教我们唱革命歌曲，记得当他激情澎湃地指挥大家唱"解放区的天是明朗的天"时，激起了多少同学对新中国的热爱和向往。记得当时同学们还热烈参与对国旗和国徽的讨论，急切盼望着新中国的成立。为参加庆祝开国大典的游行，同学们很早就组织了腰鼓队苦练不止，当天清晨4点半就起床集合，热情洋溢地参加了游行。

　　不久，要筹建学生会了。沈桓与市学联取得联系，并于1949年11月参加了上海市

娄丽娜1951年入党后照

的学生代表大会,大会结束后回到学校成立学生会。按理说,学生会主席应由沈桓担任,但由于沈桓快要中学毕业,俞老师他们就选中了我这个"小积极分子"(我因从小同情穷人,对共产党有一种天然认同感和亲切感),培养我通过各种活动得到同学们信任,最后被选为学生会主席,副主席是比我高一届的李世济,她嗓音宏亮,学生会有事,总是由她在吃饭时到两个食堂去通知同学。记得当时我们什么都不懂,筹建学生会,从各班选代表到最后选主席,一步步都是俞老师他们手把手教我们。第一次开全体同学大会时,我都不敢上台讲话,是俞老师一把把我从后台推到了前台。学生会的工作和后来团支部的工作基本上就是成为桥梁和纽带,帮助同学们正确认识党和政府。

1950年夏天,上海地下党公开了。圣玛利亚女中和圣约翰男中是一个联合支部,支部书记由时任圣约翰中学副教导主任的陈昌钊担任,之外另有六名党员,除俞慧耕老师(任党支部组织委员)属女校外,余均属男校,其中教师两名洪永范和刘良祺,学生三名姚纪梅、戴瑞辉、杨之廉。5月,长宁区团工委就派傅嘉范前来筹建新民主主义青年团支部。因为原先没有团支部,第一批团员是由团区工委直接介绍和批准的,时任团区工委书记是钱其琛,组织部长是周寒琼,第一批团员中,我印象最深的有:50届沈桓、51届汤铀射、董悦、陈韵昭;52届汝谅、张瑞云、董蔚玲;53届本人。大家选我任团支部书记,汝谅好像是副书记,张瑞云任组织委员,宣传委员是谁,实在想不起了。我当团支部书记后,学生会主席由董蔚玲担任。

团支部成立后,在党支部领导和教育下,充分发挥助手和后备军作用,协助党组织大力宣传党的各项路线方针政策,使同学们更好地理解和参加各项政治运动,如1950年7月镇反时,组织同学参加长宁区公审西郊恶霸的大会。当时农村完成土改后,就组织同学到农村去看农民的快乐生活。1950年秋,抗美援朝开始后,党团组织更是开展了轰轰烈烈的动员团员和同学参军参干的工作,团支部委员全部带头报名,最后汝谅等十人获准参加军事干校,留校的纷纷制作慰问袋,出资捐献飞机大炮,慰问和支援志愿军。当时教会学校还普遍开展了肃清"恐美、崇美、亲美"思想的活动。为了增强对当时外

1951年7月1日圣玛利亚女中圣约翰中学联合党支部扩大会，发展娄丽娜入党。会后在圣玛利亚女校合影。
前排左起：张瑞云、董蔚玲、俞慧耕老师和她的女儿、娄丽娜、董悦、汤铀射
中排左起：党员约中学生杨之廉、教师刘良麒、陈昌钊、学生戴瑞辉
后排左起：约中学生?、?、唐祖是、黄杰仁、邱阴章
约中党员中老师洪永范、学生姚纪梅没有合影。

交政策的理解，我曾两次亲自去上海电影制片厂，先后请白杨和黄宗英来作访苏见闻的报告。白杨着一袭旗袍，嗓音特别甜美，讲话温文尔雅。黄宗英则身穿一套深蓝色列宁装，头发绾在列宁帽里，她口才奇佳，讲得精采生动。讲演结束后，还应邀为同学们背诵了当时风行一时的长诗《卓娅》，博得了同学们长时间的掌声。为了弘扬国际主义精神，在召开世界青年联欢节前，我们响应团市委号召，组织同学精心绣制了万国旗，由我和张瑞云亲自送去。

除了做好中心工作外，团支部的第二项工作就是协助党支部做耐心细致的思想工作，帮助同学健康成长。在这方面，我有更深切的体会。当时，圣玛利亚女中一部分同学日子并不好过。一方面，在外部，由于1950年的"二六"轰炸，社会上谣言四起，人心惶惶；另一方面，在内部，党的某些政策直接触及某些同学家庭的利益。在这种情况下，某些同学思想上矛盾重重，甚至有怨气，这是必然的，不可避免的。对于这种现象，代表党支部的俞慧耕老师采取了非常正确的宽容、理解、引导、教育的态度。她对任何同学从不发火，从不苛责，而是带着浓浓的爱，循循善诱，说服教育。俞老师的言行，给了我们教育和影响，可以说我们团支部自始至终就是按照俞老师的作风来工作的，这也可称为圣玛利亚团支部工作的特色和精髓。例如在"三反""五反"运动中，我们团支部就做了许许多多同学的思想工作，使她们正确认识政策，放下思想包袱，比较愉快地度过了那段时光。记得我同班同寝的一个同学，家里从事运输业，对"五反"运动有抵触，天天发牢骚，我就天天做她的思想工作，终于使其情绪平复并主动去做她爸的思想工作。除了在运动中做思想工作，我们团支部还关心同学们的日常生活，帮助她们健康成长。

1952年7月10日初三甲团小组合影

记得有个同学因家庭矛盾悲观消极，甚至有厌世思想，我就跟她做好朋友，向她介绍处理家庭矛盾的方法和经验，经过无数次的促膝谈心，她终于豁然开朗，情绪乐观起来，像变了个人似的。我不仅从中收获了喜悦，更深深感受到团的思想工作的巨大威力。

团支部第三方面的工作就是做好团本身的思想建设和组织建设。思想建设中印象最深的是系统的团课教育，那时几乎一、两周就由团区工委书记钱其琛讲团课，每个单位的支部书记去听，然后回来传达。遇到重大政治运动时，全市开大会，由团市委书记张本和学工部部长钱李仁作报告，"三反"、"五反"时还由陈毅市长亲自做动员，由单位团支部书记参加，回来传达。我也是一、两周给圣玛利亚同学在健身房礼堂讲团课，开始时备课讲课我都很紧张，后来就习惯了。这些讲课锻炼了我的口才，使我终身受益。1952年合并成立第三女中，我任团总支书记。在第三女中礼堂讲团课，听课人更多，面更广，第一次在市三讲团课时，因不知原中西女中的团员反应会如何，又很紧张，后来得到了她们认可，我也就放心了。记得1952年前，市、区的会议非常频繁，对团员的思想教育也非常经常。思想建设的另一重要方式就是过团的组织生活，组织生活定期、正规。组织建设主要是缜密地发现团的积极分子，有计划地细致地加以培养，严肃认真地做好发展工作。圣玛利亚团支部在两年多共发展了几十名团员，在各班都建立了强有力的团小组。团支部还发挥了党的后备军作用。我们到区委听党课，先是我经过团工作的锻炼，在1951年7月1日被吸收入党。当时我才16岁，在年龄上不符合党章要求，但俞老师详细介绍了我的政治觉悟和工作表现，又说明发展我是圣玛利亚工作的需要，最后，经长宁区党委对我的认真考察，由区委组织部长亲自签字，破格发展我为候补党员。1952年后，沈桓、张瑞云等许多团员都先后在各单位入党，这是党团组织对我们培养教育的结果，也是我们圣玛利亚团支部工作的成果和光荣。

团支部第四方面工作是1951年建立少年先锋队,开展低年级广泛性的工作。张瑞云改任少年委员,后来余英华担任。1951年到中山公园参加六一儿童节活动,1951年夏组织长宁区各中学少先队到圣玛利亚大草坪开联欢晚会等。

应该特别说明,圣玛利亚团支部的工作是在党组织直接领导下进行的,记得甚至在1950年7月俞老师请产假时,我都多次到她家请示工作。当时正值暑假,我整个暑假都在忙团支部工作。

1952届团小组1952年7月5日在市三女中

圣玛利亚团的工作又是在团区工委亲切关怀下开展起来的,因为我们是教会学校,工作基础较薄弱,团区委对我们特别关心,每次开会或办事见到钱其琛同志,他总会拍拍我的脑袋说:"小积极分子又来了",对我们支部的工作问长问短,鼓励帮助。其实,"二六"轰炸后,社会上有敌特杀人的传言,我一个十四五岁的小姑娘,经常深夜开会回来。我住校,从中山公园旁的团区委一人回到学校,走在空荡荡的马路上,真的很害怕,但一想到钱其琛及团区委其他同志对我的信任和爱护,也就硬挺下来了。

我对圣玛利亚团支部工作的回忆,饱含着我和我们全体团员对那个美好青春的回忆和激情。

对母校的热爱永存心间

1952届 初三 邹 灵

岁月沧桑，金色的年华已一去不复返！但在编写这本纪念册的过程中（《1952年初三毕业50周年纪念册》），那早已消失的年代仿佛又被拉了回来，唤起无数甜蜜的回忆……从我跨进圣玛利亚女中校门就读一年级到初中毕业那段岁月，对于我的一生起了极其重要的影响。学校里有不少外籍老师，除了总是一身黑袍，庄严典雅面容慈祥的Deaconess；还有Miss Eddy, Miss Cooper, Miss Barnaby。Miss Peacock教课时，我会出神地望着她，揣摩她有哪一点像"孔雀"，否则怎么会有如此奇怪的姓？每个教师的音容笑貌如今仍呈现在眼前，我刚进校时校长是Mrs陆，后来是洪德应牧师，最后是郭秀梅，教导主任Miss袁，教数理化的Miss刘和Miss范，卫生室的Miss汪，体育老师Miss陆，生物老师Mrs郭，教地理的章德苑老师。教历史的李太太，她女儿李家松教图画，舍监Mrs蒋，还有Mrs郝，Mrs夏……写到这里我耳畔仿佛又响起带着湖南口音的Miss何的声音，她在教音乐课时，总是强调"唱歌时嘴巴要圆，然后发O……"学校里原先只有三个男教师，留着两撇小胡子的姚先生，胖胖的薛先生和戴眼镜的闵先生，解放后才来了汝乃华和刘天佑两个男教师。每天上完第二节课，全校师生列队按年级次序进入教堂。礼拜时间并不长，由牧师或Deaconess主领。礼拜结束后仍排队按年级次序退出教堂。这时许多同学便奔向吃食间，那间屋子里的一排排木架上放着各人从家里带来的饼干筒。十点多钟开始再上完两节课便是午饭时间了。

食堂在两幢宿舍楼（Twing Hall和Pott Hall）之间，管理员外号叫M.P.，每桌八人，有规定座位；四菜一汤。大家伫立着等待响起"叮叮叮……"的铃声，餐厅外走廊里的学生唱诗班唱完《普天颂赞》中的《谢饭歌》方可坐下进食。

下午上课前及放学后,同学们在大草坪上嬉戏。掷球、打羽毛球、聊天……健身房里和后操场上也有不少同学的矫健身影,两架秋千更是吸引了很多同学;琴房里传出练习钢琴声……那时我是文体活动积极分子,现在回想不禁纳闷怎么会有那么多时间与精力?我既要练琴又是校排球队成员;有一次刚打完球就去上琴课;手指又红又粗,颤抖不停,被老师批评了一顿。每次学校有文娱演出,剧目中总少不了有我反串的角色;我口叼烟斗,肚子上绑着垫子饰演大腹便便的老板;歪戴帽子,叼着香烟,戴墨镜的美国兵或特务……我和高年级的陈祺先同学是鼓乐队敲大铜鼓的,1950年国庆节大游行,鼓乐队成员穿着绣有蓝色"圣玛利亚"的白绒衫,蓝色长裤,白手套,白跑鞋,踏着整齐的步伐,在隆隆的鼓声中雄伟地行进,博得观看的人群掌声与喝彩。

邹灵和老学长程芍华在Sun Parlor前

傍晚六点半全体住宿生又按年级次序列队进入教堂,参与由某教师或学生主领的晚祷会。后来我加入了学生唱诗班,也曾多次主领过晚祷会。教堂内有一架老式脚踏小风琴,阿端曾任司琴,学校中的宗教气氛在解放后逐渐淡化,宗教课和礼拜及家政课都改为自由选择;1950年以后,外籍老师陆续离开。

七点至八点半是夜自修时间,全体住宿生集中在"思圣堂"二楼的西自修室里做功课,仍有教师监督,不许讲话,不许看小说;夜自修毕便回宿舍。九点半熄灯,舍监老师会悄悄地查房,绝对禁止再有人发出声音。

宿舍的规矩很严,不许在房间里放食品,不许在房内吃食物,不许串门进别人的房间,底层的不许到楼上,床铺必须罩上白色被罩……星期六只上半天课,学生们如出笼小鸟飞向各自的家,星期一早晨再返校,平时严禁离校外出。

我怀着骄傲和思恋的心情回想在母校时的种种情景,是母校的栽培和熏陶造就了我性格的坚强和坚定的信念,在母校打下的扎实英语基础及自身之执着与努力,使我在直到今天仍从事的影视翻译工作上取得了不少成就。

岁月可以冲淡辛酸的记忆,抹去痛苦的尘埃;对母校的热爱永存心间。认认真真做事,快快乐乐做人,顺境时感恩,逆境时坚守"信、望、爱";必定使我有个幸福平安的晚年。

怀念圣玛利亚女中和父亲石兰生

1952年初三 石瑛

我1947年夏进入SMH预科学习，1952年初中毕业，并入市三女中。5年的预科及初中学习生活，印象深刻。母校SMH不仅有很好的教学环境，更有优秀的教师，她们业务素质高，爱生敬业。我良好的数理基础得益于范敬敏老师严谨的教学，预科及初中三年，代数、三角、几何、化学等课程都由范敬敏老师讲授。她讲课清晰，思路严密，对学生严格要求。范老师每次上课都认真备好了课，从未有过一次马虎，真是难能可贵。SMH各位老师如刘葆宏，丁宝理，郝太太，罗迟慧，郑慧君等，都为我们的数理化和英语学习打下了扎实基础。母校一流的英语教学也闻名国内外。我刚进入SMH，英语基础较差，郑慧君与袁葆群两位老师利用业余时间给我补课，罗迟慧老师的小女儿郭健哉同学虽然只比我高一班，但她还做过我的英语小老师，经过她们的帮助，我逐步跟上了英语学习进度，在后来的学习与工作中，英语还成为了我的长项。

在市三读完了高中考入哈尔滨工业大学。在大学，外语学的是俄语，北方同学中学就学俄语，而我中学学的是英语，开始比较吃力，但随后由于较好的英语基础发挥了作用，我很快就跟上了班里的俄语学习，还得了XOPOWO（良好）的成绩。回顾一生，因母校的培养，使我能顺利考上心仪大学，使我的英语基础在工作与学习的关键时刻起了极其重要的作用，母校赐予我扎实的基础知识及踏实学风，保证了我顺利完成大学学业。

大学毕业后，我被分配到浙江大学教书。1978年改革开放后，

1952年初三石瑛

2012年石瑛在工作了半个多世纪的浙江大学校门前留影　　1990年在美国Surrey大学研究中心进行短期合作研究　　圣玛利亚人眼中永远的兰生伯伯，摄于1960年

对外交流多了，浙大引进了澳大利亚英语教师来培训英语，由于我在母校打下了较好的英语基础，我的英语成绩在培训班上名列前茅。1982年，当国家科委与欧共体合作，并在全国几所重点大学选拔出国进修人员时，我得到了去英国的进修机会。在国外进修期间，安排我们访问了欧盟的主要成员国英、法、德、意、荷及比利时等国，与那里的专家进行了学术交流。在母校打下的良好英语口语基础又一次使我发挥了优势，在国际学术会议上能流利用英语宣读学术论文，并与国外专家交流，业务水平提高很快，较早接近世界专业研究前沿。当时与欧共体专家合作研究能源价格、能源与环境、企业节能、运煤与输电的经济分析等有关国家能源政策重大问题，得到欧共体大力资助。我运用自如的英语听说能力给欧盟专家留下了良好印象。1985年欧盟官员来浙大洽谈中国与欧盟在能源经济领域中的合作项目，我负责的浙大能源发展中心与欧盟签约，并完成了六个合作项目。

1990年我晋升正教授，1997年退休后，还被浙大城市学院返聘10年，担任执行系主任。这10年中，在学院领导支持下，我依靠良好的英语基础，开展了国际合作办学，建立与澳大利亚昆士兰大学（USQ）及新西兰怀卡托大学（UW）的合作办学项目，引进国外教学理念、教学方法及教材，成为学生与家长追捧的专业，在浙江省有着一定影响。

我父亲石兰生（1906~1984）在圣校工作多年，工作岗位是传达室，每天笑咪咪地看着老师同学上学放学，给许多师生留下了深刻印象。这是人杂事多的工作，父亲责任心极强，无论领导、老师、同学及家长关照的事，他都铭记在心，一一完成，不出差错，不遗漏，因此师生对他亲热友好，乃至现在大家还惦记他。他服务圣校多年，很是愉快，从未在家听到他对工作有任何抱怨。

圣校是一所女校，师生以女性为主，因此碰到一些需要出体力的活，父亲总是当仁不让。他虽然只有小学文化，但人很聪明，碰到一些简单的木工、电工、印刷活，他都能自己动手，得心应手，确是个能工巧匠。

1952年，圣校与中西女中合并，圣校旧址上建立了上海纺织专科学校，我父亲留在原址继续为纺校工作。由于工作勤奋出色，被纺校推荐为上海市先进工作者，享受了到上海总工会设在杭州的疗养地休养一周的待遇。

1955年我上大学后，班里大部分同学都申请人民助学金，我征求父亲意见，他回信："我们能供养你上大学，不要增加国家负担，不需要申请人民助学金。"由此可见其品格。

1966年后父亲从纺校退休，他与母亲一起来杭州与我同住，其开朗性格与热心服务的精神，在杭州交了很多朋友，也为浙大社区做了不少工作。当然，最得益的是我，当时我有两个孩子，爱人在外地，我一头要带孩子，一头要做好教学、科研工作，类似情况在学校很多，但由于我有父母操劳，帮我照顾好小孩，回家有热饭吃，使我能安心工作，周围同事不胜羡慕，称我为"有福之人"。父亲不仅培养了我，而且还帮我带好下一代，我感恩父母，深深怀念我的父母。

我更感恩母校，深深怀念在母校受教的日子。

六十多年前我们有缘相聚在圣玛利亚女中，那时大家都是十多岁的小姑娘，我们一起学习嬉戏度过了无忧无虑的欢乐时光。高中阶段分在各班，中学毕业后便各奔东西。虽然阔别了几十年，但每逢母校生日，不少同学又会聚在一起，回忆青少年时代的情景，感谢母校教师的栽培，畅谈各自的生活与工作经历，深感坦率亲切。昔日的友谊久长，相互之情谊深切，同学间纯洁的友情至今仍让我们密切联系。

母校一流的英语教学，给我的学习与工作开辟了通畅的人生大道，使我一生受益。母校的校训培养了我诚恳做人、踏实做事的行为风范，使我顺风顺水走过大半辈子。我今天的安稳生活得益于母校的培养。我衷心感谢母校，感谢教师们的教诲，那是我永远难忘的日子！

回忆在脑海深处

1952 年初三 郑天真

1936 年出生的我，至今难忘在圣玛利亚女中一年半的初中生活。时常会不由自主地想起校园、教室、老师、同学……

1949 年八月末（家乡刚解放十多天），从福州毓英小学（美国教会创办）毕业的我，便跟着母亲乘坐首班通往上海的邮政卡车，经过一周多极其艰险的路程回到出生地上海，母亲想让我进中西或圣玛利亚。无奈名额已满，只好到愚园路一个小弄堂里的沪江女中上学。

都一年半了，没有老师令我喜欢。听说教史地的竟是未及逃往台湾的国民党残留人员。期考代数就从平时作业题的二十道题里出十道，做对五道以上便可及格。我不满意，更不快乐。母亲既生气又担心，便和父亲郑朝强（毕业于约大，1932～1937 年约大土木系任教）商量决定转学。

于是想方设法打听到圣玛利亚初二乙班可以插班，沪江 20 万元的学费交了不退还，为了能上母校，父母又交了 80 多万元，这样 1951 年春季我便进入历史悠久，颇有名气的母校。

两所女中各读了一年半，两相比较，截然不同。我高兴地背着书包上学，大约半小时就到了校门口，门房伯伯石兰生总是笑眯眯地迎接每个学生。

沪江那一页翻过，圣玛利亚崭新的画面展开。在未成年少女脑海中留下鲜明、深刻的印象。从网上得知多位热心女士正在广泛收集回忆，准备编写校史，我欣然接受，感恩之情倾注笔端。

1951年哥哥郑天民参军赴朝，学校送来"光荣之家"匾

1952年初三郑天真

教室里排列着30多张咖啡色连体桌椅。坐在前排的我，最爱听教政治、国文的刘昌玉班主任讲课。她大约30多岁，中等个，身穿列宁式女上装，梳着短发，目光炯炯，神情端庄。进入教室，师生问好后，打开手捧的《可爱的中国》，坐下便开始讲读。记得最清楚的是，她时而声情并茂，时而慷慨激昂，把年幼的学生带进抗战时期中华民族饱受日本军国主义蹂躏的苦难日子。特别读到无数女子惨遭凌辱时，她怒火中烧，咬牙切齿，我为之震撼！那么动听，那么感人，那么激人奋进。由此我记住了作者方志敏，了解祖国在抗战时期的历史。刘老师播下了爱国种子，我萌发了爱国爱民之情。

五十年代初，安徽遭受严重自然灾害，我响应母校号召捐献衣物。衣着朴素，和蔼可亲的刘老师让我逐渐明白，有很多孩子由于穷困过不上衣食无忧，进入学堂的生活。进而我有了前进目标：好好读书，决心当一个怀有志向，充满活力的青年。

青年团组织建立，同班鲁佑君已入团，我写了申请书交给她。不久，春光明媚，风和日丽的一天，她从操场一头快步跑来对我说："组织批准你入团了！"我俩拥抱在一起。自此，我积极参加组织活动，加倍用功，学好每门功课，从各方面发挥团员作用。

应该肯定母校任课老师个个兢兢业业，尽职尽责。比起预科就入校的同学，我差了一截。英语老师从上课到下课全讲英语。模糊记得她讲述芬兰作家写的小说《南来的风》。

我听课吃力,夏老师没有把我当差生,常常耐心辅导。郑慧君老师和同学都热心相助。陆伊君最为突出,从不厌烦。很快我就能听懂,学会,语法记得也较扎实。

我曾多次翻看《2002年52届毕业五十周年纪念册》,仔细端详照片。汝乃华、俞慧耕、刘葆宏、郑慧君等各位老师慈祥的面容一一在眼前呈现,仿佛又听到那循循善诱的话语。年代久远,这几位老师教什么课已记不起来了。还能想起的是,地理课讲到阿根廷这个国家首都名称布宜诺斯艾利斯拗口难记,于是在老师指点下,同学们就用"玻璃木梳眼泪水"的上海话谐音来记住它。同样记住了世界几大洲,不少国家的首都……我饶有兴趣地学好各科知识,记不起任课教师的名字,只能自认记忆力太差了。他们为人师表,可亲可敬。榜样的力量在我从教的三十年中不可低估。

进校前后我曾听亲友、邻居说这是有钱人家里女孩子才能进的学校。作为来自普通职员家庭的我,自始至终都觉得班风正,气氛活跃,同学间和睦团结,友好相处。我幼时左后背动过手术,一到黄梅天伤疤疼痛难忍。知道我擦抹药水能缓解,同学们立即帮忙。尽管气味难闻,弥漫教室,我从未见到有躲开,捂鼻子的。我真切感受到亲如手足的情谊。

母校有严格的管理制度,入学前要体检,与家长面谈,教导主任经常在走廊里巡视。每个学生都要在左胸前佩戴三角形校徽,必须按时完成作业,并在本上盖上学校统一发给的木制小小扁扁蓝色印章。每个学生都有品行及学习成绩记录,经常和家长交流。一年半中我所获得的知识和懂得的道理铭记脑海。

课外活动丰富多彩。同学张钰擅长排球,参加比赛很出色。魏鹤龄主演的电影《无限的爱》曾到我们乙班拍摄群众场面。时值端午节,饭后发给咸鸭蛋。我和几个同学红着脸,伸着手。演员们见了这么可爱的小女孩,都打趣地说,"还想要一个?给!"学校组织团员到南京路青年宫与罗马尼亚青年共同参观、联欢。我头一次近距离见到这么高大的男女青年,好稀奇!学校还上家政课,学习女子必备的各种本领,培养学生从小就学会自理和操持家务的能力。正由于上了其他中学不曾开设的课,成家立业后,我勤快肯干,从不为一日三餐和家庭琐事发愁。

编校史组织同时征集我在母校时的照片,我没拍过,只好将1951年秋季在家中花园拍的发去。那时哥哥天民已从约大附中参军,先到军干校学习。1952年7月赴朝,1953年12月回国。父亲告诉我,"光荣之家"匾是你哥哥学校送的。秋高气爽,菊花飘香的季节,

219

我和弟弟席地而坐，拍照留念。由此可见，我在母校的每一天都感到愉悦充实。

1952年毕业了，正赶上国家发展幼教事业，成立上海幼儿师范学校，首届招收500名。7月份通过毕业考试，母校评定我品学兼优，活泼单纯，性格开朗，适合保送条件。于是我以第三女中的初中毕业生保送进入中专。

同年9月，我踏入新校门。1954年5月，《解放日报》召集幼师专业思想稳定的六名学生到报社座谈，我去了。会后记者到校为我们六名同学拍照。家中留有当时报载照片。父母亲一再鼓励我好好学习，不辜负母校的期望。三年后，我到江苏路第五小学附幼工作。一年后，1956年国家普及高校，我考上上海师范大学中文系本科。1957年转学哈尔滨师范大学(爱人郭骏毕业于约大，分在哈尔滨工业大学)。1960年走上中学讲台。

2011年10月北京召开圣约翰世界校友联谊会，圣玛利亚校友也参加。母校有数十位校友参加。我见到了1952年分手后仅在南京通过一次电话的朱家祯，没想到今年初她已离世。当同学间谈起老师时，我说了郑慧君老师的情况。

郑老师家住愚园路歧山村，离我家江苏路134号(市三女中对面)不远。母亲(陈品英)自1950年起和长宁区妇联组织创办了八所托儿所，其中一所在愚园路100号。她五十年代初加入民进，经常能见到第三女中薛正校长和郑老师这两个民进会员，一起出席会议。以后母亲和薛校长同选上海市人民代表，接触更多。郑老师的美好形象始终铭刻在我心中。她对每个学生都一样和蔼、亲切，热情关照。虽然单身，但把我们当作自己的孩子。她既管住读生，也关心每个在校生，还上英语课。她英语很棒，我常把她和夏老师混同，就不足为怪了。

1980年后，每每春节回家，都要向母亲打听郑老师近况，也多次登门拜访。她的亲朋好友照顾她非常细心周到。她自己也很勤劳。屋里窗明几净，家什安排井然有序。直到她卧床，仍然那么清爽、利索。同学们都由衷地敬重她，爱戴她。

"文革"中，我听说她曾坐在三轮车上，身旁摆着几个纸包布袋，里面装着几十年来珍藏的国内外方方面面赠予她的圣诞、贺年卡送到第三女中，为的是"扫四旧"。她曾到过我家，在门厅送我双袜子，还风趣地说："送你一只火腿。"她依然乐观富有情趣。这两件事联系在一起，我心中愤愤不平。这算什么四旧？难道我带给她的哈尔滨特产也算吗？

人生苦短。同学之间，陆伊君、张钰也就是偶而相见，最要好的刘天祈已不知去向。惟有在心中悼念逝去的老师、同学，祝愿均已两鬓斑白的老师、同学健康长寿，但愿再相会。

在母校操场上，有棵盘根错节、枝繁叶茂的大树，大家觉得很像菜花。它不高，面积却大，课间、课余我们在树下穿梭游玩，欢快地追逐嬉戏，好开心啊！同届的70多个同学在母校精心哺育下，在美丽的校园里茁壮成长，在各地开花结果。

我从教几十年，成绩突出，是合格的优秀教师。参与民进、政协，家教理事工作十多年获得好评。我所取得的点点滴滴成绩源于母校，是母校为我打下了坚实、全面的基础。

母校的历史永载史册，业绩将传递给学子们的后代。与我相处过的老师、同学永远是我的良师益友。

"菜花"不在了，但那片培育我的校园，呕心沥血辅导我成才的园丁们却扎根脑海，永驻心灵！

80年代春节，与父母摄于家中

（2013年2月28日）

圣玛利亚初中三年对我的影响

1952 年初三 鲁佑君

1949 年我考入圣玛利亚女中初一，1952 年初中毕业，至今已 60 余年，但往事历历在目，仍记忆犹新。

一进校，大操场、健身房、篮排球场地，沙坑，还有乒乓桌子等体育设施对我产生了巨大吸引力。我爱好体育，对篮、排球、体操、爬杆、跳高、跳远，打乒乓球我都有兴趣。课间休息十分钟也跑出去打乒乓球。

我被选为班长，那时，每节课上完都要老师签名，一天课上完，签名单子要送到教务处，这是班长每天的工作。晚上，每天给工人上文化课。我家住在约大内，放学时间早，可以穿过中山公园，时间晚了，中山公园关门，只能走中山公园和约大围墙中间的路回家，天黑人少，起初有些害怕，后来习惯了，也就不怕了。

俞慧耕老师教我们政治，一下课同学们都围着她，问这问那，争着把自己的家庭情况讲给她听，让她确定该是什么家庭成分。俞老师把党的政策教给我们。化学老师刘葆宏讲完课后，给我们讲她上大学时参加活动的情况，激发我们的爱国热情，全班同学几乎都报名参加了游行。范敬敏老师绘声绘色给我们讲数学，教室一片寂静，有时她还出一道难题考考我们。Mrs 郝教我们英语，除了学原本的 *Heidi* 以外，有时她还给我们读英文报纸。

Mrs 蒋是我们的班主任，有一次她给我们开班会，她说这次是首批学生加入青年团，是当团的骨干，不是谁都可以报名参加的，你们就选一个吧！我当时是班长，同学们看我服务勤恳就选我入了团。从此我在党的直接培养下逐渐成长，更积极地参加各种社会工作。我曾组织同学参观光明牌棒冰厂、郊区农家村和国际饭店等,作为爱国主义教育活动。正因为参观了农村,我看到了农村现状还比较落后,心中默默立志,要学农,要改变落后的农业和农村。

初二时,我参加学生会竞选,被选为部长。那时市学联卖学习用品,价格稍便

1952年初三鲁佑君

晚年鲁佑君

宜些,我买过几批,原价卖给同学。因为同学们有的时候正好铅笔、联系簿等用完,就来买,卖完后,几次轧账都平衡,没出过问题。

共青团建团后,我首批入团,在团支部、团总支做些工作,觉得很有意思。

圣玛利亚女中和圣约翰中学合办红旗文工团,请了舞蹈和音乐老师,每星期日两小时学习舞蹈、唱歌、音乐指挥等。当时苏联红军舞盛行,我学会很多动作,女扮男装,穿了演出服装,像模像样登台演出了。学会了指挥,以后每次大合唱,都由我来指挥了。

初中三年,为大家做些事,整天忙忙碌碌,很高兴。三年的初中生活提高了我的政治觉悟,增长了我的文化科学知识,为今后学习、工作打下了坚实基础。

这桩桩件件的事情,记忆犹新,如同昨日一般。是母校培养了我德、智、体全面发展。我感谢母校,感谢老师,感谢朝夕相伴的同学们。

难忘金色少年时

—— 摘自1952年初中毕业五十周年纪念册

黄纯颖（清华大学精密仪器与机械设计教师，现居北京）

"似水流年青春日，难忘金色少年时。"

我们从1947年至1952年在圣玛利亚女中读预科和初中。在圣玛利亚所度过的愉快生活以及与同学间的亲密友情，直到五十多年后的今天仍历历在目，难以忘怀。

回想那时宽敞明亮的教室里，一群小姑娘朗朗的读书声中常夹杂着天真的淘气和欢笑的声音。读预科时，我们常在黑板上写出大大的字："May we go outside？"Miss Cooper走进教室看见后就同意把英文文法课改为在大草坪上作集体游戏；那是我们最得意的时候。升入初中后，功课渐多，但学习似乎仍很轻松，老师都很和蔼但要求严格。范敬敏老师个子虽小，眼睛一瞪，大家还是觉得有点怕。所以上她的课就比较认真。现在想想我的数学正是得益于那时打下的良好基础。当时我是班长，却经常带头捣乱。记得午间休息时，在讲台上模仿老师（黄洁学得惟妙惟肖）；在李太太教的历史课上，我用"西洋镜"掩护同学做小动作……我们班在文体活动方面十分活跃。初一时，我们演出过"灰姑娘"（容舜华扮灰姑娘，杨铭珍、曹志鹏扮她的妹妹，魏美郡扮后妈，我扮演王子）。初二时，我们编演过抗美援朝的活报剧（吴佩瑜演朝鲜阿妈妮，印惟礼、王裕静等是志愿军医疗队员，而王希瑾、余佩华和我演美国兵和特务，最后都跪在地上被打倒）。邹灵和我还穿长袍马褂，戴着瓜皮帽说相声。我们

1952年初三黄纯颖

一届的吴佩瑜、余佩华、朱家桢和我都是圣玛利亚初中篮球队的主力，经常外出与其他学校比赛。一次在上海市中学联赛上竟以32比0大获全胜；对方教练扬言要给我们"颜色"看。同学间在生活上、政治上互相关心；有哪位同学家中生活有困难，大家便捐款帮助。余英华是我入团时的介绍人；徐乃玎曾向我提出非常尖锐中肯的意见，我至今难忘。

1955年我考入清华大学，毕业后留校任教，多年从事机械设计教学及科研工作。至今仍难忘昔日校园宽广的绿草地上我们一起嬉戏、促膝谈心；难忘外墙上爬满常青藤的教堂里传出优美肃穆的琴声；难忘健身房里快乐的体育课；难忘圣诞节时的化妆舞会……多少年来，我多次在梦中回到久别的校园与小伙伴们一起玩耍。

老同学们，你们都好吗？

徐曼（南京工学院电机系毕业，从事设计工作，现居上海）

1948年我进入圣玛利亚女中读预科二年级到初中毕业，被并到市三女中读完高中后进南京工学院电机系学习。回忆十几年学生生涯，在圣玛利亚的那段日子最最开心，现在与圣玛利亚时的老同学相聚也最开心。每当我们在一起时总要回忆在母校时的许多快乐有趣的事情。记得在一个骄阳似火的夏日中午休息时，大草坪上没什么同学，而我们几个顽皮小姑娘对树上正聒噪的"知了"发生了兴趣。于是我自告奋勇爬上树去捉，树底下围着几个同学大声鼓励我，其中有那天穿了件长衫的石瑛，大家拍着手笑啊，叫啊……我正往上努力攀爬，忽然树底下的喧闹声停止了，我低头一看，来了一个外籍老师，她做手势令我下去，然后和气地告诫我："要记住自己是个女孩，必须注意礼仪，切不可再像个淘气的野孩子……"

那时我家住在离学校较近的愚园路上，所以我是走读生。于是每天到学校时，我的书包里总有不少代住读生买的零食，因而我有幸在住读生的吃食间里可以放一只饼干桶，可以在那里啃西瓜子、嚼花生米。

1960年大学毕业后，几乎一直从事设计工作。离开母校后，无论在大学读书时还是工作期间，我深感在母校时打下扎实的数、理、化及英文基础，对我帮助实在大。尤

1952年初三徐曼

其是英文,"文革"结束后,开始有了引进项目;在与外方进行谈判时,我的口语能力发挥了很大作用,得到领导和同事重视,也受到外方尊重。

已过去了五十余年的今天,只要提起"圣玛利亚"就倍感亲切,那是一段黄金般的岁月,同学间最诚挚的友谊绵延至今。

杨玮云(中国兽药监察所,现居北京)

斗转星移,阔别母校五十余载,同窗的音容笑貌,天真无邪的嬉戏,古老的教堂,高耸的钟楼……仍历历在目。还记得春光明媚的日子里,逢上英语课时,黑板上就会出现"May we go outside?!"的字样,然后,草坪上就有一群唧唧喳喳的小姑娘玩丢手帕,这是我们最开心的课程。课间休息时,我们在操场边的走道上排队等候用沈国荃同学的那辆小女式车学骑车。我就是这样学会骑车的,没想到为大学期间参加中央国际体育俱乐部的摩托车运动提供了条件。

中学的学习生活也丰富多彩,为了解析一道几何题,下课后不回家,直到做完作业才回去。经过刻苦努力,当时学的数学和英语,为以后的学习打下了扎实基础。

人生如朝露,转瞬已近古稀,回顾自己一生从事的兽医微生物免疫学科研究工作,虽无咎无誉,但也不乏建树。唯暮年怀旧心切,与老同学们天各一方,相聚有难,时时思念。

1952年初三杨蕻

杨蕻(现居美国马利兰州)

我1949年进圣玛利亚女中读初一,1952年初中毕业后在市三女中读完高一便离开上海,先到香港,后去日本,在日本完成了高中学业。

我们的母校是上海非常有名的女子中学,是不少人梦寐以求的学习圣地。回忆当初在母校时的情景,已有别梦依稀之感,但有几件事却令我终生难忘。我校对英文的要求很严格,我接触到的第一本英文课本便是:"Heidi",书中生词特别多,而我最怕的就是拼生词,于是只好苦读再加上请家庭教师恶补才算过关；因此当我在日本读高中时，我的英文在班里就大大风光了一番。我小学时最头疼的是数学课，每逢上数学课就有畏惧之心。初中由范敬敏老师教我们后，教导有方，深入浅出，这才使我在数理科方面开了窍。记得那时我们称她 Miss 范；她身材不高，圆圆的脸，戴近视眼镜，两条辫子盘在头上，是我最敬爱的老师。

因为在校住宿，培养学生从小就有自立习惯，但我偏爱面食，对食堂伙食不习惯，便常托走读同学买圣约翰大学门口的色拉面包或葱油饼之类，有时还要向健身房后面篱笆外的摊贩买小吃和零食。记得有一次我连吃六只葱油饼，撑饱肚皮，从此看见葱油饼就望而生畏，可惜现在再也吃不到味道那么好的葱油饼了。

徐乃玎（上海市飞机制造厂卫生科医务工作，现居上海）

在翻寻老照片时，不禁打开了记忆的闸门，往事历历在目难以忘怀。难忘下课的间隙，抓紧时间跳橡皮筋，难忘家政课上亲手缝制的第一个小包，难忘我们班的文艺表演和篮排球比赛，难忘每星期一清晨到曹志鹏家与她相伴到校，难忘圣诞夜在朱培纳家的 Party……

1952年初三徐乃玎

常美妮（杭州市环境保护研究所高级工程师，现居杭州）

我在圣玛利亚读完初中进入市三，高中毕业时考入浙江大学园艺系。1992 年从杭州市环境保护研究所高级工程师职位上退休。

回想初中生活，有许多快乐的回忆。记得在上李家松老师的美术课时，教室里总是闹哄哄的，大多数同学对画画不大感兴趣，坐在我前排的石瑛使出了她惯有的动作，塞过来一张图画纸示意我代她完成作业。记得那时我课桌上这种纸张往往是排着队的，少说也有十来张吧。我想也许哪位同学看到我写的这一段暗暗会嘀咕"自己是排队中的一个"。退休后，我才有机会重新投入对美术的爱好，我到杭州业余美术学校学习素描、色彩；与一些十几岁的孩子们坐在同一教室里，那时我已 56 岁了，却学得比他们更认真。之后，我

1952年初三常美妮

预科二年级时

又师从中国美术学院周诗成教授学习"风景写生",终于实现了少女时代的梦想,用画笔把西湖的景色以最美的色彩和意境表现出来。

俞端仪(北京化工大学教师,现居北京)

初中两年是个多么美好而值得回忆的时光。虽然学校管得很严,但还是难以管住我们这群调皮的女孩子。按校规,学生不能在宿舍吃东西,宿监老师不时巡视着。但放在宿舍中间位置的写字台是最好的屏障,只要有人偷偷把食品带进宿舍,大家就在写字台后面席地而坐,大嚼一番。什么无锡排骨、酱鸡、酱鸭、素什锦……偷着吃的滋味真香呀!当有舍监老师走过时,大家赶紧把头一低,嘴巴暂停运动,老师从门上玻璃向里一看,室内空无一人,就 Pass 过去了。老师一走,大家相视一笑,继续聚餐,那味道真是好极了!

1955年我高中毕业后,去了浙大。1960年毕业分配到北京化工学院,当了一名教书匠。我要特别感谢母校所有的老师,是他们给我传授了扎实的文化知识和良好的道德行为准则,使我受益终生。

余佩华(力学老师,现居美国波士顿)

每逢学校有庆祝活动,沈国荃就是忙人,因她从小师从芭蕾舞蹈家胡蓉蓉。有一次我班排练一项舞蹈节目,沈国荃集舞蹈编排、音乐选配于一身,剧中朱培纳扮演一小姑娘,沈国荃扮演西班牙女郎,余佩华和徐曼分别扮演小白兔,俞端仪担任钢琴伴奏。那舞剧中有独舞、双人舞和群舞。内容丰富多彩。沈国荃要负责导演那么多人排演,其中艰辛可想而知。有一次在健身房台上排练,忽然我们的导演失踪了,大家四处寻找,最终在舞台

草地上休闲

后的小厕所内找到了她,原来她对排练中有不满意之处而着急得躲在里面哭鼻子呢!

为了丰富暑期生活,班上成立了几个暑假活动小组,我们一组有沈国荃、朱培纳、余英华、余佩华、俞瑞仪等。我们参观了光明冷饮厂,在车间里只见工人们把冰砖往巧克力槽里一浸就成了一块紫雪糕,令我们这几个馋猫垂涎三尺,后来我们便聚集在沈国荃家里自己动手烧饭,但怎么也烧不像样,多亏邻居老伯伯帮我们做了许多甜麦圈才算填饱肚皮。我们曾夜游浦江,乘坐小舢板,船夫摇着浆,我们边嬉笑吵闹,边大吃西瓜……等到上岸时,大家肚子胀得路也走不动了。

预一时余英华、余佩华、袁琼瑛、袁琼华两对姐妹

从小就顽皮,爱与老师捣蛋的我高中毕业时决心"教师不当、师范不读"。但浙江大学毕业后,却当了教力学的老师,居然感觉当教师味道还不错。

回顾过去的人生,我的金色童年时代最幸福。尤其在圣玛利亚从预科一读到初三毕业的五年岁月,是最温馨、欢乐的。许多往事深深印在脑海,仿佛就发生在昨天……

校园中的那片大草坪上,午饭后、傍晚放学后,大家三五成群坐在那里,海阔天空地神聊,或者在嬉戏玩耍、跳集体舞、掷垒球,或骑着自行车绕着大草坪兜圈,我就是那时学会自行车的,躺在草坪上,仰望蓝天白云,沐浴在和煦的阳光中,多么舒适惬意呀!

由于贪玩,上课时老爱与人窃窃私语,被章德苑老师点名坐在第一排。天气晴朗时,在黑板上涂满了"It is a fine day, May we go outside?"于是Miss Cooper只好带领大家到离开思圣堂远一点的教堂前的草地上,免得影响其他班级上课,在那里做游戏,在游戏中教我们英语。

下课铃刚响,我和杨璋云与曹志鹏及徐乃玎等几个爱跳牛皮筋的,便急忙跑出教室,拉起牛皮筋跳个不停,抓紧时间,分秒必争……许许多多有趣的情景,至今历历在目;这些美好甜蜜的回忆伴随我终生。

汪其华（浙江农业厅外事工作，现居杭州）

我是1948年进入圣玛利亚女中预科班的，少女时代留下的美好回忆，许多朴实真诚的友情，仍深印脑海里。在已入古稀之年的今天，对往日的回忆仍那么清晰、温馨，深感是一种甜蜜舒心的享受。

1955年高中毕业时，受同班几位好友影响，一起报考了农学院。于是我便进入了西子湖畔的浙江农学院，在大学的各课突击测验中，成绩都比较好，几次化学课测试获得满分，受到当时的班主任陈子元教授（中科院院士）的赞扬。我在圣玛利亚打下的知识基础，对我一生的学业和工作都起了极重要的作用，尤其是英语。

1959年大学毕业被分配在浙江农业厅，从事农业计划统计、土壤测试与普查、农情调研等工作。1978年改革开放后，农业厅需要有负责接待外国专家及来宾的外事工作人员，而像我这年龄段中能英语会话的人屈指可数。于是我这个"圣玛利亚人"便脱颖而出，从此便担负起农业外事工作直到退休。在我从事外事工作的十多年中，中学时代打下的扎实英语基础使我获益匪浅。每次我都用英语向外宾团组介绍浙江省的农业情况和交流农业技术经验，并陪同游览杭州的风景名胜等，外宾们除了向我表示感谢外总要客气地表扬我一番，并说："您的口语怎么这么好！"我每次都把这归功于母校，是当年教师们一丝不苟的严谨治学精神的熏陶与教导的结果。她们可亲可敬的慈祥面容，至今仍深切铭记于心，是她们的关爱和培育使我终生受益，没齿不忘。

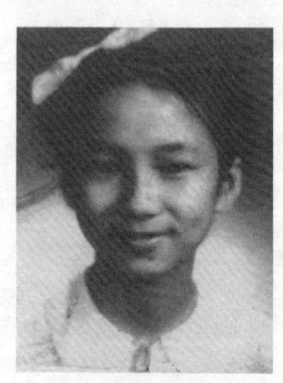

1952年初三余英华

余英华（首都经贸大学对外文化交流学院教师，现居北京）

岁月的风尘会掩埋许多往日的回忆，但在圣玛利亚女中度过的美好少年时代（1947～1952，11～16岁），（预科一年级读到初三毕业），却永远铭刻在我心中。在圣玛利亚的五年，我天真烂漫，无忧无虑，是一生中最幸福、最美好的时光。这段天堂般的生活，令我终生难忘。

难忘春秋季节，在绿毯似的草坪上休息嬉戏；难忘盛夏时节，在高耸的钟楼里消暑纳凉；难忘历史课上，李太太带我们进入中华民族历经苦难的近代史，面对屈辱，师生们义愤填膺，流下悲愤的泪水。太多太多的难忘……然而最令我念念不忘 Miss Barnaby 和 Miss cooper 的英语课，生动活泼，引人入胜。春天她们带我们在校园里唱英语歌。跳集体舞；冬天带我们在教室里做游戏，活动手脚，暖和全身。上课时她们常带各种实物，对我们进行形象化教学。在英语课上，充满了欢声笑语，我们在轻松愉快的气氛中学英语，快乐的英语课令我难以忘怀。

真想不到的是十几年后，我成了李太太、Miss B 和 Miss C 的同行。大学毕业后（从1961～2003）我一直在教育战线上工作，我从执教大学到当过中学教师，再到大学任教。我教过大学生、中学生、留学生。教学中，我脑中时时闪过圣玛利亚老师的影子，常常忆起历史课上愤怒的泪水，英语课上快乐的笑声……圣玛利亚的老师是我的楷模，我要像她们一样，成为学生们难忘的老师。

陈兢清（现居美国加州）

我于1948年进圣玛利亚女中的预科二年级，回想当初进圣玛利亚时，是第一次开始住读生涯，对于从未离开过家的我，一切都那么新奇，宿舍里的浴缸形状真奇怪，它不像家里是白色搪瓷的，居然是外面棕色里面绿色还有荷花图案酷似一只大水缸！记得是初二那年的春假，我们随同圣约翰大学的兄姐们去杭州游玩时，住在之江大学的教室里，睡地铺，厕所在露天蹲坑，根本无洗澡设施。回到学校，在"大水缸"里的热水中一泡，那种舒适惬意，至今回味无穷。

初一那年我与项美珍、张韦茵同住一间房，张带来了一副"Bingo"，于是课后我们常一边吃星期三家里送来的食品，一边玩"Bingo"游戏，很是开心。可惜好景不长，一两个星期后的一天，教地理的章德苑老师，她是舍监，突然来了。她板着脸训斥："怎么可以在房间里吃东西，还打麻将！"虽经我们多般声辩，她仍坚决禁止我们再玩。现在我常搓小麻将，"Bingo"游戏怎么玩法，倒不记得了。回忆此事，深感老师之拘谨，她连麻将牌是什么样子都没看见过吧！

陈莉（上海市第六人民医院儿科主任、教授，现居上海）

我读完了圣玛利亚初中和市三的高中后，考进上海市第二医学院。1961年从儿科系

初三甲团小组在中山公园

初中篮球校队部分人

初中排球校队

1952年7月5日初三甲班摄于市三女中大礼堂前

毕业被分配在上海市第六人民医院儿科工作。1991年被委任儿科正主任教授之职。

每当回忆起在圣玛利亚女中的一段岁月,总感到那是一生中最美好,最无忧无虑、最开心幸福的时光。老师们认真教导,深深印在我脑海中,而在回想与同学们一起时的情景,耳畔彷佛又回荡着犹如来自天堂般天真顽皮的阵阵欢乐笑声。

在那时有过许许多多趣事,最令我难忘的是1951年那年我因学习成绩不够理想便从走读改为住读。和我一个房间的是侯美贤和绰号"阿咪"的陆伊君以及黄锦霞。黄、侯两人是循规蹈矩的乖学生,而我和阿咪十分顽皮,时常闹出笑话,住读生每星期一到

1992年当年初三班聚会

校，总会从家中带不少美味食物。于是我和阿咪倡议在夜里舍监章德苑老师查过房后举行一次大聚餐。那晚，等查房后，大家拿着各自从家中带来的食品悄悄溜到了我们房间。因不敢开灯，只得在黑暗中，席地而坐围成一圈，中间放着大鸭膀、鸡腿、酱鸭、白斩鸡、红烧蛋……大家用手抓到什么就塞进嘴，味道真是好极了。正当吃得起劲，房门突然被打开，电灯也亮了！原来章老师早就在门外侦察到了情况。她看着我们又气又好笑，大声训斥道："瞧你们都吃得像夜壶脸。"我们都吓得一声不敢吭，彼此望着"夜壶脸"的尴尬相也不敢笑。章老师叫每个房间的室长第二天早晨去她的房间。次日一大早我们都逃离宿舍，而我们的室长黄锦霞只好去挨批评。以上只是我许多捣蛋调皮事件中的一件，而那"夜壶脸"的情景，至今还会让我在睡梦中笑醒。

洪若豪（香港艺学院图书馆馆长，现居加拿大）

昔日的校园景色和昔日无忧无虑的日子都随着年岁的增长和环境的变迁而一去不复返。但数十年虽已过去，青少年时代的学校生活却一直存留于我的脑海深处，从未随着时光而磨灭。

我在觉民小学读完五年级就转到白利南路（现在的长宁路）上美丽的校园度过了四年住读生活。许多生活细节琐事至今仍那么清晰。记得那时下午放学后，与同学们奔到思孙堂后面的"吃食间"去取家中带来的饼干，或者会躺在大草坪上，闻着新剪割过的青草香味,望着那广无边际的蓝天,看着朵朵白云遐想连篇,或一面吃零食一面与同学们围坐一起聊天;那时的时光似乎是静止的。而到了"万圣节"晚上,高年级同学扮鬼从宿舍楼下一路喧嚷着上楼;我们在房间里又笑又叫,虽然心中害怕,却仍大叫大喊,疯疯癫癫闹得声嘶力竭;大家拼命用力抵住房门不让"鬼怪"跑进来……我似乎仍能看见我们宿舍院子里那两棵高大的夹竹桃。倚在二楼长走廊的栏杆上望出去,会感到是一种宁静超脱尘世之美。与宿舍遥遥相对的是一座带有欧洲中世纪风格的钟楼和教堂。最令人怀恋的是钟楼后院中那满是爬山虎和攀藤绿叶的砖墙,以及整日发出沙沙声的高大的白桦树。

我在六十年代初到香港,从中文大学新闻系毕业后,在美国印第安纳州大学获得图书馆学硕士学位。回到香港中文大学担任图书馆助理馆长。八十年代任香港艺学院图书馆的首任馆长至1991年移居加拿大。现在我已退休,仍为《明报》写音乐评论专栏以作消遣。

1952年初三曹志鹏

曹志鹏(天津照相机研究所所长,副总工程师)
最后让我们以曹志鹏的一首七言诗来结束我们难忘的回忆。

忆旧

依依惜别五十秋,少小童趣梦中留。
同窗共读舞弦歌,沐浴春风邀书游。
劳燕分飞勤衔泥,桃李红花缀九州。
遥祈盛世人长久,举杯夕阳情更稠。

师　恩

孔凯利老师

1952 届张瑞云

Carey Coles 孔凯利（1909～1989），生于英国基督徒家庭，幼年时，父母从英国移居美国，全家入籍为美国公民。Coles 在美国 Fort Hays (Kansas) State College 毕业后，1932 年来中国，在圣玛利亚女校教数学和英文。

孔凯利老师启发式的课堂教学方法给学生留下了深刻印象。2011 年《圣约翰大学第九届世界联谊会特刊》登载了 1935 届孔宝定（1914～2011）对圣玛利亚女校学习生活的回忆："我们班上的英语老师中有一位 Miss Coles 上课方式和其他中学的老师不同，她不是站在高高的讲台上，而是把课本放在讲台上，自己拿个小本本站在学生中间。这不是搞游戏，而是正式上课呢！这是生动活泼启发式的授课方式，老师不是自个儿讲述新课内容，而是根据新课内容不断向学生提问。全班学生一个个举手，争先恐后争取回答她的问题。于是老师指定一个学生回答。谁回答完了她就在小本本上做个记号，原来这小本本上是全班学生的名单。学生回答完后，老师再补充几句，又继续提问。这就是一种启发式的教学方法，这样的课堂气氛相当活跃。老师在上课前早已把新课内容全面吃透，不然，课本放在讲台上，她怎能向学生提问，带领学生学习呢？由此学生预习也不得不非常认真，不然怎么能投入这活动中呢？这样进行的教学使学生当堂就深入理解了课文内容，同时在回答问题时无形中大大提高了学生用英语思维的能力，又给了学生英语口语演练的机会，增强了学生竞争的意识，使学生得益非浅。这样一来，教师备课相当辛苦，学生预习也得非常认真。"

Coles 又是《凤藻》年刊 1934 年、1935 年、1937 三年的英文部顾问。1936 年《凤藻》

1935年《凤藻》编辑部全体成员，前排右四孔凯利

30年代圣玛利亚外籍教师，右二孔凯利、右一彭仙仙、右四许惠心、左一傅德、左三贝恩德（哈佛大学图书馆提供）

年刊的英文部顾问是郭璐珊 L.J.Graves。这些《凤藻》现存放在上海档案馆，永远留给了大家。

1937年，Coles 和圣约翰大学历史系 Charles E. Perry 潘学恩教授（1908～1959，1931年来中国）结婚，婚后 Coles 就离开圣玛利亚女校，住到圣约翰校园11号，在圣约翰大学教英文。1938年生大儿子 Chuck（后来是大学图书馆长），1940年因战事全家回美国，1945年在美国生二儿子 David（后来是心理学教授），1947年全家又回到圣约翰大学，1948年在上海生女儿 Elizabeth 裴宜理（现在是哈佛大学教授）。1949年全家回美国，1951年迁到日本东京，后回美国。Coles 1962年退休后，为俄勒冈 Oregon 州尤金 Eugene 市圣玛利亚圣公会 St.Mary's Epicopal Church，积极地做志愿者工作。

1980年 Coles 回到圣玛利亚和圣约翰旧址怀旧。此时，这两个学校的校园被文化革命破坏后已恢复，圣玛利亚为上海纺织高等学校，圣约翰为华东政法学院。Coles 一家住过五年的圣约翰校园11号还在（上世纪90年代拆除）。一些 Coles 的圣玛利亚学生，邀请她到南京路新雅粤菜馆就餐，祝贺她的归来，这是她在上海最喜欢的饭店。

Coles 在圣玛利亚时，和 Evelyn Ashcroft 许惠心、Catharine Barnaby 彭仙仙和 Grace Brady 贝恩德三位美国教师，同楼住在校内女教师宿舍，是好朋友。Ashcroft，Barnaby 和 Brady 贝恩德三位都是宜理的教母。

Ashcroft，1930～1951年在圣玛利亚教英文等，是教会执事。她离开中国后，到菲

2012年11月北京大学博雅宾馆大堂。前左起俞慧耕、裴宜理、刁蓓华，后左起张瑞云、刁蓓华丈夫杨大风。

律宾做传教士，退休后回到美国加州 California 卡美尔 Carmel。晚年，宜理常到加州老人院探望和照顾她，1997 年 Ashcroft 去世后，宜理安排后事、继承遗产。

Barnaby，1925 ~ 1951 年在圣玛利亚教科学、英文等。她离开中国后，到北非利比亚做圣公会传教士，退休后回到美国俄勒冈州泰格德 Tigard。

Brady，三十年代到四十年代末在圣玛利亚教音乐，兼任圣约翰中学音乐教师，教堂唱诗班指导，后来住圣约翰校园 15 号，又和 Coles 做邻居，1949 年任圣约翰教育系讲师。Brady 离开中国后直接回到加州长滩 Long Beach 市。

裴宜理现任哈佛－燕京学社社长，主要研究中国革命史，也研究燕京大学和圣约翰大学的比较等，每年来中国。2010 年我们找到了她，以后常联系。宜理和我们几个圣玛利亚校友成了朋友。她告诉了我，她母亲和她的三位教母的情况。两代人和圣玛利亚的友情永存！

冯锡良老师

陈瑾瑜

圣玛利亚女校不乏超水平的教师，冯锡良就是这样一位老师，他虽然只在圣玛利亚女校任教一年英文和世界史，却给学生留下了深刻印象。1943年他从圣约翰大学新闻系毕业，留任圣约翰中学教员，后到圣玛利亚女校教书。面对一群上课时眼睛盯着他看的调皮女生，他只能眼睛看黑板上课，常常被学生捉弄，但也无可奈何。他给学生留下的形象是瘦小白脸，冬天穿身西装，外面套件藏青毛料半长大衣，骑一辆英国"莱林"男车。他曾为1947级写了英文的级歌，可见其英文水平确是超一流。

1945年他到上海的报馆担任过电讯编辑，1946年远渡重洋到美国密苏里大学新闻学院学习，获硕士学位。1948年在美国《丹莫恩论坛报》任见习记者，半年后继续在美国哥伦比亚大学新闻学院进修，学习版面设计、字体学和印刷技术等。1947~1950年参加了北美基督教中国学生会 (C.S.C.A) 的爱国活动，还主编该会刊物《通讯》。

1950年他回国后到国际新闻局工作，参加创办《英文参考消息》。1951年特稿组成立（即新华社中国特稿社前身），他出任首任组长。1953年担任《人民中国》杂志英文版主编，1958年参加创办《北京周报》并历任英文部副主任、国内部主任、国际部主任、副总编辑，工作长达20年。1978年参加《中国日报》创办筹备工作，1979年被正式任命为筹备小组成员。1981年6月1日，我国第一份全国性英文报纸《中国日报》正式创刊后，担任常务副总编辑，1984年任总编辑，1987年被评为高级编辑，1991年享受政府特殊津贴。1986年12月退居二线，1998年6月退休。冯锡良先后从事对外宣传工作40余载。他在担任新闻编辑的同时，经常参加重要的英文翻译和定稿工作。参与了《中

原《中国日报》总编冯锡良

华人民共和国宪法》、《香港特别行政区基本法》等重要法律文件的翻译和定稿工作。发表过大量采访和撰写的报道、述评、评论和特写，审定了大量文稿。1984年4月被其曾就读过的美国密苏里大学授予"密苏里新闻事业卓越功勋"奖章，表彰他通过报纸增进中国人民和各国人民间的相互了解、为中国新闻事业服务30余年及在创办《中国日报》过程中的杰出贡献。

1991年至1996年间，他在香港出版的《香港之窗》杂志工作，参与该刊创办并任刊物顾问。自1997年至2001年他应邀担任香港《南华早报》顾问。1996年年中至1997年10月，冯锡良受《中国日报》编委会委托，就创办《中国日报》香港版做了大量细致的可行性调研。他对香港版的办报方针、发行渠道、财务管理和领导班子组建等，坦诚地提出了许多好的建议，对香港版的发展做出了重要贡献。

冯锡良曾担任中国人民政治协商会议第六、七、八届全国委员会委员，积极参加政协各项活动，建言建策。他也曾担任圣约翰大学北京校友会副会长。他多次出国参加国际讨论会，利用各种机会向外国朋友介绍我国的情况，解释我国的政策和外交立场，增进外国友人对我国的了解。在《中国日报》工作期间曾多次接受外国记者专访，并在外国的报纸电台刊播。他是一名忠诚的新闻战士，报刊活动家。

附：Class Song of 1947

冯锡良老师作词

Stand! Dear mates rise to sing!

Sing for the great occassion,

Great our companies once again,

With all the hearts and best wishing.

O! think of all the merry scenes,

Think of our happiest days,

Dream with gladness of St.Mary's,

The light that dawns our memories.

五周年社庆纪念茶会上,周总理与北京周报社外国专家交谈,冯锡良(后左五)陪同。

Give a cheer, give a shout,

Let us praise and ring with all the bouncing hearts,

For the truth, for the grace,

For the faith for everlasting righteousness,

For the peace, for the love,

For all that which are leading and guiding us,

For the joy, for the life,

For the sages that ever guide us.

O! climb the ladder with our might,

Climb to the top of learning,

Pray for the sending of His light,

Muses of tomorrow time will bring.

O! sing and louder we will sing,

Sing for the campus darling,

Stand and bow to Alma Mater,

The cradle of our souls yearning.

(本文根据资料综合)

(冯锡良生于1920.12.1,卒于2006.1.30,在圣玛利亚女校任职时间:1943~1944年)

父亲与张爱玲的师生情谊

汪垠

父亲汪宏声，浙江南浔人，大学中文系毕业后在浔中执教。1936年秋，受圣玛利亚女校之聘，任中文部教务主任兼授高中国文。恰此期间张爱玲在该校高中就读。父亲上任后，大幅增订课程，在图书馆添置大量书报杂志，奖励课外阅读，并发动出版小型刊物，题名《国光》，努力为学生争取用国文发表的机会与活动。父亲崇尚新文学，摒弃准八股，教学方法创新，允许学生自己命题作文，引导学生描景、绘物、叙事、抒情，而张爱玲的文笔风格，正以此类体裁见长，故如鱼得水，一发而不可收。于是，张爱玲成了父亲的得意门生。此后学校发生纠葛，父亲识才、惜才，维护张爱玲，张爱玲也视父亲为"恩师"，自然就形成了师生情谊。

身为汪宏声先生之女，谨将父亲四十年代发表过，至今珍存的《记张爱玲》一文中片段和我亲聆的记忆，还附有张爱玲当年的留言，以飨读者，并正视听。父亲记述道：

张爱玲的作文

任教以后的第一期作文，我就在黑板上写了两个题目，叫学生去任作一题，并且声明如自己另有愿意发表的思想，尽不妨自由命题，应用任何体裁。这一个办法学生皆惊奇不止，因为她们过去做惯了说立志、说知耻等等准八股，看见了我的学艺叙（圣校学生大部习钢琴与歌唱，学艺叙就是叫她们把习琴习唱的经过与感想写下来），与幕前人语（学生皆喜观电影，此题实即影评一则也）两题，已经觉得异样非常，至于自由命题云云，更是手足无措了。下课铃响，作文簿一本本交上来，批阅结果，成绩果是意料

1937年国光会评议部，前排左2顾问汪宏声

中的糟极，大部分是短短二三百字，似通非通，而最大症结则在只知作文乃是在数十分钟内将三数百字联将起来交卷完事，而不知思想为何物，更不知思想应如何发挥，可是一本文卷却引起我的注意了，这是仅有的自己命题的文卷，题曰《看云》。写来神情潇洒，词藻瑰丽，可是别字很多，仿佛祖、祈等应该从示的字都写成从衣，从竹的写成从草之类。题下的署名则是张爱玲。

此时我上课还不到两星期，点名册上的姓名十九还不能与面貌联系起来，所以也不知张爱玲是瘦是胖是俊是俏。发还文卷的一天，我挨卷唱名，学生依次上讲台领卷。唱到张爱玲，便见在最后一排最末一只座位上站起一位瘦骨嶙峋的少女来，不烫发（我曾加统计，圣校学生不烫发者约占全数五分之一弱，而且大半是虔诚的基督教徒或预科生——小学五年级程度），衣饰并不入时——那时风行窄袖旗袍，而她穿的则是宽袖——走上讲台来的时候，表情颇为板滞。我竭力赞美她文章写得好，并且向全班朗读了一遍，还加以种种的说明，特别指出思想应以真实为上，形式不应再被过去呆板的规范所束缚。

像爱玲（圣校的习惯，教师呼学生是只名而不姓的）那样的作文，才称得起是写文章等等的话，而爱玲则仍旧保持着她那副板滞的神情。

张爱玲的文名

张爱玲的文名在校内逐渐传布，教员休息室里也常常以张爱玲为话题，于是我知道张爱玲因了家庭里某种不幸，使她成为一个十分沉默的人，不说话，懒惰，不交朋友，不活动，精神长期萎靡不振。说起懒惰，她是出名欠交课卷的学生。教师问她，总是一个"我忘啦"！说的时候把两个手掌摊着，一付可怜相，使人对她生毫无办法之感。她在教室里总是坐在末一排，不听讲，手里铅笔总是不停地在纸上画着，彷佛是很用心地记笔记的样子，可是实在她在画教师的速写样。教师也不常和她计较，因为她考试的时候是稳拿A或甲的。

她不知修饰，她的卧室是最零乱的一间。圣校的学生卧室里都有一间放鞋子的柜，不穿的鞋子禁止放在床底下，必须放在柜里。舍监先生检查卧室时发现有不放在鞋柜里的鞋子，便把来放在卧室门前的走廊里示众。学生见了往往引以为耻。爱玲的旧皮鞋（没有高跟的）是常常被展览的，可是她毫不在乎，至多说一声："啊哟！我忘了放在柜里啦！"

若是有人遇见圣校的学生，而问起张爱玲的学校生活，她一定回答说："喔！爱玲，'我忘啦'！"

我因了爱玲《看云》一篇作文而向学生指示的一番话，收了颇为良好的效果。学生自己命题的作文渐渐多了，内容与形式都渐渐丰富起来了。最后我答应她们如能写得较长的话，可以在课外作。结果出乎意外的好。

交来的文卷没有准八股了。除了小品文外，也有小说、诗歌，甚至于剧本，可是张爱玲却仍旧保持着她一贯沉默的态度，文章虽然还是绚烂瑰丽的文章，却总是缺少热情。于是我便利用一个课外活动名叫国光会的组织，发动出版一种32开的小型刊物，题名曰《国光》。

张爱玲只答应投稿

理想中的编者应该是张爱玲，可是她只答应投稿。

第一期《国光》有一篇张爱玲的小说曰《霸王别姬》，大概是受了我在课上介绍历史小品之后根据项羽本纪写的，技巧之成熟使全校师生为之吃惊。我在上课时大加赞赏，说爱玲的《霸王别姬》和郭沫若的《楚霸王之死》相比较，简直可以说一声有过之而无不及，并且对她说，应该好自为之，将来的前途，是未可限量的。

不到一年圣校产生了极浓厚的文艺空气，国文不再是被轻视的功课了。那时上海的话剧运动开始蓬勃起来，笔者率领学生在卡尔登参观了几次中旅的公演，并在校内组织了剧团，举行了数度盛大公演。《国光》也继续出版，张爱玲投稿很少，我虽常加鼓励，都是以"我忘啦！……"了之。只记得有一次收到了不署真实姓名的打油诗，是嘲笑两位男教师的：

　　橙黄眼镜翠蓝袍，夫子善催眠，
　　步步摆来步步摇，嘘嘘莫闹喧。
　　师母裁来衣料省，笼袖当堂坐，
　　领头只有一分高，白眼望青天。

投稿者我知道是张爱玲。圣校的校规是十分严肃的，我想这样严肃的空气用少许风趣调剂一下，至少是无害的，所以毅然准许刊登出来。第一首嘲笑的对象是姜适君先生，姜先生人很随便，看见了一笑置之。可是第二首的对象某先生却大不以为然了。他气愤愤向美国校长告发，校长便请我和编者谢振同学前去问话，并且定夺了三个办法，其一是由我和编者向某先生书面道歉，其二是《国光》停刊，另外一个则是张爱玲不准毕业。我为息事宁人起见，采取了第一个办法，某先生也自知太认真，以"算啦！算啦"了事。

爱玲莅临一次毕业典礼

爱玲毕业于廿六年之夏。此后有一年不闻她的消息，这是动乱的一年，圣校在大陆商场上课，兵荒马乱，不知消息的人正多着，偶尔在作文课上忆起这一位天才女子的一声"我忘啦！"外，也就茫然过去了。廿七年夏圣校假座贝当路美国礼拜堂举行毕业典礼，爱玲莅临参加，还是那样弱不禁风的样子。我和她寒暄了几句，并且仿佛说了若有时间，不妨多写写之类的话。不久知道她上香港去了。又不久，看见了她在西风征文当选的《天才梦》。我便转言和她通信的某同学请她不妨写一些童话。因为我以为生活经验欠丰富而想象力丰富的作家，童话是最适宜不过的写作对象，尤其是女子；这是我的错误，无怪她的答书是说不想写童话，盛意颇感云云。近来看到她在各杂志上发表的作品，证明她生活的体验是再充实没有了。我只有衷心表示欣服。

香港战事爆发后，她回上海，投考圣约翰大学。结果是国文不及格，入补习班，我听了颇为愤愤。因为我知道近几年来圣约翰大学多收学生，程度已较前大为低落，尤以国文为烈，而入学考试则俨乎其然地拒人于千里之外。如张爱玲的国文入补习班，则请问有些大人先生应编入何年级！后来一想，也许爱玲还是"我忘啦"的脾气，考试过于敷衍，所以如此，这种抱不平也懒得去扛了。

现在知道爱玲不再"忘啦！"厚厚的一册《传奇》，便是最严肃的证明，我欣慰，我钦服，我的"好自为之"等等的话，不是白说的了。

附：张爱玲留言

中学时代的先生我最喜欢的一个是汪宏声先生，教授法新颖，人又是非常好的。所以从香港回上海来我见到老同学就问起汪先生的近况，听说他不在上海，没有机会见到，很惆怅。没想到今天在路上遇到钱公侠先生，知道汪先生为《语林》写了一篇文章关于我。我等不及，立刻跟钱先生到印刷所去看清样，终于在黄昏的印刷所里，轰隆轰隆命运性的机器声中，百感交集地写下了这几行字。

张爱玲

读到此，父亲与张爱玲的师生之情可见一斑。

记忆中，我小时候见过张爱玲一面，因尚年幼，只留有印象。那天傍晚，我们这些小女孩都在弄堂里"造房子"(一种适合在里弄玩的跳格子游戏)。只见两个身材修长、高雅大气的女生(其中一个貌似外籍)，推着轻便女车走进弄堂。那个年代，在我们静安区延平路一条普通平民弄堂里，进来气度不凡的洋派女生，格外引人注目。她俩将车停靠在弄边，顺门牌号看了看，竟然进了我家的门。我按捺不住好奇，悄悄地溜进家瞥了一眼，她们坐在客堂里正与父亲交谈哩，不一会儿就走了。吃晚饭时，听父亲说张爱玲来过……语气像是遇到什么麻烦。母亲说："你帮她解释解释。"我插了句："来的有一个是外国人。"父亲随口说："那是她们班上的。"我了解的仅此而已。在当时，学生自己找个同伴来家中拜访老师的确实少见，说明张爱玲对父亲十分敬重和信任。

　　无疑，父亲对张爱玲的写作生涯起到了点拨和推波助澜的作用，而父亲所写《记张爱玲》一文，给后人了解中学时代的张爱玲，提供了难得素材，这是得到社会肯定和公认的。

写于 2009 年 4 月 22 日，谨以此文纪念父亲诞辰 100 周年
（原载 2009 年 12 月 27 日《新民晚报》夜光杯）

（汪垠生于 1936 年，浙江南浔人。张爱玲在圣玛利亚女校就读时，其父汪宏声曾任张爱玲的老师。1951 年响应抗美援朝号召，在父母积极支持下，参加军干校，毕业后在部队医院工作。1970 年转业支边到云南，直至退休。曾多次受嘉奖，常在各类报刊发表文章。）

母亲刁杨调芳和圣玛利亚琴科

1952届 刁蓓华

我的母亲刁杨调芳是圣玛利亚早年的学生，毕业后在学校长期担任钢琴教师。

1900年，她出生于一个浙商家庭，她的母亲在杭州时曾经是司徒雷登的学生。1915年之前，她随长姐杨华芳（圣玛利亚书院1914届）离家来到上海，进入圣玛利亚书院初中。1921年从圣玛利亚高中毕业，1925年从钢琴学科毕业，那一年琴科毕业生一共只有2名，另一名就是1924届的章德馨，后弃琴学医，圣约翰大学医学院毕业，是上海第二医学院病理生理学教研室主任。她是母亲的好朋友。

母亲师从钢琴学科创建人美籍教师梅锡祐小姐（Miss M. S. Mitchell），深得老师喜爱，毕业后一边学一边教。1934年我出生受洗时，梅小姐便成了我的教母。1937年1月梅小姐因身体原因离沪返美，从此师徒天各一方，失去联系。

琴科最初只有一架钢琴，两架风琴，教管风琴和钢琴的课程，最初学习者只有顾珩贞、朱琪贞两人，后逐渐增加人数，最早的好学生还有王福娟、朱其廉、何义法等人。

何义法（Miss Hou）是美国教会养大的湖北孤儿，在十年浩劫中吃足苦头，最后悲惨去世。她曾向人出示其获得的琴科毕业文凭，直式的，约两张A4纸大小，英文字中有中文的人名和琴科字样。何老师还教唱歌课，训练唱诗班学生。她与我母亲交好，常来我家玩，母亲直呼她的小名Amy。记得我最后一次见何老师是在1958年夏天，她来我家，让我帮助联系顾圣婴到市三演奏并介绍其成长过程，终因顾太忙而未成行。她送我一套贝多芬钢琴奏鸣曲谱子至今仍保存在我书柜中。她的歌喉和朗朗笑声仍不时回响在耳畔。

母亲杨调芳1926~1948年在圣玛利亚女校任教钢琴

1930年代圣玛利亚女校音乐教师。前排左起何义法、杨调芳。后排左起袁葆群、顾怀琳、傅德、梅锡祜

母亲从1926年9月到1948年2月在圣玛利亚女校担任钢琴教员。她一边教琴一边学琴,这成了她人生经历的主要部分。1930年她曾一度代理过琴科主任。1928年荣获伦敦圣三一音乐学院荣誉证书。1928年到1933年投到上海著名钢琴家和上海工部局乐队意籍指挥Paci(梅百器)门下深造。

张瑞云(1952届)曾代我从网上下载一张珍贵老照片——1930年圣玛利亚女中全体音乐老师合影,照片上盖有上海图书馆印章,照片中前左起是何义法、杨调芳、右一是谁认不出来;后排是袁保群老师、Miss Cooper(顾怀琳)、Miss Fullerton(傅德)、Miss Mitchell(梅锡祜)。

1939届学长程芍华回忆,1931年至1939年的毕业典礼都举办一场钢琴独奏会(recital),听众除师生外,还有家长和来宾,琴科毕业生演奏完毕,先发琴科文凭,再发高中文凭。上世纪30年代琴科毕业生有葛秦生、阮郁珍、谭惠君(皆1935届),保存至今的1935届校刊《凤藻》(*Phoenix*)上有上述三位在独奏会上与Miss Mitchell的合影。30年代琴科毕业生还有谢恩美(1938届)和郭惠麟(1939届)。谢前几年曾在上海电视台栏目《时髦外婆》中弹过琴,1938年琴科毕业。葛秦生是北京协和医院资深妇科专家、林巧稚的接班人。阮郁珍长年在上海国际礼拜堂弹管风琴。

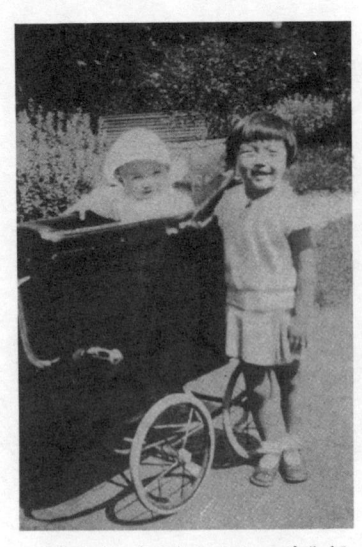

刁蓓华（坐车内）与姐姐刁美华摄于1936年，刊于1936年《凤藻》

琴科的黄金时期是随朱其廉（Mrs.郭，1921届）留学回校执教而开始。她1921年中学毕业，1922年拿琴科文凭，1922年即赴美学琴，毕业于纽约名校朱丽亚音乐学校（Julliard）。回上海后先后在中西和母校任琴科主任，在她班上40年代毕业的有李梅（1941届）、刘邦瑞（1943届）、杨之会（1946届）、赵庆闰（1946届）、高求爱（1945届）、王本慎（1947届）等。据赵庆闰回忆，钢琴科没有正式考试，只每年春季举行汇报音乐会（后来我学琴时，记得年终有考查，演奏完被考问音乐术语）。赵还记得Mrs.郭还组织高班学生学音乐知识、音乐历史，还带大家去兰心大戏院听《弄臣》《阿伊达》的歌剧演出及董光光的独奏音乐会。印象最深的是老师每年为毕业典礼奏乐。现在每当我听到英国作曲家Elgar的《加冕进行曲》时，脑海中总浮现出历届学姐们穿着各自班色的旗袍，佩着花束，随着乐声缓步进入健身房的情景。

Mrs.郭1948年举家离开上海赴港。记得我和徐荣芹（1951届）、赵启雄（1951届）、郭志嫦（1951届）、郑克玲（1950届）等同学去老师家告别，她勉励大家并介绍几位我们可以投奔的新老师。后听周广仁说老师在香港教琴。她给母亲写过信，让母亲好好引导我。"文革"后我从我们班王丽天（Mrs.郭的外甥女）处喜获老师在美国的地址，曾与她通了几次信。上世纪末听说她在加州老人院去世。

据程芍华学长说，在琴科执教过的老师还有金陵大学来的卢育宝、胡鸠苍。解放后又请来上海音乐学院毕业的杨秀瑛。

母亲生性不好修饰打扮，1933年婚前没有什么时髦漂亮的衣服，她把不算低的收入化在学琴和购置当时上海昂贵的进口钢琴乐谱上，有Mitchell和Paci老师亲手书写的标记，并包上厚厚的书皮。我后来在中央音乐学院开钢琴艺术史课程，因工作需要曾向母亲索要她那些宝贝乐谱却遭到婉拒，直到她去世后才得以把这些保存完好的肖邦等人的作品运到北京。母亲曾对我有很大的期望，从小就不惜重金请名师教导。我曾跟随朱其廉、Paci的葡籍助教Miss Lubeck和傅聪的老师Mrs.BronsTein学过，终未成正果，幸好我因学俄文而成为苏联钢琴专家的翻译，并翻译了一些苏联钢琴著作，总算没有让母亲完全失望。

母亲1933年婚后，从此完全搬出校园，1948年离开母校自己在家教学生，每年为学生举办演奏会，租借来的许多折叠椅子上坐满了听众，以使学生因此而得到锻炼和提高。另外有时为亲友和中外市民在上海一些大教堂举行的婚礼演奏大管风琴，记得有一次婚礼宋子文也出席了。当时父亲刁德仁在圣约翰大学执教，住在约园内，每周日中英文礼拜奏琴的责任就落在母亲肩上，后转到我身上。

母亲晚年在老伴病故后独自在上海过着寂寞简朴的生活，在祈祷和弹琴中消磨时光。愚园路四明别墅的近邻张伟群称她的琴声为"暮鼓晨钟"，在其《上海弄堂元气》一书中写道："把刁太太的琴声视为生活的组成要素。"1987年春，母亲刁杨调芳离开人世，最后陪伴她的是一架Budweiser的德国名琴。

母亲一生都在学琴和教琴，这是她的爱好，也是她的精神寄托，都与圣玛利亚母校有着紧密关系。

母亲高兴起来会给我讲述一些早年的生活，现把印象最深的记录在下。

早先在校内一般都穿月白宽袖短衫，黑纱裙，白色长袜，黑布鞋，就与许多国产影片中女学生的衣着相同，后来改成穿旗袍。

有一次闲谈中说，你别以为你们前进，我们落后，想当初"五四"时我们还上街游行呢，可惜当时我没细问下去，后来我向几位母亲同是老校友的同学打听过此事，都说没听说过，不想现在《凤藻》年刊上竟有宝贵的有关资料留存下来，为老前辈的爱国情怀作证。

校园里最热闹喜庆的日子是各宗教节日，如圣诞节、复活节、感恩节，以及春暖花开举行的各种文娱体育比赛的活动。母亲一般只参加与音乐有关的活动，如钢琴的大小琴会，她对演戏和舞蹈、体育运动不感兴趣。

几十年来母亲教过许多学生，她们后来的情况一般都不得而知。近年来我常有幸遇见不少母亲当年的学生，她们提及当年跟杨老师学如何如何，使我深受感动。可以告慰母亲在天之灵，你辛勤教过的学生已各有所成，并未把你遗忘。

2006年11月20日初稿，2012年3月20日修改
（刁杨调芳老师在圣玛利亚女校任职时间1926～1948年）

爱地老师的来信

伊丽莎白·玛格里特·爱地
ELIZABETH MARGARET EDDY
《1952届毕业五十周年纪念册》

Margret Elizabeth Eddy 为到东方去实现一个四年的合约而准备行李,她将在上海圣玛利亚女校教授英语。

美籍英文课老师。

1948年离校赴昆明执教。

1997年郭志娥在一个偶然机会从朋友处获悉老师尚健在并和她取得了联系。2002春郭志娥回上海,带来80高龄老师的近照,告诉大家若非 Mr. Grant 身体不好,老师还想重访上海。2002年7月郭志娥代表我班同学送花到华盛顿老师家中,老师回复道:

我深情地感谢圣玛利亚女校1952届在她们毕业50周年之际以如此使我激动的方式来记得她们的一位老教师。

你们真诚的
Miss Eddy

年轻人接受海外挑战
(摘自1948年的报纸,照片摄于1944年)

2002年的爱地老师

教区新传教士中之一，玛格里特 E. 爱地在解释赴中国上海圣玛利亚女校教授英语的决定时说，"这是遗传问题，简单而明了"。她的父亲，纽约州宾汉姆顿教区长 Rev. Condit N. Eddy 牧师早在 25 年前就计划到东方去，玛格里特的诞生使她双亲的计划中断。她的祖父母和曾祖父母也都是传教士。从 Bryu Mawr 大学毕业后，Miss Eddy 在新罕布什尔州利特尔顿的山中的圣玛利亚（St'Mary's-in-the-mountain）有三年教学经验。

Miss Eddy 仅是一位热情去海外的新传教士。

1944年当地报载Eddy将赴中国上海圣玛利亚女校教英语

2002 年 7 月 Miss Eddy 写：

我不能确切地知道你们希望我介绍我生活中的哪个部分，但是我愿意告诉你们我离开圣玛利亚女校之后的情况：

我乘飞机到昆明，在大学里教书，并且组织那里圣公会的青年团契。我决定要做的一件事是教美国风格民间舞蹈。第一个傍晚，到了 80 个左右男生……但没有女生。这最终变成了一场闹剧，他们都来看我是什么样的，而不是对民间舞蹈感兴趣！

英文班比较成功，但没有课本，而且没有一个学生的英语专业知识优于圣玛利亚女校的最差生。在这样的情况下，教早期美国文学有些困难（实际上他们对乔治华盛顿的就职演说不很感兴趣，你们可以想象！）由于政治局势，班级变得零零落落，最后，这个大学关门了。

在 6 月份，我嫁给了一个苏格兰人 Kenneth Grant，他是昆明 Huei Tien 医院的行政管理人员。当他来上海取医疗用品时，我曾遇到过他。之后，朋友与我在昆明外面的一个湖边度暑假。度假结束时，我在考虑结婚。在 6 个月期间，我们每天都写信给对方……现在我仍保留所有他写给我的信。1949 年 6 月，我们结婚了。不久，我们被要求作离开中国的准备，为的是不影响医院的"接管"工作。我们回到英国北部我丈夫父母的家中，并且一直耽在那里直到第一个儿子出生。

　　Ken 在乌干达的一家医院找到一份工作；我很庆幸我们没有去那里，因为可能死在土著人的汤锅中，因为那个国家的政治局势很不稳定。于是，丈夫把我送到在美国的我父母那里。他们尚未见过我丈夫和孩子，他们的第一个外孙。这次探亲期间，我丈夫得到了联合国儿童基金会（UNICEF）的一份工作；在纽约市、秘鲁、危地马拉、智利的总部服务了 30 年后退休。（恐怕我所学到的每一点中文都要让路给西班牙文了）。在此期间，我们有了第二个儿子。

　　1979 年退休后，我们就居住于瀑布教区（Falls Church）……仅在我们决定到何处安顿之前住了不长时间。哈！真是笑话。在我的余生中，在此后的时间里我就住在这里，并且注定要耽在这里，至少是这个区的某处。生活在华盛顿区是很刺激的……有时因为政治而令人沮丧……但是不会沉闷。

　　在结婚 53 周年后的今年 4 月，我丈夫去世了。从我到上海和圣玛利亚女校开始的一个愉快经历结束了。现在开始了一个较短的经历。我期待着看到这个经历的逐渐展现。

　　你们真诚的
　　Betty Eddy Grant
　　（原文为英文，由 1952 年初三夏甘霖翻译）
　　（爱地老师在圣玛利亚女校任职时间。1946～1948 年）

忆恩师 Deaconess Evelyn M. Ashcroft

1948届 魏美瑾、刘华芬等

魏美瑾（旧金山）

我与 Deaconess 结缘始于我在母校受洗成为基督徒时，她是我的教母，而另一位则是 Miss Barnaby。

战争使我们失去联络，直到1971年后我移民美国住在旧金山湾区，才辗转得知她已退休并在加州 Monterey Bay 附近小镇 Pacific Grove 安居。几年后我的工作转换为自由职业，才有机会开一个半小时汽车去探望她。此后数年，我曾约母校同学吴汉莲、唐少梅、沈郁望姐妹等去探望。每次她见到我们都十分高兴。有一次我还安排了十来位同学，分乘两辆车接她出来在附近餐馆欢聚，使她老人家更欢笑不已。想当年油价不贵尚能应付自如。有时我有急事或遇到塞车未能如约准时抵达，使她十分不悦。当年未有手机，不能及时通知，换成现在当不会有此误会。

有几次她会安排我们去她的餐厅吃中饭，并介绍我们给她的朋友、员工等，颇以我们这些学生为荣。吃饭时也不忘提醒我们应注意 Table Manner（餐桌礼仪），直当我们仍是当年在学的无知少女。

有次我知道她染了疱疹 Shongles，而我那时真不知此病十分痛苦。当我特别赶去看她时，如往常一样拥抱她，害她痛得大叫，我也吓了一大跳。

每次我去看她时都带一些英式茗茶或点心，她就在其小屋中的书桌边围了布幔，用一小电炉，摆上茶具，有模有样地请我用起传统的下午茶来！

我说了这些小事记，全都是我在后期与 Deaconess 交往的事。可惜在九十年代，当

许惠心老师   1948届魏美瑾1971年移居美国后   许惠心老师1989年12月29日给李葵的信

我回台湾一段时间,她老人家因病去世。等我再回湾区想去她的墓地纪念,却据老人中心人员告知她已被在英国的家人安排了后事,墓在何处已无从查证。

我们永远的恩师是位典型的虔诚的英籍传教士,为教育及宗教奉献一生,无怨无悔,更其甚者对我们这般学子认真培育,唯恐我们铁不成钢,使我们受益无尽,终身难忘。

刘华芬(北京)

我很少刻意回忆往事,回忆学生时代的往事,更少之又少。不过,中学时期确有一件事令我久久不能忘怀。记得那是高中二年级时,一天宗教课老师 Deaconess 问我有没有《圣经》,我说没有,她那惊讶的眼神,我至今记忆犹新,甚至她的原话,我还依稀记得。她说:"圣玛利亚高二年级的学生,居然没有《圣经》!"是的,她感到很吃惊,但并不是生气。第二天她和颜悦色地送了我一本《圣经》,我也很吃惊!就我当时的水平,心想没有《圣经》就那么重要?也正因为有此想法,我并没有把它太当一回事,更没有认真阅读。这本《圣经》后来在"文革"中遗失了。

我再次拿起《圣经》阅读是在退休后。当时也仅是浏览一下,认真阅读是在2007年一病不起时。那时认为自己是废物,是家人的累赘而百感交集。但我的视力、听力等还正常。此时，我只是想好好利用残存的功能，做些有用的事。谁知无心插柳柳成荫。我竟渐渐地让《圣经》吸引住了，并时不时与经常通信的某些挚友探讨《圣经》的真谛，其中一位向我明确指出基督教的核心是爱心。她的启发与我的想法不谋而合。因为在实践中我已体会到爱心的威力。现在我的病情已有一定好转，我将尽己所能告慰启蒙老师 Deaconess 在天之灵。

集体的回忆：

Deaconess Evelyn M. Ashcroft，美籍圣经、英文和家政课老师。

1951年底或1952年初离沪，1952届同学去码头送行。

1952年春从菲律宾给1952届来信致意。

上世纪80年代初1950届邵儒珍访美，听说老师患癌症。1989年1948届赵凤凤随魏美瑾去加州老人院探视，见老师很消瘦，她还认出昔日的学生。1997年5月19日去世。

大家对这位优雅、庄严，一身黑衣，胸挂大十字架的老师记忆犹新。1952届李玫和1952年初三的邹灵、袁琼华都记得，因初来校，在思孙堂里跑步，被老师喊住，回到原地再起步重新走。Deaconess老师告诫我们："女孩必须注意仪态，要文雅、端庄；在安静的进行学习的思孙堂里是不许奔跑的。"李道屋至今仍记得老师教的针法。不少同学想起集体逃课，在黑板上给老师留言，后挨训罚的淘气往事。上世纪80年代在北京圣约翰大学校友会年会上圣玛利亚人欣喜地获悉老师尚健在，大家争先恐后记下她的通讯地址。

1993年老师已擢升为美国基督教圣公会副主祭。老师生前曾多次向美国友人表示，在她侍奉神为教会工作的生涯中，在圣玛利亚度过的岁月是最感怀念和最有意义的。

注：Deaconess：女执事，牧师的女助手

（许惠心老师在圣玛利亚女校任职时间。1930～1951年）

忆父亲洪德应牧师

洪侣明

从小我常听长辈们说,上海苏州河畔有一所在国内外颇负盛名的教会女校——基督教圣公会圣玛利亚女中。亲友中不少人曾毕业或就读于该校,但我却未去过。1949年夏,父亲应聘担任该校校长,8月中旬,我们全家迁入了位于西站旁的圣玛利亚女校校园内的校长住宅 West House。那时,我正就读于圣约翰大学教育系。

回忆1949年夏上海刚解放,前任校长陆朱兰贞女士辞职[①],开学在即,时间紧迫,当时任校董会董事长的欧伟国先生,亲自上门聘我父亲接任校长之职。他在该校任职时间不长,却是新中国成立初的1949年秋至教会学校转制前夕的1952年春这一相当关键的一段时间。

据我所知,圣玛利亚女校自1881年建立,直至1952年与另一所教会女校中西合并,成为上海市第三女子中学为止的七十余年历史上,只有一个男性校长,就是我的父亲洪德应。

当时父亲除担任校长行政职务外,还教授高中英语及宗教知识课等。同时,他还在中华圣公会办的中央神学院(位于圣约翰大学校园内)兼课。我一直珍藏着一帧当时的照片,是父亲在神学院下课后骑自行车回家,经过圣约翰钟楼(纪念 Schewresky 主教的"Sy Hall"),即后来被称作韬奋楼,前面正对着大门的牌坊,我也骑车尾随其后,那是多么令人怀念的一幕啊!

父亲秉性正直谦和,记忆力非常好,他关心师生,热爱教学工作。当时一些教会学

---

① 1949年夏,陆朱兰贞女士被歹徒杀害在校长住宅。

校利用假期举行夏令会、冬令会丰富青少年课余生活，他总是积极支持，提供校舍、活动场地等。他支持学生的爱国行动，为当时报名南下参军、参干的青年组织欢送活动。他珍惜世界文学经典宝库，为保护学校图书馆的外文名著免遭焚毁，提出应暂时封存而不应轻率处理。当时这种建议很可能被曲解，甚至会被扣上"崇洋媚外"，"洋奴走狗"等罪名。

洪侣明与父亲洪德应在圣约翰大学

父亲1899年出生于安徽农村，早年丧父，家境贫困，幼年时放过羊，进过私塾。他舅父见他聪颖好学，送他进教会学校就读。因他勤奋努力，成绩优秀，连年获得奖学金，在安庆读完中学后，又考入武汉文华书院（Boone's College，即后来的华中大学）。毕业后又获得赴美留学奖学金，1923～1926年在美国宾州大学攻读西方文学及神学两门硕士学位。留学期间他被导师任用为助教，批改学生作业；他又以打字等方式勤工俭学，毕业时以优异成绩为文华书院赢得了好名声。我看到过他的一张羊皮纸文凭上写着"Con Laud"（荣誉嘉奖）字样，可惜"文革"时作为"罪证"被迫上缴。

父亲留学回国后一直从事教学和教会工作，曾任安庆圣保罗中学及培媛女中校长，并被当时的中华圣公会皖赣教区按立为牧师。以后他去沈阳东北大学教英语，"九一八"日军侵占我国东北，他不得不带着未满周岁的我及全家回到南方。不久，他被聘为上海大同大学英语教授，兼任南市大同附中主任。他还同时被聘在圣约翰大学和立信会计学校教英语。

童年时记忆中的父亲，是慈爱多于严厉，对人和蔼可亲，从不随便打骂孩子。他不讲上海话，总是用略带家乡口音的普通话与人交谈。他经常通过实践教会我们从小懂得礼貌，对我们要求非常严格。

少年时代的我，正值抗日战争中上海沦为孤岛的非常时期，母亲患病，父亲每天骑着自行车奔波于几所学校之间教课，晚上伏案批改作业至深夜。他身体一向硬朗，我不记得他生过什么病。他生活俭朴，不挑食，不沾烟酒。一向保持清早洗冷水澡的习惯，

洪德应校长在家中

1987年圣约翰大学北京校友年会，洪德应校长和圣玛利亚学生在一起

一年四季从不间断。

父亲一直坚持自己要以教学工作收入来维持全家生活，星期天则去教会（当时主要是在圣公会上海圣彼得堂以及分堂）参加侍奉，义务讲道等。那时我正在高中读书，在教会里参加了唱诗班，也有机会司琴，父亲一直非常支持鼓励。

1948年我考进了圣约翰大学，1949年8月随父亲住进了圣玛利亚校园。1952年春我学分已修满，提前毕业。那时的客观形势，迫使父亲感到其牧师身份已不适合再担任女中校长，便主动提出辞职，参加了思想改造学习班，随后服从分配去浦东陆行中学工作。我们全家便迁出了圣玛利亚校园。

1956年在党的知识分子归队政策感召下，父亲去高教局登记，并立即被上海外国语学院录用，聘任为专职教师，担任多种科目的英语教学工作，直至1966年"文革"前夕退休。

"文革"期间，幸亏父亲已退休，未受教育系统冲击；但因其知识分子及牧师身份，仍免不了挨批斗、受侮辱。后来形势终于改变，各方面拨乱反正，落实政策，父亲才得以安度晚年。他热爱生活，在条件许可情况下，喜欢栽种花木果蔬，喂养鸡兔猫狗等小动物。这里有一张他晚年抱着心爱的"阿咪"的彩照，这猫很有灵气，和父亲十分亲密。

父亲一直十分关心青年人，凡来向他求教的（特别是学英语的），总是满腔热情义务教他们，企盼他们早日成才。他一向主张自力更生，反对弄虚作假。他鼓励青年人勤奋努力，踏实有为。几十年中，他所悉心关爱的莘莘学子，已成批茁壮成长，服务社会。

父亲于1987年4月病逝北京，享年88岁，尽管他已离去十多年了，我仍深深怀念着我的父亲！（2003年6月30日）

（洪德应校长在圣玛利亚女校任职时间。1949～1951年）

忆郭秀梅校长

1952届 李葵

我表嫂郭秀梅（1916～1995）为圣玛利亚女校1935届优秀毕业生。1936年就读于北京燕京大学，1941年毕业于上海圣约翰大学教育系。与此同时期，我表哥丁光训也在约大先主修文学系，再进修神学系。

1942年，我表哥光训与秀梅举行婚礼。之后，我表哥提升主教，由我外公朱葆元主教授予。以上两大喜事均在上海五原路救主堂举办，即也是我的外婆家，我均出席在场。1946年他俩双双赴加拿大和美国。除了参与教会工作外，也加紧留学深造。表嫂秀梅努力攻读于纽约哥伦比亚大学教育学院，于1950年获得教育系硕士学位。

1951年，表哥光训偕同夫人秀梅以及当时不满三岁的儿子悌悌自美国进修结束经日内瓦回到祖国。表嫂秀梅即接任上海圣玛利亚女校校长之要职。当时我们这一届同学将升高中三年级。

郭校长除了当我们的校长，自1951年秋直至1952年我们高中毕业，她也担任我们班的英语主课老师。郭校长流畅的外语，豪爽的风格，精确的分析与讲解课文，博得我们班同学的欣赏、爱戴和敬重。用一句上海话来比喻郭校长的为人和开朗的气质可谓"刮拉松脆"，再恰当也没有了。

郭校长是母校最后一任校长，虽然任期仅一年，却带给我们深远的影响。在她的教导下，我们获得了不少启发、动力与自信。我们班全体以优异成绩考上理想的大学。这与郭校长在教育事业上的功绩分不开。1952年7月，当圣玛利亚女校与中西女中合并成立市三女中后，郭校长调至市二女中任校长，为期两年。那年悌悌有了一个小弟弟，名

雾中的生活是美丽的，可也是迷糊的；
风下的生活是痛苦的，可也是警醒的。
没受过水深火热的人，不会明瞭水深火热的痛苦；
也只有受过水深火热的人，才知道怎样去避免水深火热。

郭秀梅
廣東潮陽

1935年毕业于圣玛利亚女校的郭秀梅

丁和平，正逢表哥光训代表中国出席世界和平会议而取名。

后我表哥长期驻南京工作，全家自上海迁往南京。表哥任南京金陵神学院院长、对外友好协会等要职。1954年9月表嫂秀梅随调至南京大学任外文系教授，深受欢迎。她具有丰富的教学经验，受到一致好评，获得南大先进工作者等称号。她也参与多项社会活动，长期任江苏省妇联副主席、江苏省儿童少年福利基金会副会长、南大工会副主席等，并曾于一九五五年作为中国妇女代表之一出席联合国在瑞士召开的世界母亲大会。

"文革"开始，不少知识分子作为反动学术权威受到一定冲击。郭校长家庭也不例外。造反队闯进住宅翻箱倒柜，凡可搬动的全部搬走。接着令郭校长母子三人马上迁出此院长住宅，挤入一间小小的房间，当时称"扫地出门"，那时表哥正因公外出到远地。

下一步即令郭校长劳动改造，她日复一日的工作变成了清洗卫生间、打扫游泳池，每天同冰冻的冷水打交道。南京冬季气候是寒冷，郭校长年过半百的身体经此寒气入骨，导致她患上了严重的关节炎，手指足指均开始疼痛变形。六十年代后期病情急速发展恶化，已诊断为类风湿性关节炎，且影响心脏，四肢已完全僵硬畸形，手足都失去了正常功能。她无法握笔、拿筷子、上下楼梯等。在病魔缠身、段段关节阵阵剧痛的日子里，郭校长仍保持乐观情绪，她说自己还有清醒的头脑。七十年代初兴起了"复课闹革命"。郭校长终于恢复了教授的工作岗位，又可以发挥自己的专长为培养下一代出力。但那时她已残疾，行动极不方便。于是郭校长的大哥哥郭星孙医师建议并亲手设计、购买材料、加工制作了一辆装有四只大轮盘的脚踏车，并亲自送到南京。将中间的座位降低。郭校长使用后挺满意，这样她每天可骑上这辆自行车去南大授课。郭校长最喜欢不求人，她极感激大哥哥对她的关心和爱护。两个儿子也常提到大舅舅对他们妈妈始终关怀备至，直至高龄八十岁还经常自沪赴宁探望妹妹秀梅。路上众多人群都会指指点点，甚至发笑，因为这个式样的"自行车"确是史无前例。然而郭校长一点也不在乎，她只要依靠自己可抵达目的地即可。但这样的好景不长，没二三个学期，她的双手关节变形更恶化，更剧痛，由于双手无法握柄，把手靠手腕控制太不安全，有一次还差点出车祸，她不得不放弃这辆四个大轮的自行车。

郭秀梅校长

晚年郭秀梅

1973年终于落实政策全家迁回原宅，郭校长从此可在家里教课。当时的原宅里是空的，无家具，学生都就地而坐。他们如饥如渴抓紧分秒向郭校长多讨教，用功地进修外文充实自己。没有一个大学生抱怨坐在地上太累、不舒服。正因为郭校长热忱的精神、顽强的毅力、虽手脚残疾仍坚持工作，深深打动了他们每一位学者的心。

80年代后期，郭校长还荣获加拿大多伦多维多利亚大学所授予的荣誉博士学位。

70年代至80年代，郭校长除了埋头编写实用教材、修改论文、在家授课外，她还完成了三大著作。她以清醒的头脑、火热的心、将自己杰出的专业知识贡献给祖国和人民，这也是她留给我们的最珍贵的遗物。

三部著作为：一、汉英成语词典；二、修辞学；三、圣经文学，都为非凡的成功之作。中国有着五千年的文化遗产，中国的象形文字含义深刻，带有艺术性的造型，成语更是变化多端、含意深奥，非外国人所能理解或领悟。世界语言专家们都一致认为世界上最难学的是中文。

因此要完成这部汉英成语词典极不简单，必须咬文嚼字，熟悉与精通两国日常用语，得将中国成语默契地译出其真正含意。如果光是按字面翻译，非但不达意，还会闹笑话。例如，"胸有成竹"绝对不能译成"There's bamboo in the chest"。外国人听了非但不懂，还会大吃一惊，更莫名其妙。

由郭校长主编的这部汉英成语词典确实给后人留下极大的应用和参考价值，外事工作人员翻译成语时更是有了得心应手的工具。对外国人来说，可真正理解到中国的成语如此惟妙惟肖。太有意思了！太感兴趣了！

70年代时表哥常有机会因公来上海开会，休息时便抽空探望母亲和姐姐。姑妈和表姐会约我去一起聚聚，很高兴的。当1973年表哥全家搬回原院长住宅后，表哥曾多次邀我去南京探望郭校长，这也是我心里常向往的一件事。1976年秋，在我出国前一年，终于实现了。我原打算只住上一两天，不能太打扰他们两位要人。但郭校长再三挽留，要按照她的决定，得住上一个星期，否则就是看不起她。这是校长的"命令"，我怎可不接受。郭校长口才伶俐风趣不减当年。她边跟我聊天边打毛线，用两只变形后无法握拳或张开的双手，搁上两根长的竹针，织的是完全不成形的片状物品。其中漏洞、缺针数等什么都有。"不必管它"。竹针常掉在地上，捡起后再不断地编结。她说目的是锻炼关节，使它不停活动。每当看到这双畸形而影响自理的双手及不方便行走的双足，非常令人痛心。中国人有句话"十指连心"啊！大家也担心她难防失去平衡而跌倒，但郭校长有坚强乐观的信念。往往晚上在灯光下还马不停蹄地用无法执笔的手进行写作！

郭校长曾提到一定要看到两个儿子成家立业。果然，大儿子悌悌和小儿子和平没有辜负母亲期望。两个都勤奋攻读获得博士学位，还为妈妈增添了两个可爱的孙子。这是实现了郭校长病重期间最心满意足的愿望，真为她高兴！近十多年来，小儿子和平一直在加拿大国家研究院（National Research Council）从事科研工作。当年三岁的悌悌，我常在下午四时放学后去校长住宅接他，他会跟着我去校园兜游散步片刻，在大草坪上休闲的各班住读生见到悌悌都哄上来逗他玩，他总是对大家微笑。面对一大群女孩子也有些怕羞，如今，大儿子悌悌已提升为南京大学正教授及南大外文系主任，接上了他妈妈光荣的接力棒。我确为他们骄傲，我深信郭校长定更感到无比的欣慰，为两个儿子有今天的成就而自豪！

2006年3月份，表哥丁光训到京出席全国人大和政协两会。他是中国人民政治协商会议第七届、八届、九届、十届全国委员会副主席。有天午休后，由于警卫员严重疏忽失职，表哥不幸跌倒，头部受重伤流血不止。他当时已超过九十高龄，怎么经得起这样的意外发生。我于2006年秋回国赶去南京探望他，他正在午睡的半醒中，他对我说，"九九

（我的小名），等一会秀梅会打电话来，你同他多讲讲好吗？"（上海话多讲讲指多聊聊）。我即答当然好的，我会的。接着他问我："九九，你欢喜秀梅吗？"我即答当然欢喜，凡二阿哥（我称表哥）欢喜的我都欢喜。于是他便微笑着再睡一会儿。显而易见的，表哥内心存在的、梦中见到的、日夜思念的，都是秀梅。其实我的表嫂郭秀梅校长已于1995年9月24日先于表哥驾鹤仙逝。

去年上帝选了最好的日子，感恩节上午，来迎接我的表哥。他们俩在世上该做的事都完成了，贡献出了他们的全部！我时常想到他们俩在上海救主堂举行婚礼的那一幕。我祝愿他们俩在天国再相逢。

敬爱的郭秀梅校长以毕生的精力为国为民，为人类的教育事业奉献了巨大又成功的业绩。她的一生可歌可颂。她代表了圣玛利亚人的精神与榜样，是我们后辈值得学习、铭记和怀念的。

于美国伊利诺州香槟市

2013年5月15日

（郭秀梅校长在圣玛利亚女校任职时间1952年2月～1952年7月）

祖孙三代与圣玛利亚女校的缘分

李家松

我是1921年10月出生的,祖籍江西省临川(今抚州)。1942年毕业于上海美术专科学校艺术师范系。1950年开始在圣玛利亚女中任美术教师。1952年7月到两校合并后的上海市第三女子中学执教直至三十年后退休。现在已经九十多岁,身体还算好,前几年白内障比较严重,看物体时总像隔着一层纱。前年做了手续,现在视力已经恢复了。

我现在和女儿、女婿及外孙女在新西兰定居。我们一家三代,我母亲李王豫孙、我和女儿梁李云均任教或任职于圣玛利亚女校及与中西女中合并后的市三女中。另一位与圣玛利亚女校有缘的是我的妹妹李家乔,她毕业于1945届。这也许是我们一家与圣玛利亚女校的缘分。

2013年8月李家松于新西兰

母亲是如何进圣玛利亚女校的

说起母亲进圣校也是巧事,我母亲李王豫孙1890年出生,母亲上面有个哥哥,下面有个妹妹,外公是清朝的官员。母亲从小就听父亲的话,家母在她和妹妹三四岁时就给她们裹小脚,两个孩子痛得夜夜跺着脚哭。外公说不要包,外婆说将来嫁不出去。第二天外公说现在有天足会,加入后不怕嫁不掉了,就叫赶快给她们放了。后来外公请来有学问的老先生来教儿子进书房读书,叫两个女儿一起学,这样母亲和妹妹两人很小就在家里学到了古文,不像别的人家,不给女孩子读书。后来李瑞清（清道人，中国著名教育家，书法家）在南京办学，母亲和妹妹都进了南京第一女子师范学校，尚未毕业就有各地的学校来聘教师，因此母亲一毕业就被聘到靖江去教书。一年后家里要她回家，因两江优级师范校长托人说媒，嫁给清道人侄子李健，即我的父亲。李家是个大家族，祖辈出书画人才，且以研究书法名世，喜收藏碑帖钟鼎器等，以寻求书法文字源流。

李太太祖孙三代

到父亲这一代，叔父李瑞清进士入翰林，已很闻名，父亲跟随叔父学习，廿五岁考中拔贡，聘为内阁中书之职，清改组民国后，居家定居上海，叔父以鬻书为生，署名清道人，有跟从其学书画者多人，张大千即其中之一。父亲教书外也鬻书，兼收学生。后听友人说，南洋需求人才，可有发展，因去了南洋，在那里仍教书、办学校、办报等。八年后回国，任上海美专教授，兼任各大学教职，也在家收门生。

母亲和父亲成婚后住李家。李家人口多，赚钱的人少，经济靠清道人的帮助。父亲总感赚钱不够多，清道人去世后，家里经济更感紧张，一个大家族的生计都落在我父亲身上，为了养家，父亲远渡重洋去了南洋。

那时母亲已生了五个孩子，两个儿子在婴幼儿时即去世，身边三个孩子，小的才几个月，一个儿子三岁，大女儿即我六岁。父亲李健去南洋后寄过几次钱回来，但因工作尚不稳定，钱寄得越来越少，有一段时间连信都没有了。这时家里的一名纨绔子弟听了坏人的唆使，要绑架我弟弟，父亲唯一的儿子，母亲听到后，带着三个孩子连夜逃离上海，到南京一位要好同学的家里躲着，后接到阿姨来信，有一所教会学校要聘一位国文教员，问去不去？条件是要住校，工资从优。母亲很不放心我们三个孩子，最大的我才六岁，最小的妹妹才一岁。但是想到丈夫在国外，生活工作尚无定数，怎能靠他来养活呢？因此，下决心答应了下来。母亲的妹妹，我的阿姨同意我们三个孩子寄养在她家。阿姨家人少，只她和一个独女，丈夫出差在外，不常回来，用一保姆，大家叫她席妈。我们和她住一间房。就这样母亲自1925年进圣玛利亚女校任教，直至1953年，在两校合并一年后离职，一教就是二十八年。

圣玛利亚是怎样的一所学校

我听母亲说,圣玛利亚女校是美国教会办的,我们通称教会学校。校长、教师多数是洋人,只有国文、地理、历史是中国教师,都要住校,一个月回家一次,很久后改为两周一次,最后改为每周一次。

从小母亲就带我去圣玛利亚女校玩过,我记得进学校后就看见一条走廊,走廊很宽大,上面有屋顶,盖得和房顶一样,上面有瓦,下面铺了地砖,比草地高些,即使草地被淹,水也漫不上来,连着每一幢房子,整个学校的房子都连着的,下雨天可以淋不到雨。在学校里可以不用伞,不穿套鞋,脚不会湿。这样每间教室都是干燥燥的,教室就干净多了。回到宿舍也是干干净净的,真好。房子造得不高,两层楼,楼梯也宽,到草

1954年李家松(左)与同事程婉贞(圣玛利亚1924届)在市三女中校园

地很方便,照顾同学年轻好动,我觉得做一所中学很合适。后来到老学校去活动过几次,现在看不见了,还很怀念呢!

在圣玛利亚读书和工作的学生和教师都要住校。母亲在圣玛利亚女校教书,就得住在学校。校门西边有一幢小洋房,专给校长一家和洋教师住的,中国女教师和学生住在一起,便于对学生管理吧。

男教师的宿舍在校园外,他们进学校不一定走大门,在校园旁有一边门,他们可以随时进出,也可带家属一起住,我记得有位薛无竞老先生是带家属一起住的。

学校里有许多年轻女教师和女职员,大多是留校生,因为学习成绩好,留在学校工作,她们多数都没结婚,大约生活条件优越,不想嫁人。因此学校老小姐很多,只我母亲一人结婚有孩子,大家称呼她李太太。因太太只她一人,其他人都是小姐,李太太也就是名称了。

圣诞之夜母亲带我去圣校作客

教会学校对圣诞节是非常重视的。早在一个星期前，学生已无心上课了，国文课甚至学生提出要老师讲故事。老师也早有准备，满足她们的要求，我妈和阿姨都在教会学校教书（阿姨是清心女中的教师），她俩肚里的故事很多，这段时间是过得很轻松的。圣诞节前一天学生都在忙着布置房间，准备礼物等等的事。一早母亲就把我打扮好，带我去学校做礼拜。我问母亲怎么做礼拜？母亲说你看人家怎么做你就怎么做。做好礼拜，母亲就带我到章阿姨（章德馨老师）房里去玩。学生们都到自己的宿舍去收拾房间，穿戴打扮起来，每间宿舍都装饰得非常亮丽。她们看见李太太带了女儿来，就来看我，要带我到她们宿舍去玩。不等母亲的回应就一把拖了我就走。带到她们的房间给我也打扮得和她们一样，头上戴个大蝴蝶结，抓了把糖给我吃，刚在吃糖，隔壁宿舍同学来把我拖到她们宿舍去，我被她们带来带去，从这间到那间，看得我眼花缭乱，跟着她们发疯，快乐极了。还有个同学姐姐送我一个黑人洋娃娃，给我抱在手里。玩得正高兴时，预备铃响了，同学赶快将我带到李太太处，母亲有点吃惊，看着我头上顶了个大蝴蝶结，手里抱了个小黑洋娃娃，口袋里装得鼓鼓的，真是吃惊不小。她们说是送给我的，母亲也没法，叫我说谢谢，她们都匆忙地走了。大家准备到大礼堂看表演，就是看"耶稣诞生"的故事，接下来还有圣诞老公公送礼。我们都进了大礼堂，大家闹哄哄地刚坐定，灯就暗下来了，台上灯光最亮的地方有一个马槽，里面睡着一个婴儿（是个洋娃娃）边上坐着圣母（是同学扮演的），母亲告诉我扮演圣母的同学要品学兼优，还要长得好看。台上蓝天幕上挂着一颗明亮的星星，三个牧羊人先后从幕后走出来，一面说着话，渐渐走近马槽，看见圣婴后都单腿下跪祈祷。这一幕灯光就渐暗下去。等台上大放光明时，已换了景色，台上放了一棵圣诞树非常亮丽，树上挂满了小玩意，从幕后传来了说话的声音，走出了一位老公公，红衣红帽，一嘴的大胡子，背了一个大布袋，走上台来。总之，这位圣诞老公公每说一句话，就会引来一阵笑声。这是一位老师扮演的，她平日就会说笑话，常引人发笑，今天更是说得大家大笑不止了。她放下背包，拿出里面的东西，报出谁的名字，谁就上台去取礼物，也有班级的。总之一台的大包小包很好看，最后礼物拿完，在闭幕前走出一位严肃的老师，告知放假日期，什么时候到校。明天25日开始放假，大家高兴地散去，有些家里当晚就来接，校门口已有许多车辆在等着。这一活动给我印象很深，我想自己大了也能进这学校。当然这也是孩子气的想法，但也给我一种要好好读书的动力。

祖孙三代在圣玛利亚和市三任职

1950年抗美援朝开始后，外国人都陆续回国了。圣玛利亚的外籍教师都走完了，学校中只有中国教职员工。大家就聚在一起谈论起来，学校难道就这样散了吗？不过少了几个洋人，我们就办不下去了吗？大家讨论下来决定自己办学校，照规矩贴出招生广告，按照一般学校的课程，缺什么就补什么，外籍教师走了，缺英文教师，学校以前一直将成绩好的毕业生留下来任职，如教导处的郑慧君英文就很好，一些本校毕业的原来任教其他学科的也改行教英语。英语好还是圣玛利亚女中的一个特色呢！那时学校只有音乐课，还没有美术课，要找个美术教师。闵绍樾老师说："李太太的女儿不是学美术的吗？美术专科学校毕业的，现成的一个。"母亲回来问我怎么样？我听到这个消息很高兴，虽然已经在其他地方工作了几年，也有朋友要我和她们一起做，但可以和母亲在一个学校里工作真是太幸福了，也能实现我小时候的理想了。第二天我就到学校去报到了。

当时美术课不多，我还到图书馆去兼做会计，我说我只会打算盘，闵绍樾先生说，学校的会计工作很简单，会打算盘就不错了。

我任教初中一年级的美术课。我一直很喜欢这个班的学生，至今看见她们的名字就会回忆起她们的音容笑貌，以及每个人的个性特长。回想在学校时，这一班给了我许多快乐的回忆。那时，她们还是一群十二三岁的小姑娘。她们的一些孩子气的举动和想法，都令我感到有趣；所以我对待她们不是一个很严厉的老师。我上课时，教室里总是闹哄哄的，但是也有几个爱好美术的学生让我很感欣慰，我和她们的关系一直相处得非常好。在她们初中毕业时，曾送我一张在大礼堂门前拍摄的团体照，照片背面都签上了名字，我十分珍爱，可惜没有带出来。这一年圣玛利亚女校和中西女中合并为市三女中，原中西女中没有美术课，我就在四楼开设了素描课，素描班的学生每年都有保送进上海美术专科学校的，最多的一年有十个人。其中有现在已经成为著名画家的刘耀真。

1996年女儿、女婿接我到新西兰定居，我离开上海时没来得及把照片都带出来，现在身边只有一张父母的合影。那时母亲约四十多岁；父亲比她年龄大九岁。我的父亲李健先生是一位著名的书画家和篆刻家，当代的几位知名画家皆他之弟子。我想，我是受了父亲的影响吧，将美术作为自己的终身事业。

我的母亲和我教同一个班级，她是历史教师。学生们很喜欢她，她很擅长讲故事，她的讲课很生动，能让学生终生难忘。她对龚澎、龚普生姐妹俩印象特别深刻，对她俩特有好感，说她们能力强，英文好，口才好，是外交家。在国际斗争中很有能力，在国际上出了名，为国家争光，提高了中国在国际中的地位。母亲虽在教会学校，对祖国的安危，社会的地位时时在心，总希望祖国强大起来。她的思想当然会影响学生，她常告诉我们学生用功读书的情况，说起她们的专长和爱好，如学生张爱玲有文学天才，写起作文来很善发挥，能够写得很长，作文簿都不大够用，将来是个写书的作家人才，后来果然是走那条路。又如李世济，是梅兰芳的学生，可平常和同学在一起，和同学一样打打闹闹的。如董爱琳是个女中音歌唱人才，还有些舞蹈人才，如李葵，真是真人不露相。半个世纪后，还有学生回忆起母亲上课时的情景，说："李太太带我们进入了中华民族历经苦难的近代史，面对屈辱，师生们义愤填膺，流下了悲愤的泪水。"但是母亲上课也不总是很严肃的，调皮的女孩子有时也会捉弄她。某一天的历史课上，母亲要对学生进行测验，不知是哪个同学出了个主意，让班长黄纯颖将其父亲从美国带回的小幻灯机放映给母亲观赏美国风光，当戴着老花眼镜的母亲兴致勃勃地看幻灯片时，全班同学便可以乘机交头接耳讨论试卷答题。这个趣闻一直过了半个世纪，还有好几位同学在回忆中津津乐道地描述。母亲很热爱她的工作，她一直工作到1953年两校合并后，那时她已经63岁了。

我的女儿梁李云生于1953年，正逢一片红，她到江西插队八年，一直到1979年，知青大返城时才根据政策顶替我进了市三女中在图书馆任职。她继承了外公的艺术基因，也爱好美术，能画很传神的人物素描，在校时常帮助做宣传工作，还教过一段时间的手工艺课，可惜生不逢时，没有给她发挥才能的机会。1994年女儿一家移民新西兰。

我们家三代4人与圣玛利亚有缘，在此写下这段文字，以誌纪念。

2013年6月写，10月补充，于新西兰。

（李王豫孙 1925~1952年任职圣玛利亚女校，1952~1953任职市三女中；李家松，1950~1952年任职圣玛利亚女校，1952~1979年任职市三女中；梁李云 1979~1994年任职市三女中。）

汪庆保老师

1952 届初中毕业五十周年纪念册

1919年生，主修妇产科及公共卫生专业。

抗日战争时期，1941～1946年曾任广东省立高级护产及高级公共卫生学校（中专）教师。当广州沦陷，学校迁至韶关，日军从广州向韶关侵略时，又先后向东迁两处，经过这1000华里的步行转移，建立了难忘的师生情。在1993年该校1943届同学毕业五十周年之际，被邀飞广州共庆。

1946～1952年在圣玛利亚女中任生理卫生教师，并主持校医务室及病房工作。我要对住读学生的宿舍进行巡视察看，每晚平安正常即放心了，食堂的伙食及卫生工作也要过问。想不到从那时到现在，半个世纪就匆匆过去了，你们这届也到了毕业五十周年的时候了。

1952-1953年在市三女中任教，下半年市卫生系统要求专业人员归队，将我调到健民产校教生理产科。曾和一位圣玛利亚去产校就读的同学一起，花了两个多小时，救活了一名苍白窒息的新生儿。

1954年当产校并校后，即调入上海市第二人民医院保健科，为院内及市内的传染病调查及控制做了工作。1958年上山下乡运动时，全面开展除害灭病工作，当时港务局的8个码头由8个小队对口，我带的小队分在运煤码头，曾获港务局对除害灭病队的第一名嘉奖。

汪庆保老师

1952届李葵与汪庆保老师夫妇1992年在圣玛利亚老校址

1969年退休，膝关节骨质增生曾经手术治疗，心功能也要定期使用药物。由于老伴是五官科医师，我俩经常进行保健治疗方面的交流及提醒，所以身体尚安。有时外出旅游或探亲访友，在家看书报及电视与VCD，还不时回忆年轻时的种种趣事，生活感到很充实。

寄语：我在圣玛利亚女中，是一段美好的时光，这时你们52届同学在中学时代，学习生活在一起，像亲姐妹一样。希望以后多联系，相互关照，因为大家一样都是进入老年期了。

（汪庆保1919~2006年，1946~1952年任职圣玛利亚女校，1952~1953年任职市三女中）

圣玛利亚女中，我人生的起点

俞慧耕

圣玛利亚女中这个既熟悉又亲切的名字虽已在地球上消失了半个世纪，但她的影响却超越时空，回荡在五湖四海，也永远深埋在我心中。她是我人生历程的起点，是我工作的第一站。

1949年9月，当我跨入这座米黄色高墙和朱红色屋顶的校园时，一群天真活泼的女孩们伸长着脖子，在二楼教室窗口观望，她们以极大的好奇心等待着我的到来。她们预想由军管会教育局派来的教师，一定是身穿军装、头戴军帽、脚踏草鞋的女八路。出乎意料，来的却是一个刚跨出原圣约翰大学门的年轻教师，身穿一件细小格浅绿色旗袍，脚踏白皮鞋，头上没有军帽，还是一头烫发。她们中有的同学竟不约而同地大叫起来："哎呀，怎么搞的？"我，就在这"哎呀"声中走近了她们的生活，走进了她们的内心世界。

1948年俞慧耕从圣约翰大学教育系毕业

我本着在教育系学习到的"人生以服务为目的，社会因教育而光明"，当时想的是"如何开始我的教育生涯呀"！对这样一所处在社会上层高不可攀的女子中学，真是任重而道远呀！但，当我接近了她，逐渐熟悉了她，她是可爱的、可亲的。孩子们是这样的天真烂漫、勤奋好学，只是有些娇气和骄气；同事们是这样的勤勤恳恳，精心精业，只是有些洁身自好，不闻窗外事。我和同学们成了好朋友，我和同事们成了她们的晚辈，心中暗暗地思考，有很多方面他们是我学

1950年初圣玛利亚女校的女教师们，前左2俞慧耕老师

俞慧耕、陆羽、张玉芬（左起）在圣玛利亚长宁路校址（1950）

习的好榜样。

我记忆最深，最为怀念的是音乐教师何义法，1951年我住在学校，一天傍晚是她的琴声将我引进了她的琴房，以心交心地闲谈起来，使我得知：她本无姓，不知何许人也，故而姓何；义法，她决心做一位有义有法的教师。果然，她创建辅导的合唱队荣获上海市中学歌咏比赛金奖，誉满全市。当今天我写这些时，仍有一阵酸味涌上心头，但愿义法在天之灵能与家人欢聚。圣玛利亚女中原规定女教师不能结婚，当我，这个第一个叛逆者——结婚，生儿——抱着朵儿来拜见总务主任袁葆群老奶奶，她抱着朵儿在总务室大窗门内让同学们观看时，都高兴得老眼模糊，别有一股滋味在心头呀！

圣玛利亚女中——这所1881年由基督教教会创办的女子中学，究竟发生着什么样的变化呢？培养的又是怎样一代人呢？她们是中华民族的佼佼者，是华夏女子中的精英！

随着祖国的解放，这群天真无邪的深阁闺秀，开始跨出家门，跨出校门，去迎接清鲜的新天地。

从邀请加拿大民主战士文幼章来演讲其为和平事业斗争的历程……到电影艺术家孙道临亲身经历的叙述，在"民主青年进行曲"的旋律中，学生们迈开步伐，去寻找新的天地。她们在这里学会了学习——严，实，尖；学会了为人——信，诚，爱；学会了生活——平，和，乐。

她们是热爱祖国的好女儿，在国家需要时，便投笔从戎，参干参军。

她们在各自的领域中，吃苦耐劳，坚忍不拔，敢攀高峰，是在这风雨不测的岁月里，

左起，俞慧耕、陈宗群、刘葆宏、刘天佑老师和学生们在一起

磨练成长的新一代。

她们没有奴颜媚骨，虽身处异国，没有忘记对祖国的关念和报效，是保持民族高风亮节的爱国者。

她们虽已达古稀之年，不少人仍在为建设21世纪的新中华而奋斗！

她们默默奉献，哺育培养社会的下一代！她们出类拔萃，成就超群，我为同学们骄傲！

1958年春，我从上海来中央音乐学院附中时，与刁蓓华、谢爱明、饶洁华由师生而成为同事，喜出望外真是天公作美。1999年在京28位圣玛利亚同学们，欢聚一堂庆贺这师生情、同窗谊五十周年（也是我金婚纪念）时，仍津津乐道那无忧无愁的难忘时光！真是别来话长，说不尽，道不完，这样的美景使人留恋忘返。

我已88岁高年龄，在教育战线上整整度过六十年，前十年在上海圣玛利亚女中和培进女中，后三十年在中央音乐学院附中。两种不同类型的工作实践使我领悟到音乐对儿童智力开发的作用。退休后又试办音乐启智实验班二十年，愿为被遗忘的一角奉献余生。我虽经历了艰难的年代，仍开朗豁达，笑对人生，逍遥自在，我行我素，不为客体所左右。

寄语：我想你们！我爱你们！遥祝你们勇往直前，更上一层楼！

汝乃华老师[1]

1952 届初中五十周年纪念册

汝乃华老师

  2002 年市三女中 110 周年校庆会时，与许多昔日的学生相聚，十分高兴，很感谢大家在五十年后仍记住我。我在大学读的是水利工程，毕业后得到闵绍樾老师的帮助，介绍我到圣玛利亚女中任教，那时我住在学校里，常备课卷到深夜，显得又高又瘦。1952 年并校成立市三女中后，我又在那里教了两年。1954 年浙江新安江水电站开始建设，我被调到水利电力部上海勘测设计院设计大坝和水库。此后的三十多年里，工作有时在上海有时在工地，可谓往返于山水之间。七十年代后期借调至北京三年，八十年代曾赴美国考察一次。1988 年我六十岁时退休，九十年代我著的两本坝工技术书出版。

  最近我去了原来的圣玛利亚旧址。进了校门，第一幢教学楼，木地板，木楼梯，一间间教室布局依旧，大草地亦依稀可辨，但长长的走廊和其他一些建筑皆已拆除，完全不是五十年代时那明媚宁静的情景，自己也已是白发苍苍，不禁感慨万分。

  寄语：同学们，你们好，很想知道各位的情况，衷心祝愿大家健康幸福。

---

[1] 汝乃华（1928~2004）1951~1952 年任职圣玛利亚女校，1952~1954 年任职市三女中。

陆羽老师[①]

1952 届初中毕业五十周年纪念册

陆羽老师

1928 年至 1931 年求学，1931 年至 1932 年就读于东南女子体专，1932 年起在该校任教。1938 年至 1946 年在务本女中，后来又在上海中纺第三子弟学校等几家学校从事体育教育工作。

1950 年至 1952 年在圣玛利亚女校任体育教师。1952 年至 1955 年在上海市第三女子中学执教体育课。

1955 年调到上海师范大学体育系。1972 年退休，一生都献给了体育教育事业。当了一辈子体育教师。现在视力不如前，腰部不适，其他方面尚健。毕竟是九十多岁的老人了。

很想念大家，也很谢谢你们还想到我。吴佩瑜、邹灵、余佩华等同学曾多次来探望我，深感欣慰。我现在九十高龄了，太老了，如来我家，请先来电话。祝大家工作顺利，身体健康！阖家幸福！

[①] 陆羽，1950~1952年任职圣玛利亚女校，1952~1955年任职市三女中。

郑慧君老师[①]

1952 届初中毕业五十周年纪念册

出生于 1907 年 12 月 16 日（农历十月十一日），祖籍湖南长沙。1932 年从圣玛利亚女校毕业后留校在办公室主管学生注册、登记成绩等工作。1947 年 8 月至 1948 年 10 月由学校保送前往美国斯坦福大学及塞城女子大学进修。1952 年圣玛利亚女校与中西女中合并成立上海市第三女子中学，改行担任英语老师，1965 年 7 月退休。

当郑老师在圣玛利亚读书时，比她高班的同学称她"小妹妹"，后来，年轻些的学生叫她"小阿姨"，因为她姐姐也是圣校毕业的，她的外甥女韦澄芬，亲戚周梅华等都在校读书。圣校 1938 届和 1939 届的校友记得郑慧君老师担任过当时预科和初中住读生宿舍（那时叫"小囡楼"）的舍监。

在圣玛利亚女中郑慧君老师是办公室主管，虽然并不执教，但几乎熟悉全校每个学生，建立起了深厚的师生情谊。每年暑假前，她总会特意买些小礼品赠给初三和高三毕业生。

郑老师终生未婚。退休后与侄辈一起生活，得到很好的照顾，但不幸于 1987 年因髋、股骨骨折而生活不能自理。市三女中为此特意精制了一张多功能床，她可以在床上进餐、看书写字……平时学校领导和老师经常去探望，在她生日时总

郑慧君先生

[①] 郑慧君（1907~1998），1932~1952年任职圣玛利亚女校，1952~1965年任职市三女中。

1992年程芍华、沈瑷璐、凌励立、石美莲看望郑慧君老师

有老师和校友前去祝寿，使她十分欣慰。郑老师笃信基督教，她在病中仍不忘阅读圣经，颂唱赞美诗，并以爱心关怀周围的人。

1992年市三女中百年校庆时（圣玛利亚一百十周年），旅美的韦澄芬（37届），周梅华（38届），盛钟庆（39届），陈渝生（33届）四位校友倡议建立郑慧君教育基金。她们与加拿大、美国、港台等九十多位校友联系集资成立了一个以郑慧君老师命名的教育基金。鼓励帮助在市三女中就读的学生。

1998年11月28日郑老师病故，享年九十三岁。在她的葬礼上，市三女中领导、教师及一些校友代表前往致哀，海外不少校友发来唁电。那天，施秀珠、余佩华、袁琼华和邹灵代表我们52届初中毕业班去献花吊唁。

永恒的旋律——忆何义法老师[①]

市三女中 1960 届 杨 乡 1962 届 张元琪 陈文绫

今年暑假，我们 80 多个不服老的校友，冒着酷暑赶到母校，为庆贺 110 周年庆典排练节目。我们第一次齐声练唱"同一首歌"时，这和谐的声音、圆润的音质，使我们不约而同想念起了音乐老师何义法，似乎又回到了她的身边……

音乐教师何义法

我是 1954 年进市三的，何义法老师是我在市三读初中时的音乐老师，她是教书十分认真，要求严格的老师。至今我们还记得四十七八年前何老师上课时的情景：当时我们是一群对音乐基础理论毫无所知的小女孩，唱歌不会发音，何老师耐心地对我们进行启蒙教育。她时常举起右手，将食指和拇指圈成椭圆型示意，并且高声提醒："椭圆型！椭圆型！"直至同学们都纠正了口型，她才肯罢休。仅仅是一堂普通中学的音乐课，何老师却像训练专业人员那样，要求我们用美声发音。那时我们不理解何老师的敬业精神，下课时还摹仿老师的样子，高叫"椭圆型！椭圆型！"取笑老师。当时我们也不懂什么叫切分音，唱歌时总掌握不好节奏，何老师就耐心地告诉我们："切分音就跟切菜一样，有快有慢，音调有长有短，嘣，嘣一，嘣，嘣一，嘣，"她一面唱，一面用手在桌面上敲打节奏。就这样经过反复形象地教育，不厌其烦地训练，何老师终于使我们这些调皮的女孩子提高了音乐素养，渐渐喜欢上了音乐。在何老师带领下，我们成立了音乐兴趣小组，在课余时间到音乐教室练习

[①] 何义法（1906~1966），1929~1952 年任职圣玛利亚女校，1952~1966 年任职市三女中。

唱歌,何老师弹钢琴伴奏,指导我们排练,不仅练习大合唱的齐唱,还练习二部轮唱,高低声部重唱,等等。我们演唱水平大有提高,不仅在区里歌咏比赛拿大奖,还被邀请到广播电台录音。记得当时为我们录制了动画片《小猫钓鱼》主题歌——"劳动最光荣"等歌曲,并经常在电台播出。

大约在我上初二时,帝国主义向中东发动侵略战争,中国人民声援中东,反对侵略战争。我当时在何老师的歌咏队里,就偷偷自己作词作曲,创作了一首反对侵略的歌曲,由于是第一次写歌,自己心里没底,不知道能不能用。经过犹豫再三,我鼓足勇气把歌篇交给了何老师,什么也没说。老师也没说什么,

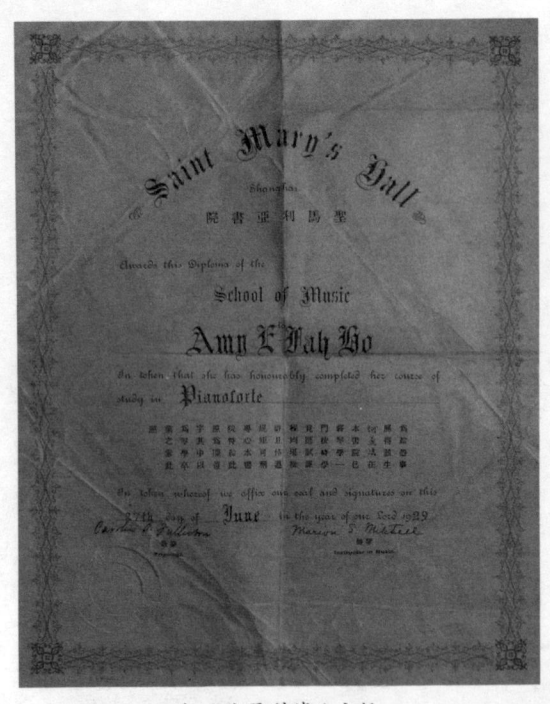

何义法琴科毕业文凭

就把歌接过去了。第二天排练大合唱时,何老师高兴地告诉大家我写了一首歌曲,让大家排练,并准备参加比赛。老师说完就自己弹着钢琴演唱了一遍,我一听,歌词没变,曲子作了一些小的但是重要的改动,尤其结尾增加了重复段落,使整个歌曲更趋完整。在长宁区群众文艺会演中,这首歌得了创作奖,合唱得了演出奖。何义法老师热爱音乐教育,从不张扬自己的成绩,以她特有的方式引导我们,任何事情都要努力做得最好,要勇于触及新事物,不惧怕困难,千遍万遍地努力,总会取得成功。正是何义法老师认真负责的工作作风,潜移默化地教育着我们,老师大力支持新生事物的精神,鼓励着我们,使我们从那时起就有了自己的准则。市三女中有众多像何义法这样的老师,使我们这些市三学子从小养成特有的优良品质。

何义法老师是从旧社会走过来的一位普通音乐老师,她一生没有婚嫁,把教学工作当成生活的全部;她爱美,要化妆,衣着整齐地走进教室上课。听说老师在"文革"摧

残下,不堪忍受暴虐,含冤自尽了。这是那颠倒黑白年代,对她的无情残害!我为她惋惜,永远思念着她!
(1960届杨乡)

何义法老师是我们美声音乐的启蒙老师。记得我们初中上第一节音乐课时,何义法老师衣着漂亮,抹着口红,仪态优雅地出现在我们一群小女孩面前,就给了我们一种"美"的享受。何义法老师的美妙歌声更是悦耳动人,她的音质醇厚、柔润,充盈着强烈的音乐感召力,她的歌声也更使我们沉醉在"美"的享受中。

何义法老师是音乐艺术造诣很深,教学认真负责,对自己专业非常执著的声乐老师。虽然她的教学对象是

20世纪40年代何义法辅导清心会唱诗班

一群刚入学的初中生,但她用严谨正规的声乐教学方法教育、培养我们,如美声练声法、视唱、听唱及正确换气方法等。课间,她还用一架老式手摇唱机放唱片介绍优秀音乐作品,提高我们欣赏能力和音乐素质,从中也学会了分辨"美与丑",提高了艺术修养。

在初二时,我们班级第一次参加由何义法老师创办的"红五月音乐会"。她看到我们班上有一对双胞胎姐妹,建议我们排演罗马尼亚民歌"照镜子",从编排到演出,她都亲临指导,甚至对演出服装都一一作了安排。由于双胞胎同学的逼真表演和女生小组

唱优美的旋律，我们班第一次在音乐会上得奖。至今回忆起来还充满对老师的感激。

进入高中后，虽然没有音乐课，可我们与何义法老师还是亲密无间，她经常放弃休息帮助我们排练节目。记得高二时，我们排练大合唱《祖国颂》，何老师一字一曲指导我们，纠正我们的发音错误，以达到最完美的音质。高三时，我们班根据电影《洪湖赤卫队》，自己动手压缩，编排了小型歌剧《洪湖水浪打浪》。我们征求何老师意见时，她非常认真地提出许多宝贵意见。当时，张元琪同学担任赤卫队队长韩英的角色，由于第一次演这么重要的角色，独唱部分的歌曲专业水准要求又很高，胆小怯场的她担心自己难以胜任。何老师鼓励她，给她勇气和胆量，一遍又一遍耐心指导，还告诉她要进入角色的情感，才能提高演唱水平。还清晰地记得，正式演出结束，全场热烈鼓掌，何义法老师和班内同学都站起来拍手喝彩，使我们这些演员感动得流了泪。以后与上海电影乐团联欢时，我们这台节目又代表学校参加演出，获得专业人员好评，也为学校争了光。何义法老师的辛勤栽培，让我们又一次品尝到"演出成功"的喜悦与激动。

在中学六年中受到何义法老师音乐艺术的熏陶，使我们的素质与气质都与众不同，我们都会骄傲地说："我是市三女中毕业的"。在我们"市三人"的心中，何老师永远是我们心中的第一位歌唱家。

现在我们两鬓也逐渐发白，但想起何义法老师还是感慨万分，终身难忘，她对我们的"美声"教育终身受益。至今我们还用歌声来丰富我们的晚年生活，用歌声赞美改革开放的好时代！

（1962届张元琪 陈文绫）

葛学球老师[1]

1952届初中毕业五十周年纪念册

葛学球老师在圣玛利亚女中和市三女中教导处任职，主要工作是安排课程表。由于她的高度责任心和一丝不苟的工作态度，学校领导便让她常年担任这项工作直到退休。

葛老师毕业于上海沪江大学商科，笃信基督教。她为人正直、善良；一生谨慎做人，宽厚待人。她有不少好朋友，当年在学校办公室工作的郑慧君老师和校图书馆程婉贞老师都与她结下了真挚友谊。

葛老师一直是独身，大半是为了她有一位多子女的哥哥而作出的"牺牲"。她哥哥身体不好，葛老师得帮他抚养教育五六个孩子；并忍辱负重地与性格特别的嫂子一起生活了半辈子。令她欣慰的是在她晚年，侄辈个个敬重她、感激她。居住在外地的一个侄女把她看得比自己母亲还重，每逢节假日，都要赶往她身边探望，给予她精神上的安慰。

葛学球老师在20世纪九十年代病逝，享年78岁。"葛老师是位好人。"许多人都这么说。

---

[1] 葛学球，1947~1952年任职圣玛利亚女校，1952~1966年任职市三女中。

怀念英语老师朱珍美①及洪德应校长

1952年初二 陆素定

朱珍美老师

朱珍美老师（Mrs. 蒋）是我们的英语老师兼校舍舍监。作为舍监，她刻板、严厉，但作为英语老师，却活泼风趣。我小学就开始念英语了，但并不喜欢，因为要记一大堆生词，并且语法条例又繁琐复杂。但在Mr. 蒋教导下，我越来越喜欢上英语课了，因为她的教学法有独特的一面：她给我们选了一本儿童读物"*Heidi*"作为泛读教材。其内容很有趣和吸引人，使我们迫不及待想把它快快念完。至于语法方面，她也教得很生动，如：用Diagram(图解)来分析句子结构。这样，同学们不是躲避回答问题而是抢着举手上黑板画图分析。

另外，她还用更生动的方法帮助我们记单词。她让每个学生讲一个单词来帮助大家记住大量单词。如，她的开场白是："我要出门旅行。让我想一下要带些什么物品。"接着，我们每个学生就轮流讲一个要带的物品单词。有的讲得很顺口，有的一面想一面结结巴巴讲。结果，轮到一个同学，她紧张地挤出了一个单词"Boy"，引得大家哄堂大笑。但Mrs. 蒋温柔地帮她辩解说："她东西带得太多了，所以要带一个Boy帮她拎行李。That makes sense!" Mrs. 蒋是多么的幽默啊！

我在Mrs. 蒋那里只学了两年英语，但这短短两年的学习给我打下了扎实的英语基础。

至于洪德应先生，他是校长，不是教师。想不到我在上海外语学院学英语时，他竟然是我四年级的班主任老师，教授主课"精读"。他不但是我最敬爱的老师，也是一位标准

---

① 朱珍美，1930~1952年任职圣玛利亚女校，1952~1968年任职市三女中。

的 gentleman；又有教养，又有风度。他讲英文就如讲中文一样：流利、自在。他的课可以吸引每个学生。即使是枯燥难懂的课文，他能以适当的动作和表情帮助我们理解，使我们一点也不觉得乏味。

等我毕业后在交通大学任教时，我们还保持联络。当我在教学上碰到难题时我就去请教。照例，理科大学的英语都是较简易的，但我教的是研究生班，课本难度很深。而我不能介决的地方别的老师也帮不上忙。幸亏有洪老师帮助，使我的教学进行得很顺利，并且还被评为先进教师。所以，洪老师又使我的英语得到了进一步的深造。

我到美国后，找到的工作竟意想不到是凭我的专业知识在政府部门担任翻译工作。现在，我已退休回到上海，靠着政府工作员优厚的退休金在这里享受幸福的老人生活。所以，我要感谢母校，她拥有的高资历教师为我提供了一份很好的工作。在我对这两位老师的怀念中充满了我对他们的感谢。Mrs. 蒋，洪老师，谢谢您们！

附：朱珍美老师生平简介

朱珍美老师（1905年5月～1991年3月）1925年毕业于圣玛利亚女校后，于圣约翰大学教育系三年级肄业。她先后在晏玛氏女校、杭州惠中中学执教。1938年回到母校圣玛利亚女中；历任英语、数学、生理卫生课和宗教课老师，兼任管理学生宿舍，从1952年7月母校与中西女中合并后，便在市三女中任英语教师。因工作需要，她在业余时间攻读俄语，1957年毕业于上海市教育局俄语师资进修班及上海市中苏友协俄语师资班；她在市三女中又担任了俄语教学工作。1968年退休。

朱珍美老师对母校圣玛利亚有着深厚感情，她常说："中学时代是一生中最快乐的……每天一早起来，就到健身房去投篮球，直到早餐铃响。'Step Singing'的每一首曲子，都背得滚瓜烂熟，越唱越有劲……"所以在中学时就决心献身教育事业，有朝一日能回母校执教是她最大的愿望，三十年在母校的教学生涯成全了这一愿望。

除了教书外，她担任了住宿生的舍监，所以几乎熟悉每个同学，师生间关系十分密切、融洽。她关心爱护学生，一贯主张学生应当德、智、体全面发展。

在同学心目中的朱老师，大家当时称呼她Mrs蒋，是一位热爱祖国，工作勤恳踏实，生活朴实，爱护、关怀学生的严师。她为学校英、俄语的教学工作作出了很大贡献。

忆母亲丁宝理①老师

夏甘霖

丁宝理老师

丁宝理老师是我的母亲，1913年1月21日生于上海。我外公年轻时从舟山来上海打工做学徒，一边打工，一边刻苦自学专业知识和英语。后来考进了荷兰银行，凭着勤奋和认真工作，从小职员晋升高级职员，一直在该银行辛勤工作了四十多年。我母亲在外公熏陶下，从小努力学习，考上了圣玛利亚女校。外婆常对我说，"你妈妈读书用功，成绩优秀，经常得第一名，还得到过金牌。"我小时候也看到过金牌，可惜"文革"时遗失了。1931年，我母亲从圣玛利亚女校毕业。1934年至1935年陪同我父亲去欧洲留学。母亲在奥地利维也纳学习家政，在德国柏林学习德文。

1937年我来到世上。母亲没有出去工作，整天在家抚育和教育我。我要上小学时，因身体不好而不能上学。所以一年级和二年级课程都是母亲在家里教我的。我在三年级时考入位育小学，四年级时转入觉民小学。在这两个小学里都能跟上班级进度，这与母亲给我打下的一二年级的基础是分不开的。

每年圣玛利亚女校校庆时，母亲总带我去参加活动。可爱的长廊围绕着美丽的校园，我从小对圣玛利亚女校有了深刻印象，希望长大后也能到这个学校读书。

母亲的要好同学有同届的孙琪瑛、韦杏琪、吴惠珍（沪江大学总务长冯家声夫人）

① 丁宝理，1949~1952年任职圣玛利亚女校，1952~1968年任职市三女中。

和32届的江华（黄佐临弟弟的夫人）。抗战时，父亲为一个去内地的朋友看管房子，房子很大，我们全家就住在里面。琪瑛孃孃、杏琪孃孃、惠珍孃孃和江华孃孃和我们住得很近，几乎每天要来我家玩。我四五岁时，她们这几个大人不时和我玩假扮新娘子的游戏。惠珍孃孃钢琴弹得很好，她弹结婚进行曲。她们把花边台布兜在我头上做婚纱。就这样，大人和小孩一起玩得真欢。有时，她们带了她们的孩子一起来，我就与很多小朋友一起玩了。一眨眼，妈妈和这些孃孃们都已离开我们而去。而我自己也已经是70多岁的老人了。

夏甘霖（1952）

1949年5月上海解放了。我从觉民小学毕业，被保送到圣玛利亚女校，我的梦想实现了。我母亲也在解放后走出厨房，走出家庭，走上工作岗位，到母校圣玛利亚女校任教。每天早上，我和母亲坐了三轮车上学，从衡山路到长宁路（以前叫白利南路）上的圣玛利亚女校。此情此景虽已过了半个多世纪，仍历历在目，只是当时途经之道路、建筑物等如今皆已大变样了。

母亲刚到圣玛利亚女校任教时，教初中代数。她备课认真，一丝不苟。即使第二年的课本与第一年的一样，她也要根据当前班级的具体情况重新备课而不是"炒冷饭"。所以，每晚家人都已入睡，母亲还在挑灯夜战、认真备课、批改作业。

1952年，圣玛利亚女校与中西女中合并为上海市第三女中。那时我正好初中毕业，升入高一。我母亲到市三后开始教英文，而且还要做班主任，就是做我所在班级（六班）的班主任。我实在很顽皮，在母亲的班级里就要受拘束。我向教导处请求更换班级，但教导处没有同意，所以在母亲的班级里渡过了三年高中生活。在母亲的课堂教育下，英文程度提高了不少。而且，觉得母亲是真正大公无私的，对女儿和其他同班同学同等对待。

高一时，除了圣玛利亚女校和中西女中升上来的学生外，还招收了一些新生。这些同学英文基础很差。我母亲就安排一些同学在放学后对她们进行一对一的帮助。当时我也被安排了任务。最后，效果出来了。这些同学在毕业后进入大学时，都有了良好的英文基础。

后来，需要俄文教师了。母亲就听广播学俄文，从广播俄语学校毕业后，就担当起俄文教师。恢复英语教学后还当过英文教研组长。在近20年教学生涯中，培养了一届又一届学生。这些学生中的很多人现在成为高质量的外语人才。母亲还言传身教，带出了一批骨干外语教师。

　　1967年母亲退休后，也不肯停顿，继续在里弄里发挥余热。为里弄居民读报、参加里弄卫生值勤、公用电话值班、负责小互助储金等，不厌其烦地为居民服务。还有好多亲友和我同事的子女请她补习英文，她都不收学费，完全尽义务。

　　不幸的是，1991年5月，癌症剥夺了母亲的生命。虽然她离开我们已二十多年，但她和蔼可亲的形象、大公无私的处事原则、认真负责、一丝不苟的工作精神一直浮现在眼前，成为我学习、生活和工作的榜样。

（2013.4.28）

读后感(代后记)

一所百年女中给我们留下的是什么？读了《追忆圣玛利亚女校》，感慨万千。我是市三女中 1964 届的校友，又在这所学校工作了一辈子，但是对于圣玛利亚女中的历史了解并不多。特别感谢圣玛利亚的校友们，感谢我的学姐们，策划完成了这本书，让我们全面了解了这所历史上的名校。从校友们的回忆，我们不仅可以读到龚澎、张爱玲、张佩珠、闻玉梅、李世济等一大批杰出校友的名字和她们的故事，更重要的是从中可以感受到她们成长的轨迹。回忆篇的文章不仅来源于当年就读于圣玛利亚的校友，还有她们的儿孙辈和亲友，这也让我们感受到这所学校的巨大影响和它在校友心中的位置。

从一篇篇文章中，我们可以感受到校友对母校的深厚情感，对老师的感恩之情，对同窗好友亲密无间的友情。一所学校的品牌在于教师队伍，他们对学生的成长起着重要作用。因此，岁月的流逝，永远抹不去学生对老师的深深怀念。读着这些文章，一个个熟悉的名字映入眼帘：罗迟慧、蔡小谢、何义法、郑慧君、丁宝理、朱珍美、范敬敏、刘葆宏、李家松等等，引起了我对她们的回忆。尽管她们中有些已离我们而去了，但她们对我们来说是永远的恩师。郑慧君是我高一的英语教师，在六十年代我们是高一年级才开始学英语的，所以郑老师也是我学习英语的启蒙老师。我一直忘不了高一上学期的第一课，郑老师让我回答问题，我战战兢兢站起来，把"we"发成了"维"的音，郑老师一遍遍不厌其烦地给我纠正发音；朱珍美在高三年级教我们英语，每一节课提着一块小黑板走进教室，上面写着这节课的练习，耐心地给我们讲解，经常带着歉意对我们说："我的中文不太好。"正是老师们严谨认真的教学，给我们打下了扎实的英语基础，也为我日后成为英语教师奠定了基础。1964年高中毕业后我留校当了英语教师，就跟随英语教研组的老教师听课、学习备课、上课。那时丁宝理老师是我们的教研组长，至今我还记得她经常带我们去复兴路上的五十一中学（现位育中学），展开两校英语教研组联合教研活动，举行校际公开课的研讨交流活动，研讨如何能减轻学生负担、提高课堂效率，那些活动对于我来说得益终生。我想，市三女中英语教学的特色正是由于这些老教师的言传身教、身体力行才得以传承和发展。这也是为什么市三女中的毕业生从事与英语相关工作的特别多。虽然，范敬敏老师并不教我们班，我对数学很感兴趣，老师就让我参加了范老师辅导的数学竞赛班。每周一个晚上，我们留在学校参加数学辅导活动。范老师严谨的讲学，给我留下了深刻印象，她对数学的热爱和钻研也感染和影响着我们。虽然日后我没有从事数学工作，但市三女中优质的数学教学，培养了我的逻辑思维能力。1965年我正式开始教学生涯，搬进了学校五一大楼的教工宿舍，住在何义法老师对门。每次节日教工排练大合唱，艺术指导就是何义法老师。何老师非常严格，只要经她指导，唱出来的歌就成了天籁之音，老师们都有些怕她，但都由衷地佩服她。

这样的故事还有很多很多……从圣玛利亚到市三女中，正是由于这样一支师德高尚、业务精良、热爱学生的教师队伍，才使学校传统得以继承发扬，才培育了一代又一代女子精英，使这所百年女校成为女子成才的摇篮。

感谢您，亲爱的母校！感谢您，我们的恩师！

何亚男[1]

---

[1] 何亚男，市三女中1964届，1965~2006年任市三女中英语教师，1998~2002年任上海市第三女子中学校长，上海中西、圣玛利亚、市三女中同学会副会长。

以下图书已经出版,敬请关注

一本跨学科、跨地域的史料抢救丛刊,每辑256页,以第一手的历史影像为线索,来呈现一个个历史片段,强调细节、强调过程,关注日常生活。既有大历史的瞬间,又有普通人的日常生活。建筑、人物、事件、工作、学习、生活、家庭、师友,点点滴滴,呈现鲜活的民间生活场景,这些记忆既是个人和家族的,也是民族和国家的。

院系调整专题《1952,离别的季节!》和《寻找1860年代的中国》、《向沙飞致敬!》、《再见,我的卢湾时光!》、《德、奥教师眼里的"一·二八"事变》《徐家汇教堂蒙难记》、《1963,南京路拆除有轨电车》等专题,以及《八一三弃家记》、《延安文艺座谈会亲历记》、《1959年的新农村建设》、《顾准在1957》、《1976京津唐地震考古记》、《鲁迅生前最后留影与沙飞的诞生》、《一个慈善家的追悼会》、《1964年黄新波的山西之行》、《四十年前的两次移民》、《毛主席纪念堂雕塑创作亲历记》、《虞洽卿路命名典礼》、《风雨黄洋界》、《一个浙中古镇的"大跃进"》、《一个小孩的下放经历》、《圣玛利亚女校》、《1933宰牲场》、《清溪村纪事》、《东北大学奠基仪式》、《川军旧部的一次西湖之行》、《清华水利系往事》等文章,提供了了解历史的微观切片。

《遥望土山湾——追寻消逝的文脉》
ISBN 978-7-5608-4758-0
170×213，256p，定价：68.00
同济大学出版社，2012年3月
第一本系统介绍土山湾的著作，积30年寻访、研究之心得，探索现代上海的另一个源头。

《老城厢——上海城市之根》
ISBN 978-7-5608-4363-6
185×213，240p，定价：38.00
同济大学出版社，2011年1月出版
以独特的视角、另类的结构、丰富的史料，全景式地介绍上海老城厢的发展脉络。

2011年1月
215×280，288p，定价：320.00
大型学术画册，系统介绍静安的历史渊源和变迁。

《张园传奇》
ISBN 978-7-5608-5243-0
187×240，228p，定价：78.00

《风华张园》
ISBN 978-7-5608-5245-4
187×240，180p，定价：58.00
同济大学出版社，2013年8月

《张园——清末民初上海的社会沙龙》
ISBN 978-7-5608-5244-7
187×240，136p，定价：38.00
同济大学出版社，2013年8月

以大量珍贵的史料、文献，介绍晚清海上第一名园张园的历史变迁，呈现清末民初上海重要公共空间的风云变幻。

以下图书即将出版，敬请期待

《向邬达克致敬》

他的身影已离我们远去，但他的作品却依旧散布在我们这座城市的四面八方，成为这座城市日常生活的一部分。如果说在相当长的时间里，外滩代表了上海的半张脸庞，那么她的另一半——国际饭店就出自其设计。他大概是近代上海设计作品最丰富、风格最多元的建筑师，几乎涵盖了所有的类型。他的作品已经融入了上海这座城市的文化基因，成为人们日常记忆和想象的一部分，构成了蓝天下这座城市美丽天际线的一部分。他，就是Ladislaus Edward Hudec……

《隐者童寯——影像、信函、手稿》

以历史影像、草图、信函、读书笔记等第一手材料，呈现中国早期著名建筑师童寯的学术生涯。

《1952，离别的季节！——亲历院系调整回忆录》

1952年的暑假，对于中国的大学校园而言，是不平静的一个暑假。有的人走了，有的人来了；有的学校结束了，有的学校开始了。这一刻，深刻改变了很多人的命运，也改变了很多学校的命运……今天，当年的亲历者多已是耄耋老人，他们中的一些人，把珍藏心底60多年的记忆记录下来，六十年前校园中的一幕幕场景，重有浮现在我们面前，那个不平静的暑假，那个不一般的院系调整……

历经三年时间，联系全国近200位老人，涉及三四十所高校院系调整的回忆，为历史留下重要的切片。

《那一年，那一刻——亲历抗战胜利回忆录》

1945年的抗战胜利，是中华民族一百年来的第一次胜利，第二年我们就成为联合国五大常任理事国，这才是真正站起来了。这是多少同胞的牺牲换来的，是民族复兴道路上的重要转折点。但是，关于七十年前的那一刻，我们的记忆几乎是空白。为此，我们在全国各地寻找亲历抗战胜利的线索，有国军的、共军的，有延安的、重庆的，有沦陷区的、大后方的，甚至还包括当时在海外的亲历者，共同见证这一中华民族伟大复兴的重要时刻。

七十年前的那一刻，欢呼、回家、团圆、复员、接管，那一段的记忆刻骨铭心……

详情垂询请 E-mail:xff66@aliyun.com,clq8384@126.com，欢迎赐稿。